ミネルヴァ日本評伝選

学問者として仁政行もなく候へば

# 池田光政

倉地克直著

ミネルヴァ書房

# 刊行の趣意

「学問は歴史に極まり候ことに候」とは、先哲荻生徂徠のことばである。

歴史のなかにこそ人間の智恵は宿されている。人間の愚かさもそこにはあらわだ。この歴史を探り、歴史に学んでこそ、人間はようやくみずからの正体を知り、いくらかは賢くなることができる。新しい勇気を得て未来に向かうことができる。徂徠はそう言いたかったのだろう。

「ミネルヴァ日本評伝選」は、私たちの直接の先人について、この人間知を学びなおそうという試みである。日本列島の過去に生きた人々の言行を、深く、くわしく探って、そこに現代への批判を聴きとろうとする試みである。日本人ばかりではない。列島の歴史にかかわった多くの異国の人々の声にも耳を傾けよう。

先人たちの書き残した文章をそのひだにまで立ち入って読み、彼らの旅した跡をたどりなおし、彼らのなしとげた事業を広い文脈のなかで注意深く観察しなおす――そのとき、はじめて先人たちはいまの私たちのかたわらによみがえってくる。彼らのなまの声で歴史の智恵を、また人間であることのよろこびと苦しみを、私たちに伝えてくれもするだろう。

この「評伝選」のつらなりのなかから、列島の歴史はおのずからその複雑さと奥ゆきの深さをもって浮かび上がってくるはずだ。これを読むとき、私たちのなかに新たな自信と勇気が湧いてきて、その矜持と勇気をもって「グローバリゼーション」の世紀に立ち向かってゆくことができる――そのような「ミネルヴァ日本評伝選」にしたいと、私たちは願っている。

平成十五年（二〇〇三）九月

上横手雅敬
芳賀　徹

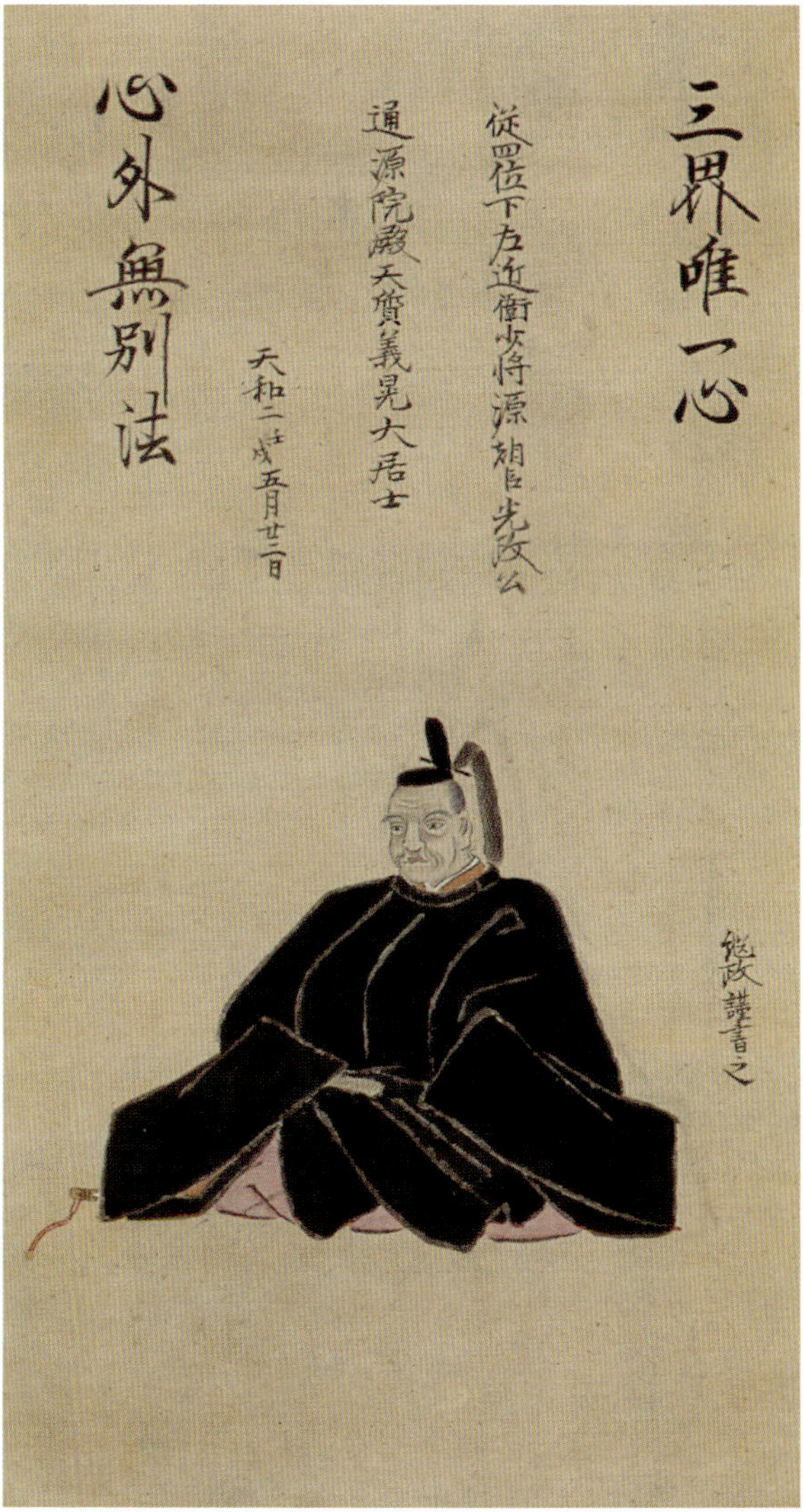


池田光政画像「三界唯一心」池田継政賛　享保11年

㈶林原美術館提供）

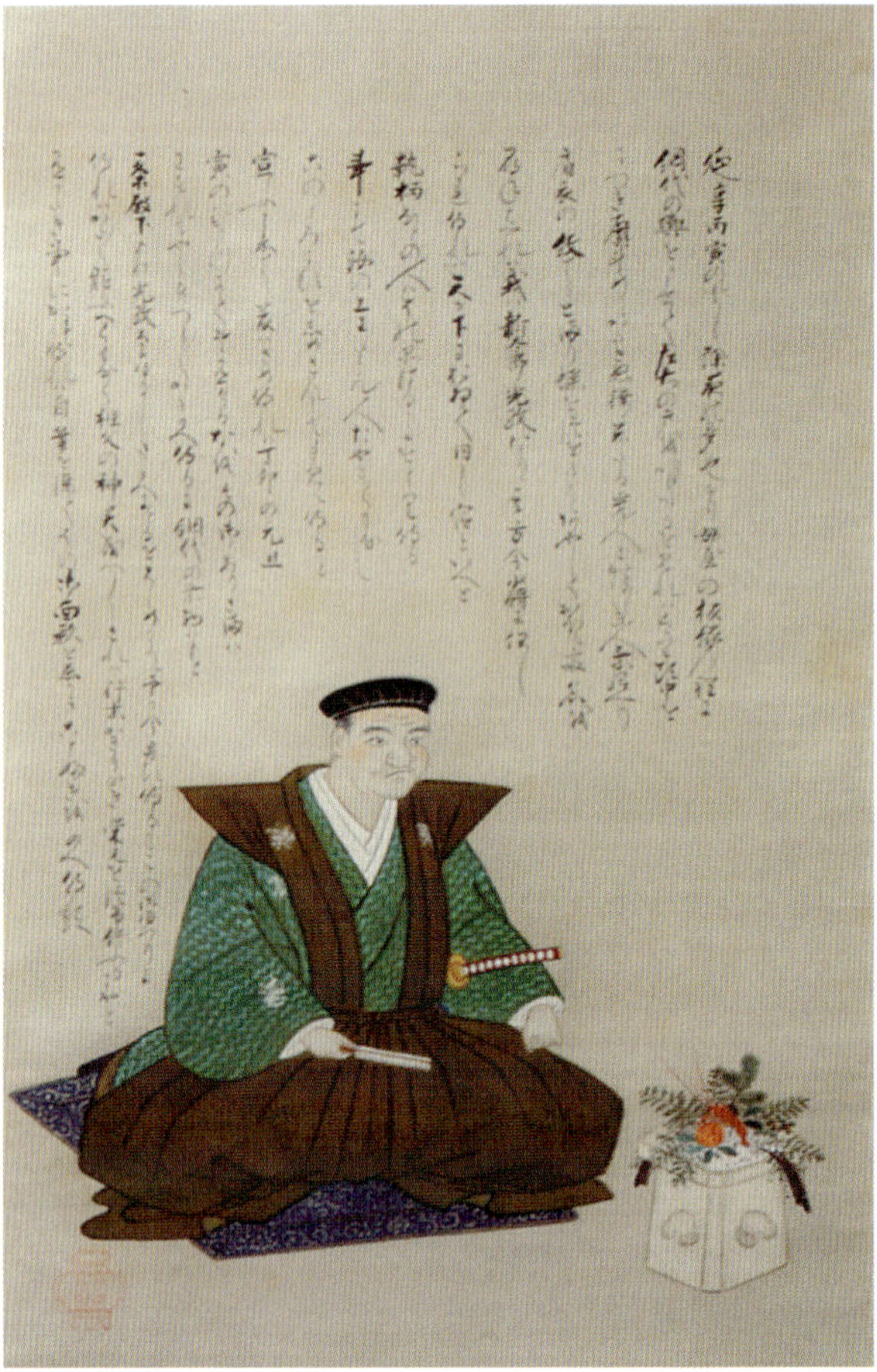

池田光政画像「夢見の像」池田継政画賛　延享４年

(財)林原美術館提供)

# はじめに

## 「明君」光政

江戸時代には全国に二六〇あまりの藩が存在した。その藩が平均一二代続いたとすると、江戸時代には三〇〇〇人を超える大名がいたことになる。このうち現在使われている高等学校の日本史教科書に登場するのは、幕府の老中などを務めたものを除くと、一〇人にも満たない。池田光政《いけだみつまさ》は、その数少ない大名の一人である。

光政は、江戸時代前期を代表する典型的な大名として取り上げられる。この時期の大名はどのような課題に直面し、それをどのように処理しようとしたのか。そのことを説明するために、光政の治績が取りあげられる。そうした意味で光政は確かに典型とされるにふさわしい。

光政は「明君」と呼ばれる。儒教で言う賢明な君主、つまり理想の政治家ということ。「名君」と書けば名高い君主、代表的な大名ということになる。すべての藩主が光政のようであったのではない。だからこそ「明君」が敬慕され顕彰されるのであり、むしろ「明君」「名君」は特殊な存在と言うべきだろう。光政は、実はとても個性的だ。そこにこそ光政の魅力もある。

典型的であることと個性的であることはメダルの両面のようなものだ。そうした両面を持つ光政というメダルに徹底して即することによって、その時代を描くことができるのではないだろうか。

光政を「明君」とする評判は当時からあった。各地の大名を酷評する『土芥寇讎記《どかいこうしゅうき》』も、光政については「天下ニ沙汰セシ文武両道之達人也」と評している。光政が創設した閑谷《しずたに》学校には、貞享三年（一六八六）に光政を祀る「芳烈祠《ほうれつし》」が造営されている。「芳烈公」は光政の諡《おくりな》である。光政が亡くなって四年後のこと。岡山池田の家中では光政を尊崇する気風が早くから存在していた。

## 「明君」創造

三代岡山藩主池田継政《つぐまさ》は祖父光政を敬慕し、その政治理念を受け継ぐことを理想とした。継政は絵画を得意とし、池田家歴代の画像を多数描いている。継政が制作に関わった光政の画像も少くとも四枚が知られる（浅利尚民「池田家歴代肖像画と池田継政」）。うち三枚は衣冠束帯姿だが、一枚は紋付・肩《かた》衣《ぎぬ》・袴を着し、縁をくくった帽子をかぶっている。継政は元禄一五年（一七〇二）生まれだから、生前の光政には会っていない。うち二枚を口絵に掲げた。口絵一枚目の図版は継政が賛を書いたことは確かだが、画者は不明とされている。「三界唯一心　心外無別法」は『華厳経』の趣旨を端的に現わす仏教語。すべてが自らの「心」によることを示している。光政の「心学」に通ずるものとして継政が選んだのだろう。口絵二枚目の図版（「夢見の像」）は、画像の上方に記された詞書《ことばがき》によれば、継政の夢に現れた光政の姿を描いたものだという。太い眉に大きな鼻、額に二本の筋。顎をやや突き出しかげんに、大きな目で前方をにらんでいる。頰の上のほうはほんのり紅く、あばたに描かれている。意志の強そうな気力に満ちた表情だ。カバーに掲載した光政画像は、池田家で祖先や歴代藩主の肖像画を巻子に仕立てた「縄武像《じょうぶぞう》」に収められているものである。ぐっと顎を引いた表情は「夢見の像」よりやや若目だが、大きな目などは瓜二つであり、継政が描いた画像によることは明らかである。

家中に伝えられた光政の逸話を集めたものに『有斐録《ゆうひろく》』がある。「国人《こくじん》（備前国の住人）三村氏」が記録したもので、寛延二年（一七四九）の序がある。ちょうど継政が藩主の時代である。光政の死後七〇年近く経っている。のちには『仰止録《ぎょうしろく》』『率章録《そつしょうろく》』といった言行録も作られる。いずれも、光政の偉業を賞揚しその言行に依拠することで、家中の結集を図ろうとする意図をもって編まれたものだ。時代を経るにしたがって、「明君光政」像は「教訓化」「理想化」される（深谷克己「明君創造と藩屏国家」一・二）。

## 日記を書く大名

光政には自筆の日記が残っている。そこに光政の自意識の高さを認めることができる。文面からは彼の息遣いまで感じられるときがある。『日記』とともに光政愛用の遺品なども林原《はやしばら》美術館に所蔵されている。また、岡山藩政資料も一部散逸した部門もあるが、おおむね池田家文庫として今に伝えられている（岡山大学附属図書館所蔵）。こうしたいわゆる一次資料によって、光政の活動を追いかけてみよう。本書では『池田光政日記』による記述は逐一注記しない。池田家文庫の資料は資料名のみ記す。引用にあたっては、読みやすいように濁点などを補ったところもある。

ただし、のちに述べる寛永末年の「改革」以前については、資料が十分とは言えない。その時期を含めた岡山藩政およびそれ以前の状況については『池田家履歴略記』が頼りである。この書は寛政年

池田光政日記（(財)林原美術館提供）

間（一七八九～一八〇一）に岡山藩士の斉藤一興《かずおき》が編纂したものだが、岡山藩の資料に基づいて記述されている部分も多く信頼性は高い。ただし、一部伝聞によると思われる所もあるので注意する必要がある。『池田家履歴略記』による記述は、できる限り注記した。逸話集では、最も早く成立し「教訓臭」の少ない『有斐録』を主に使うが、これもそのつど注記する。

光政の伝記としては第二次世界大戦以前の永山卯三郎『池田光政公伝』や戦後の谷口澄夫『池田光政』などがある。いずれも依拠すべきものではあるが、その後の研究の進展を踏まえて、書き換えられるべき点も少なくない。「光政明君像」は、時代に応じて自ずと変化するはずである。

### 治者の自覚

本書の副題とした言葉は、光政の言葉そのままではない。『池田光政日記』明暦元年（一六五五）四月一五日の条にある、「我等《われら》学問者と有名《なある》ハ天下ニかくれなく候ニ、仁政行《じんせいぎょう》ハ一ツとしてなく候へバ、名過《なすぎ》候、此天罰ハのがれざる所ニて候」という言葉を簡略にしたものである。

光政は生涯に三度の「改革」を行う。そのうち承応三年（一六五四）の洪水を受けて行った二度目の「改革」以降を自分らしい政治と自負していた。この言葉は、その「改革」の真最中に発せられたものである。

光政が学問に志す者であることは天下のだれもが知っている。そうした者であるのに仁政の行いは一つもなく、民に苦しみを与えている。これは名が過ぎて実がないということだ。だから、天罰は遁《のが》れられないのであり、今回の洪水は天が自分への戒めとして与えられたものだ、というのである。

光政の治者としての個性は、のちに詳しく述べるが、学問者であること、仁政行の実践を目指したこと、常に自己反省を欠かさなかったこと、などは重要な点だ。そうしたことを示すものとして先の言葉がある。ここではそれを縮めて、「学問者として仁政行もなく候へば」という言葉に加工して掲げてみた。これを核にして光政の個性を描き出してみたい。

# 池田光政——学問者として仁政行もなく候へば

目次

# 図版写真一覧

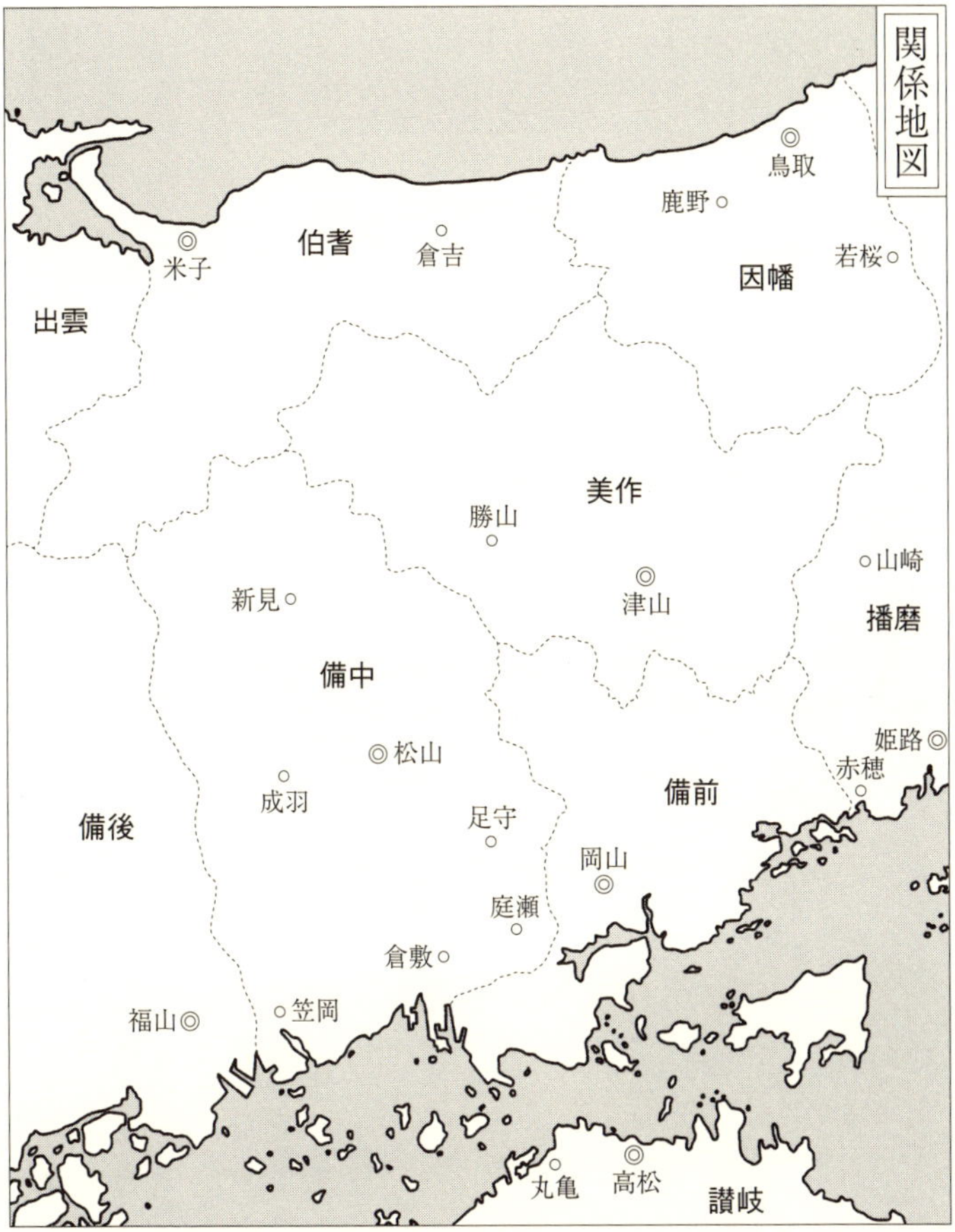


（註）海岸線は現在のものである。

# 池田家系図

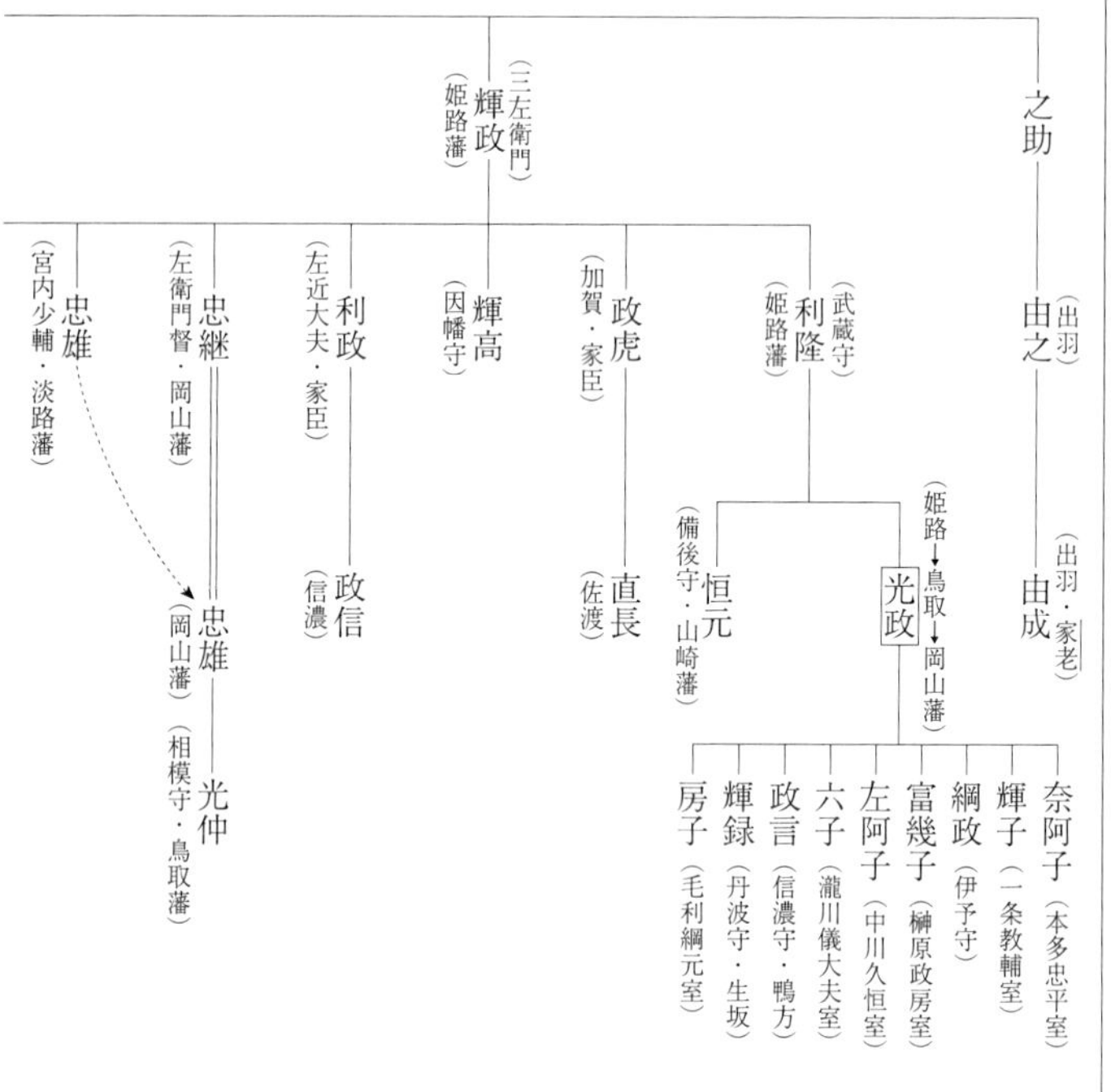
之助
由之（出羽）
由成（出羽・家老）
輝政（三左衛門）（姫路藩）
利隆（武蔵守）（姫路藩）
政虎（加賀・家臣）
輝高（因幡守）
利政（左近大夫・家臣）
忠継（左衛門督・岡山藩）
忠雄（宮内少輔・淡路藩）
光政（姫路→鳥取→岡山藩）
恒元（備後守・山崎藩）
直長（佐渡）
政信（信濃）
忠雄（岡山藩）
光仲（相模守・鳥取藩）
奈阿子（本多忠平室）
輝子（一条教輔室）
綱政（伊予守）
富幾子（榊原政房室）
左阿子（中川久恒室）
六子（瀧川儀大夫室）
政言（信濃守・鴨方）
輝録（丹波守・生坂）
房子（毛利綱元室）

- 政秀
  - 恒利（もと瀧川氏）
    - 恒興（信輝、勝入）
      - ……
        - 輝澄（石見守・山崎藩）
        - 政綱（右京大夫・赤穂藩）
        - 輝興（右近大夫・平福→赤穂藩）
        - 女子（京極高広室）
        - 女子（伊達忠宗室）
      - 長吉（鳥取藩）
        - 長幸
          - 長常（出雲守・備中松山藩）
          - 長信（修理・井原知行所）
        - 長貞
          - 長政（下総・家老）
        - 長頼（豊後）
        - 長治（帯刀）
      - 長政（河内）
        - 長明（伊賀・家老）

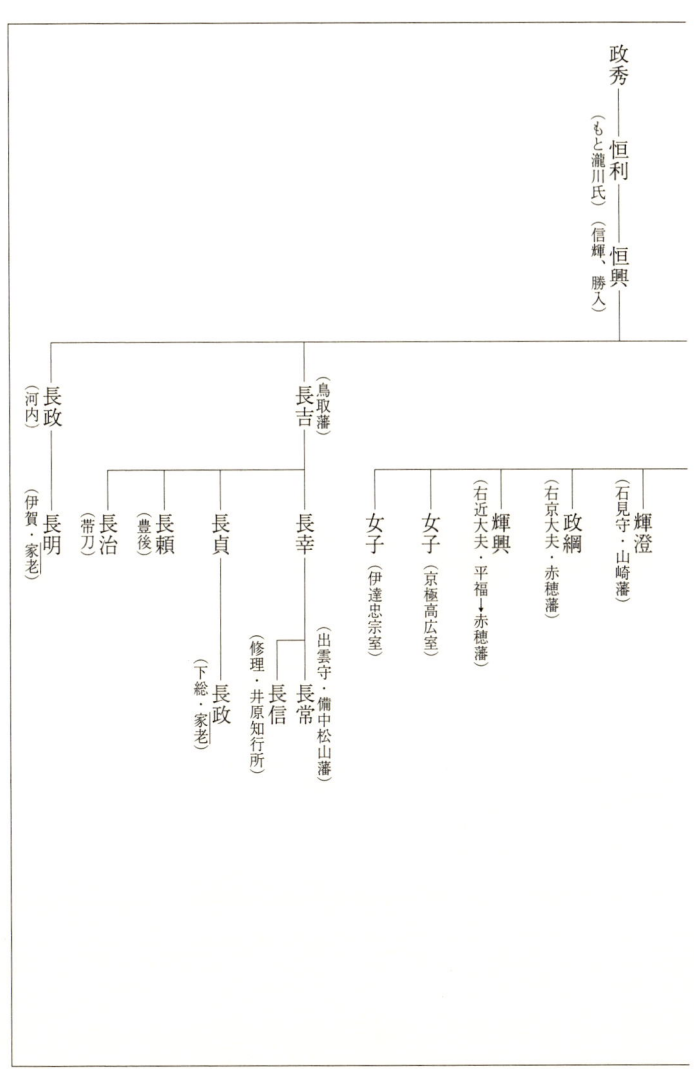

# 第一章　岡山以前の光政

## 1　誕生から鳥取入部まで

### 光政の出生

池田光政は、慶長一四年（一六〇九）四月四日、岡山城に生まれた。父は池田利隆《としたか》、母は榊原康政の女《むすめ》鶴子（福照院）。利隆は「播磨宰相」と呼ばれる池田輝政《てるまさ》の嫡男、鶴子は将軍徳川秀忠の養女となって嫁している。光政は、その最初の男子であった。誕生の祝儀として秀忠から時服《じふく》（季節にあわせて賜る衣服）・白銀《しろがね》などが贈られた（『徳川実記』など）。この年鶴子には備中国のうちに独自の生活資産として化粧料一〇〇〇石が与えられている。

幼い頃の字《あざな》は幸隆《よしたか》、のちに光政と改めた。通称は新太郎。従四位下、権少将に任じられたが、官位をありがたいとも思わず、参勤往来の節に宿舎に掲げる関札《せきふだ》にも「備前少将」とは書かず（『有斐録』）、自身は生涯「新太郎」と名乗った。

慶長一六年（一六一一）三歳で江戸に下り、初めて秀忠に拝謁《はいえつ》した。徳川家康には、五歳のとき謁している。「三左衛門（輝政）の孫か、早く大きくなれよ」と家康が光政の頭をなでたところ、光政が拝領したばかりの刀を抜いた。家康が「危ない」と言って自ら柄を取って鞘に納めたが、あとで「眼光するどいこと、只人《ただびと》ではない」と述べたという（同前）。事実かどうかは定かでないが、光政の勝ち気な性格を示す逸話である。

## 池田氏の出自

『寛永諸家系図伝』に載る「系図」は、池田家にとって最初の系図だといってよい。それによれば、池田家は、源頼光から五代目にあたる瀧口奉政《ともまさ》が池田右馬允《うめのじょう》と称したことに始まるという。その後、摂津の住人池田九郎教依《のりより》が「楠正行《まさつら》が遺腹の子」を養子として池田十郎教正《のりまさ》と称した。教正は後に兵庫助と改め、将軍足利義詮・義満のときに武勇の名をあらわし、その子が佐正《すけまさ》、さらにその子が池田六郎といい、それより代々池田を称したという。

池田家では、これを「楠胤《なんいん》」説として尊重した。いわゆる「太平記読み」の世界では楠正成《まさしげ》は理想の君主として描かれており、若尾政希はその影響のもとに作られた由緒だと言う（『「太平記読み」の時代』）。「太平記読み」は『太平記』の逸話などを取り上げて武士の心構えなどを説く講釈師。戦国・江戸初期の武将の御伽衆《おとぎしゅう》などとして重用される者もあった。若尾の推定は十分に考えられるところだが、その由緒が語られるようになったのは、光政の祖父輝政の頃のことではないだろうか。

池田家には美濃国池田郷の出身という伝承もあり、同地の龍徳寺は江戸時代を通じて池田家が資金を提供して外護《げご》した。同寺は、慶長期（一五九六〜一六一五）頃からすでに「池田家位牌所」と称しており、教依以来の位牌が祀られている（伊藤康晴「大名池田家の出自に関する覚書」）。他方、摂津国池田庄の国人として池田氏があり、池田教依が建武年間（一三三四～三八）に池田城を築いて勢力を張ったという。貞治《じょうじ》年間（一三六二～六八）の親政《ちかまさ》以降、代々「正（政）」を通字として名乗り、永禄一一年（一五六八）には池田勝正が織田信長の攻撃を受け、その配下となっている。摂津の池田氏と美濃の池田氏とが同族であったかどうかは不明である。南北朝以来摂津国人として知られた池田氏の系譜が、美濃国の土豪に援用されたのかもしれない。「池田家系図」は先の由緒を記すだけで、池田六郎から後は名前すら記されていない。ようやく事績が分かるのは、戦国末期の恒利《つねとし》からである。

## 恒利と恒興

恒利は近江国瀧川氏の出身で、生国は摂津だという。初めは足利義晴に奉公したが、後に尾張国に移り、織田信秀に仕えた。近江国池田氏の女《むすめ》をめとり池田を称した。義父は池田十郎政秀と伝えられる。恒利の妻（養徳院）が織田信長の乳母《めのと》となり「大御《おおお》ち」と呼ばれた。そのため、恒利は織田家で厚遇されることになった。天文七年（一五三八）三月二七日恒利が亡くなる。養徳院は、織田信長はもとより、織田家中にあって豊臣秀吉や徳川家康にも一目置かれていたため、子の恒興《つねおき》や孫の輝政の後ろ盾になって天下人との間を周旋した。池田家がこの動乱期を生き延び隆盛となった最大の功労者は養徳院だと言ってもよい（田端泰子『乳母の力』）。慶長一三年（一六〇八）一〇月二六日九四歳で亡くなった（『池田家履歴略記』）。

恒利の子の恒興は、織田信長の「乳母子《めのとご》」であったことから信秀に仕えた。通称勝三郎、信の字を賜って信輝と改めたという。のちに剃髪して勝入《しょうにゅう》と号した。信長の家臣として頭角を現し、とりわ

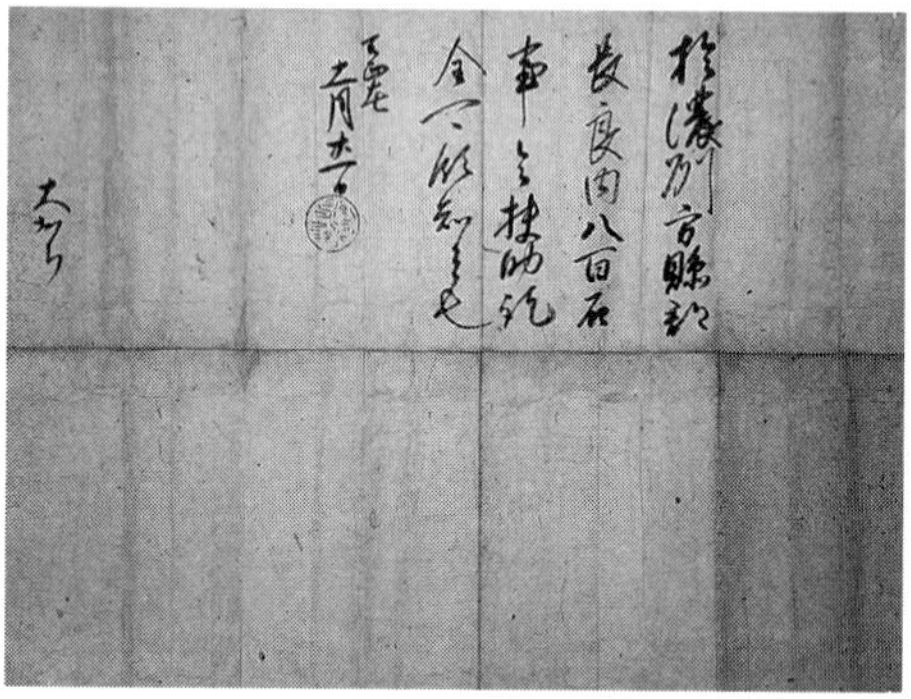

大おち宛豊臣秀吉朱印状
（池田家文庫・岡山大学附属図書館提供）

け信長が荒木村重を討伐した際の花隈《はなくま》合戦で戦功をあげ、摂津国に約一〇万石を賜った。本能寺の変の後、大山崎で明智軍と闘い、その後は、柴田勝家・羽柴秀吉・丹羽長秀と並ぶ四人の宿老の一人として戦後処理にあたった。賤ヶ岳の戦いでは秀吉に組して勝家と闘い、その後、美濃国大垣城主に転じ、およそ一三万石を領した。天正一二年（一五八四）秀吉が織田信雄《のぶかつ》・徳川家康と対立したときには、秀吉軍の先鋒として家康軍と長久手《ながくて》に闘い、敗れて討ち死にした。このとき勝入に同行した嫡男の之助《ゆきすけ》も討ち死にしている。

### 祖父輝政

当主と嫡男を失った池田家を次男の輝政が相続した。輝政は童名を古新《こしん》、通称は三左衛門、母は荒尾美作守善次の女《むすめ》であった。一五歳のとき荒木攻めで初陣を飾った。池田家本の『信長記』は輝政が特別に注文して作らせたもの。作者である太田牛一の直筆で「池田幸新」（古新・輝政）が信長から「感状」をもらったことが書き加えられている。その後、輝政は天正一〇年（一五八二）の信長の甲斐武田攻めにも参加するが、そのことも『信長記』に書き加えさせた。

池田の家督を相続したとき、輝政は二〇歳であった。秀吉より一〇万石を与えられて岐阜に居城す

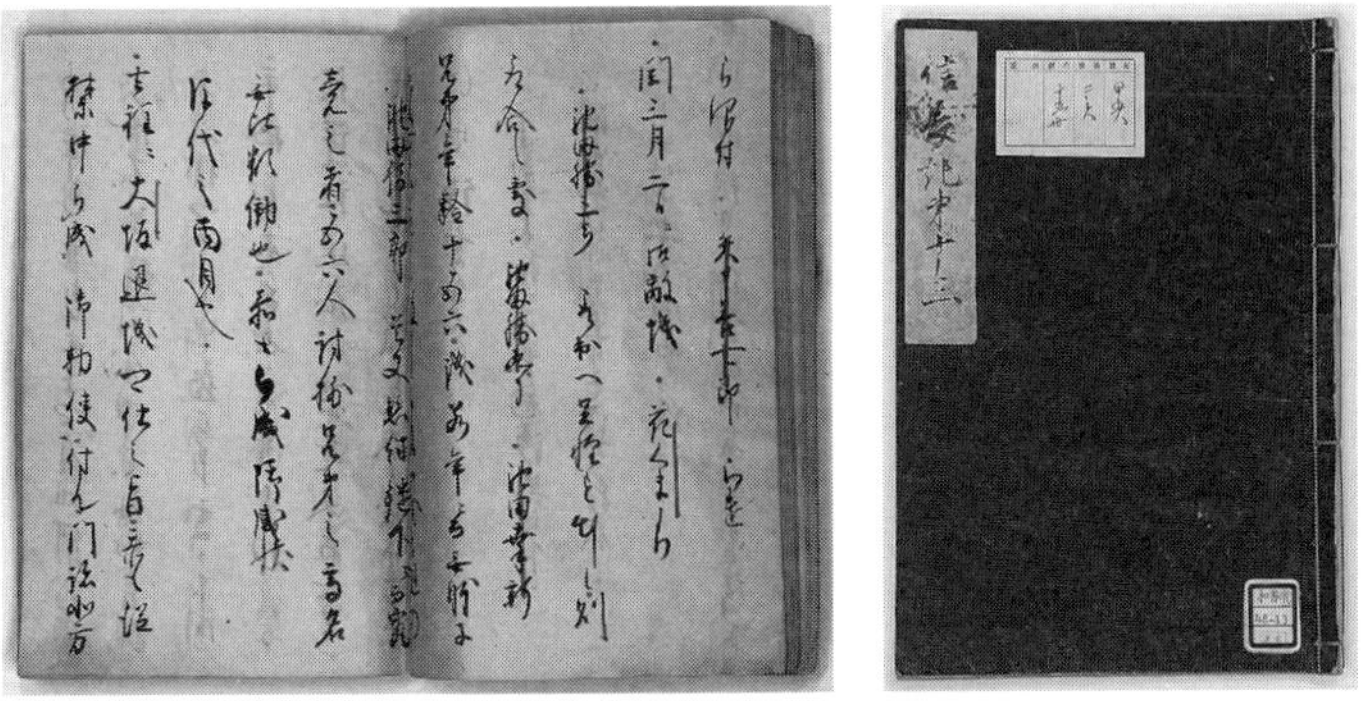

**信長記**
（池田家文庫・岡山大学附属図書館提供）

る。秀吉は勝入に恩義を感じていたので、輝政を何かと引き立てた。輝政もそれに応え、各地の戦闘で功績を挙げた。天正一八年（一五九〇）小田原陣の結果徳川家康が関東八カ国に移ると、その跡の東三河に一五万二〇〇〇石を与えられて吉田（現豊橋市）に入る。秀吉の朝鮮出兵では後詰めを命じられ、肥前名護屋への物資の輸送などに従事した。このとき池田の安宅船《あたけぶね》の威容が秀吉の目にとまっている（「中村主馬奉公書」）。のちに瀬戸内海で活躍する岡山藩の船団はこの頃に始まる。

文禄三年（一五九四）八月一五日秀吉の命で徳川家康の女《むすめ》の富子（督姫、良正院）を後妻に迎えた（『池田家履歴略記』）。富子は北条氏直に嫁していたが、小田原陣の後に実家に帰り、小田原後家と呼ばれていた。この婚姻を機に輝政は、家康との関係を深めるようになる。慶長五年（一六〇〇）の関ヶ原の戦いでは、上杉攻めの先陣として出張していた宇都宮から取って返し、岐阜城攻めに軍功を挙げた。これにより輝政は戦後に播磨一国五二万石を与えられ、姫路城に入った。白鷺城と呼ばれる現在の姫路城は、輝政が築いたものである。なお、このとき輝政の弟の池田長吉《ながよし》も、因幡国に六万石を与えられて鳥取に居城することになった。

### 父利隆

光政の父利隆は天正一二年（一五八四）九月七日岐阜城に生まれた（同前）。母は中川瀬兵衛清秀の女（大儀院）。中川瀬兵衛も織田信長の家臣であったが、賤ヶ岳の戦いで戦死した。後に子の中川秀成が豊後国岡城主となり、以後江戸時代を通じて中川氏は岡藩（竹田藩ともいう）の藩主を務めた。利隆は、通称を新蔵といい、初め右衛門督《うえもんのかみ》、後に武蔵守。関ヶ原の戦いで父輝政に同行して軍功を挙げた。

慶長八年（一六〇三）二月六日備前一国二八万石余が利隆の弟忠継《ただつぐ》に与えられた（同前）。関ヶ原戦後、備前・美作両国は小早川秀秋に与えられていたのだが、二年ほどで急死したため、備前国が忠継に、美作国が森忠政に与えられたのであった。忠継は富子の子で、家康の孫にあたる。しかし、当時五歳と幼少であったため、兄の利隆が代わって仕置《しおき》することになった。当時は政治を執り行うことを一般に「仕置」といった。また、利隆が代わりに政務を執ることを「監国《かんこく》」と呼んでいる。利隆の監国は、播磨での輝政の仕置をなぞったものと思われる。利隆が備前国内に発した法令を集めた「武州様法令」が池田家文庫に残されている。

慶長一〇年（一六〇五）五月三日利隆は、秀忠の養女となった榊原康政の女（福照院）を妻に迎える（同前）。榊原氏は三河以来の徳川家譜代の家臣で、康政は家康四天王の一人に挙げられる。光政はこの両親のもとに生まれたことは先にふれたが、ほかに二男・二女が生まれている。

慶長一五年（一六一〇）二月二三日利隆の弟忠雄《ただお》に淡路一国六万六〇〇〇石が与えられた（同前）。忠雄はやはり富子の子で、家康の孫である。当時九歳と幼少であったため、輝政家臣の乾長治《いぬいながはる》を岩屋（後に由良）に在城させて支配した。

慶長一八年（一六一三）正月二五日、輝政が死去する。池田家の家督は嫡男の利隆が相続したが、播磨一国のうち備前国に隣接する宍粟《しそう》・佐用《さよう》・赤穂《あこう》の三郡計一〇万石が忠継に与えられ、利隆は残りの播磨国一三郡四二万石を継承した。他方、忠継は備前一国と播磨国三郡を合わせて三八万石余となった。明らかに家康の孫である忠継を厚遇した措置であった。

### 輝政家臣団の分割

輝政存命中は、備前国や淡路国が子どもたちに与えられても、その仕置は輝政の指示のもとに行われており、両国へ派遣された家臣を含めて池田家臣団は一体のものであった。だから利隆が備前国を「監国」したといっても、備前へ派遣された家臣と特定の主従関係を結んだわけではない。ただし、輝政家臣団のなかでは備前在住者と播磨在住者とのある程度の区分けはされていたようだ。慶長一八年四月六日の日付がある「播磨宰相様御代侍帳」は、その区分けにしたがって書き上げられていて、いわゆる知行取《ちぎょうどり》として備前方三二九名、播磨方七四八名が確認できる。万石以上の家老クラスでいえば、池田出羽三万二〇〇〇石・日置《ひき》豊前一万四〇〇〇石・荒尾但馬一万石が備前方、伊木《いぎ》長門三万三〇〇〇石・池田新吉《しんきち》二万二〇〇〇石・池田下総一万四〇〇〇石・土倉《とくら》信濃一万石が播磨方であった。

その後池田家内部において仮の家臣分けが行われたようで、『当代記』六月六日条には「荒尾志摩守・同但馬・和田壱岐守など小身《しょうしん》の者が付けられて左衛門督（忠継）が備前に在国している」との情報が伝えられている。これは利隆による措置と思われる。このうち荒尾但馬はもともと備前にいた者だが、荒尾志摩七〇〇〇石と和田壱岐四六〇〇石は先の「侍帳」では播磨方に記された番頭《ばんがしら》クラスの家臣である。番頭は家老につぐ家格で、戦時には軍団の長を勤めた。

同年八月、家康の指示のもとに池田家臣団の分割が最終的に決められる。このとき利隆と良正院の双方から案が出された（次田元文「池田利隆の家臣団編成について」）。利隆が出した帳面を見た家康は「一段御機嫌よく」とのことであったが、良正院が出した帳面は「備前へ参る侍の数が多すぎる」と家康は「御きげんあしく候」ということであった。良正院は息子の忠継に有利なようにと配慮したつもりであったが、家康の判断は違っていた。利隆は備前にいる荒尾但馬に、「備前には一〇万石ほどの給人を遣わすことになるからそのつもりでいるように」と指示している（「荒尾但馬守宛池田利隆書状」）。

結局、家康の指示によって家臣団のうち一族・大身の者の多くは利隆に付けられることになった。家老クラスでいえば、伊木長門・池田出羽・池田新吉・日置豊前・池田下総・土倉信濃が利隆に付けられ、忠継の家老には荒尾但馬・荒尾志摩・和田壱岐のほか津田将監七〇〇〇石が付けられた。また、忠継には幕府から付家老《つけがろう》として鵜殿藤右衛門が派遣されている。鵜殿が付けられたのは、まだ若い忠継を補佐するためであったろう。家老以下の家臣も同様で、古くからの譜代の家臣は多く利隆に付けられ、忠継には新参の家臣が多く付けられる結果となった（福井淳人「鳥取藩家臣団形成期の諸問題」)。

### 家康の意図

家臣分けに先立つ二月一五日、家康の命により監使《かんし》(国目付《くにめつけ》)として安藤対馬守重信と村越茂助直吉が姫路に派遣された。家督相続にあたって幕府が藩政を監察するための使者(目付)を送ることはよくあることで、とりわけ初期には藩政への介入としてしきりに行われた(善積恵美子「江戸幕府の監察制度」)。このときも、輝政のもとで権勢のあった若原右京と中村主殿《とのも》を糺問するという名目であった。両人は輝政に重用され、仕置人として藩政を牛耳っていた。ただし、中村は当時病気であったため、監使が主に糺《ただ》したのは若原で、その内容は次の三点であったという(『池田家履歴略記』)。

(1)右京が四〇〇〇石の身上でありながら自分騎馬の侍を一〇〇人も抱えるのは不審である。
(2)家康の御女である良正院や御孫であるその君達に対して不礼過分の振廻《ふるまい》がある。
(3)池田の一族・歴代の家老共を差し置いて、己一人威権をとり、諸事ほしいままに取り行っている。

若原はそれぞれについて弁明を行っているのだが、いま注意したいのは、(2)のことである。これについて若原は、利隆が惣領であるにもかかわらず先妻の子であるために良正院やその子によって軽んじられ、忠継らに過分の振廻があったことを意見したのだと述べている。つまり、監使はこう主張する若原を糺問することで良正院や忠継らを擁護し、ひいては利隆を牽制しているのである。また(3)では、若原を糺問することで一族・歴代家老の権勢を保障しようとしているのだが、これも新しく当主になり、一族・大身の者を抑えて自らの権威や権力を確立しなければならない利隆にとっては、障害となるものであった。

糺問を終えた安藤・村越は四月二七日駿府に帰り、経緯を家康に報告した。その結果、中村は病死したためか不問に付され、若原は改易となった。この事件は池田家臣団に大きな動揺をもたらしたに違いない。そしてその後に、先にふれたように家康の指示による家臣分けが行われたのであった。

一族・大身家老らの多くは利隆に付けられたが、かれらの権勢は家康のお墨付きを得たものであった。家督を相続した惣領のもとに譜代の重臣が付けられるのは一見尤ものように見えながら、利隆にすれば大きな紛争の火種を抱えたようなものであった。

なお、中村主殿の死後、家督は子の主馬《しゅめ》に相続が許されたが、主馬は大坂の陣後に立ち退き、牢人となる。しかし、元和二年（一六一六）酒井雅楽頭忠世《うたのかみただよ》の取り成しで池田家に帰参し、知行一〇〇〇石を与えられて船奉行として活躍する（『岡山藩家中諸士家譜五音寄《ごいんよせ》』）。このことはのちに述べる（第二章三七頁参照）。

**利隆の死**

輝政の死によって、それまで一体であった池田家臣団は利隆・忠継・忠雄の三つに分割されることになり、それぞれの家中では家臣団を再編成することが課題となった。とりわけ利隆にとっては、一族・大身譜代らの権勢を抑えて、自らの権威と権力を確立することが急務であった。しかし、そうした課題に取り組む暇もなく、翌慶長一九年（一六一四）には大坂冬の陣に参戦する。

慶長二〇年（一六一五）二月、良正院（富子）と忠継が相次いで死去する。喪の明ける間もなく、利隆と忠雄は大坂夏の陣に参戦した。この時、家老の伊木長門の嫡男および池田出羽の嫡男・次男が幕府へ「証人」として遣わされた（『池田家履歴略記』）。証人制は、大名家臣の子弟を人質として江戸に差し出すもので、慶長一四年（一六〇九）から本格化していた（在原昭子「江戸幕府証人制度の基礎的考察」）。以後池田家では制度が廃止される寛文五年（一六六五）まで「証人」を出し続けることになる。朝尾直弘は証人制を、藩主の宗主権が不安定で藩政が未確立な段階の大名統制策と位置付けている（『将軍政治の権力構造』）。この時利隆はあわせて、妻鶴子（福照院）と次男三五郎（恒元）を「質」として江戸に送っている（『池田家履歴略記』）。当時の利隆家中の実情がうかがえるだろう。利隆には相当のプレッシャーが掛かっていたに違いない。

大坂での戦闘終了後の六月、将軍秀忠は忠雄に対して、忠継の遺領のうち備前一国二八万石余と備中国にあった良正院の化粧料三万五〇〇〇石を合わせて領有するように命じた。残りの播磨三郡の忠継遺領については、宍粟郡三万八〇〇〇石が弟輝澄《てるずみ》に、赤穂郡三万五〇〇〇石が弟政綱《まさつな》に、佐用郡二万五〇〇〇石が弟輝興《てるおき》にそれぞれ与えられた。輝澄・政綱・輝興の三人はいずれも良正院（富子）の子、つまりは家康の孫であった。

以上のような遺領の分配については、利隆もやむをえず納得していたようである。その代わり秀忠

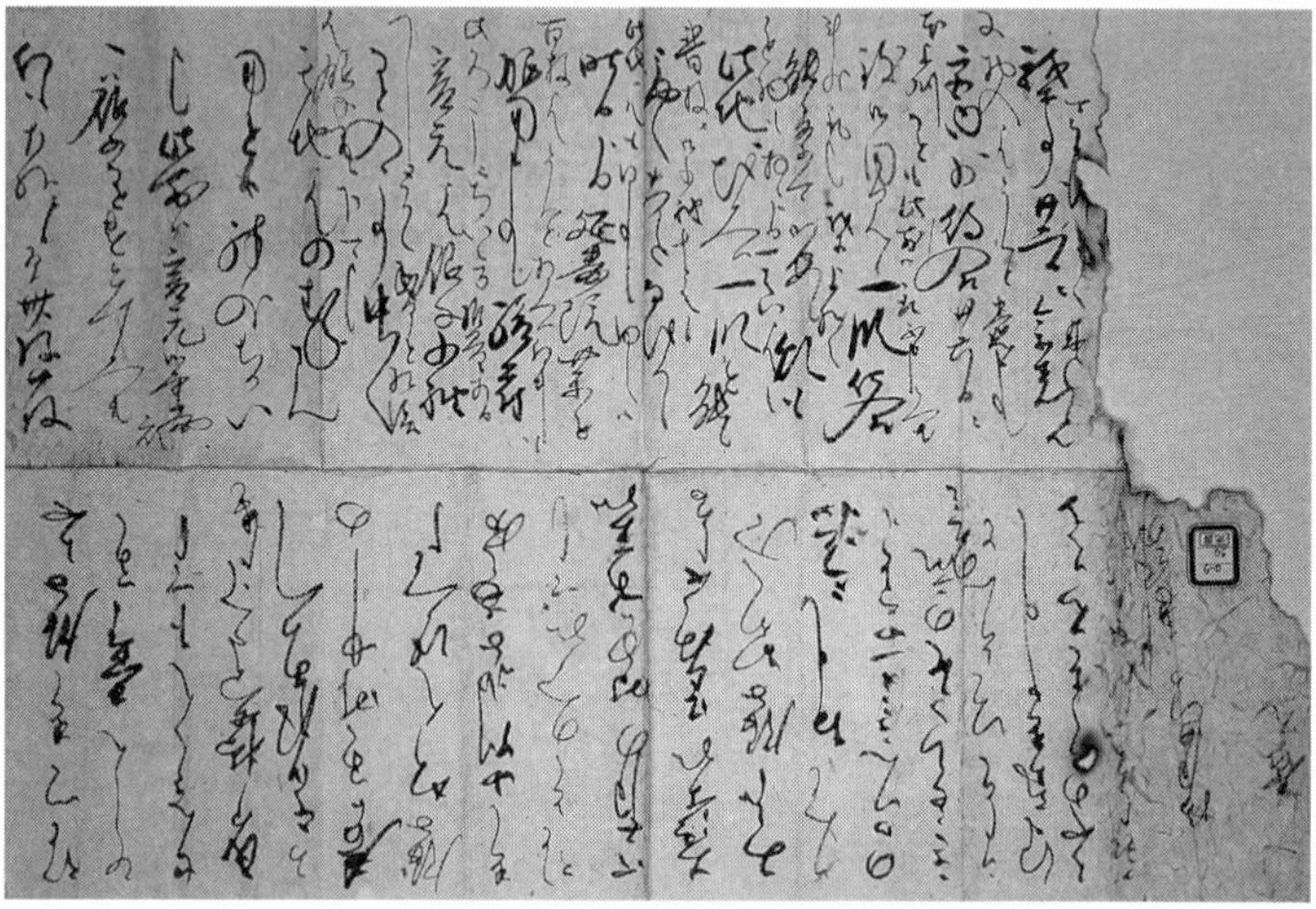

横井養元宛池田利隆書状
（池田家文庫・岡山大学附属図書館提供）

との話し合いでは、忠雄が拝領していた淡路一国が自分に加増されるものと思っていた（「横井養元宛池田利隆書状」）。ところが、淡路は家康の命によって阿波の蜂須賀至鎮《よししげ》に加増されてしまう。利隆は再び冷たくあしらわれた格好であった。

このとき輝澄・政綱・輝興には、忠雄の淡路衆を中心に石高に応じて家臣の配分が行われた。しかし、忠雄の加増のこともあり、新参者の召し抱えを含め、改めて家臣の再編成が行われた（同前）。家中の動揺は続いたに違いない。

翌元和二年（一六一六）江戸にいた利隆は体調を崩した。御暇《おいとま》を許されて保養のために京都に向かうが、六月一三日京都四条の京極丹後守の屋敷で亡くなった。三三歳であった。六月一四日利隆の嫡男であった光政に、家督の相続が許された（『池田家履歴略記』）。光政は八歳であった。

## 2　光政の鳥取時代

### 鳥取への転封

元和三年（一六一七）三月六日、光政は因幡・伯耆両国への転封と鳥取を居城とすることを命じられた。六万石を与えられて鳥取にいた池田長幸《ながよし》は五〇〇〇石加増されて備中国松山（現高梁市）へ移された（『徳川実記』）。

前年四月徳川家康が亡くなっていた。確固とした徳川政権の移譲が急務であった。一年忌の喪が明けて、久能山の家康の遺骸を日光山東照社に移した秀忠は、六月に数万の兵を率いて上洛する。京都では西国大名への領知朱印状の交付や朝鮮国の使節が国王の書を将軍に呈する聘礼《へいれい》の儀が行われた。いずれも秀忠への「代替わり」を誇示する儀式であった。このとき姫路から池田家の重臣が京都へ召され、改めて因幡・伯耆への転封が告げられた。「播磨は中国の要地なれば、領主幼少にては叶うべからず」というのが理由であったという（『池田家履歴略記』）。池田氏の代わりに、姫路には一五万石を与えられて本多忠政《ただまさ》が、龍野には本多政朝《まさとも》が五万石で、明石には小笠原忠真《ただざね》が一〇万石で、また摂津国の尼崎には戸田氏鉄《うじかね》が五万石で、それぞれ移された。いずれも徳川家の信任篤い譜代大名であった。あわせて、因幡国では若桜《わかさ》の山崎家治《いえはる》が備中国成羽《なりわ》へ、鹿野《しかの》の亀井政矩《まさのり》が石見国津和野へ、伯耆国では米子の加藤貞泰《さだやす》が伊予国大洲へ、それぞれ移された。こうした一連の転封も、秀忠の「代替わり」にともなうものと評価できるだろう（朝尾直弘『鎖国』）。

八月一四日池田家臣に鳥取城の受け渡しが行われた。光政自身は翌元和四年（一六一八）一月に封地におもむくための御暇《おいとま》を許され、三月一四日に初めて鳥取城に入った。一〇歳であった。

## 鳥取での仕置

播磨四二万石の池田家臣団がそのまま鳥取に移住した。その中核は輝政時代からの一族・大身の譜代層であり、しかも利隆による家臣団再編成が不十分なままに、それが光政に引き継がれた。それは光政にとって利隆の「負の遺産」であった。

光政が鳥取に向かう道中で、家老の池田出羽が大小姓の神戸《かんべ》平兵衛に刺殺されるという事件が起っている。神戸は利隆によって大小姓に取り立てられたのだったが、それが利隆の眼鏡違いだったと出羽が公然と批評した。そのほかにも出羽が神戸だけを冷遇することがあり、神戸は出羽の行為が亡き主人利隆に対する冒瀆だと恨みを募らせていたのだという（『池田家履歴略記』）。真偽は不確かだが、家中の不安定さを示す大事件であった。池田出羽は長久手の戦いで戦死した之助《ゆきすけ》の長男由之《よしゆき》。父の死後輝政に仕えた一族の重臣であった。由之の横死後は「証人」となっていた嫡男の由成《よしなり》が在国を許され、出羽を名乗って家老家《け》を継いだ。

こうした状況のなかで始まった鳥取での仕置は、重臣衆の評議で行われたという。その中心は、伊木長門・池田出羽・池田河内・池田下総・日置豊前・池田摂津・土倉市正《いちのかみ》・伊木日向の八人老中で、なかでも池田出羽・伊木長門・日置豊前はそれぞれ米子・倉吉・鹿野に在城し、独自の権力を行使した。こうした家老層の家中や領内での位置は輝政時代と変わらない。かれらの知行高は播磨時代と同額が維持された。仕置を行ったのは日置豊前（忠俊）と土倉市正（勝看）である。ただし仕置人に対する光政の信任は篤く、とくに日置豊前は「智勇兼備の侍にて日々の政事一として闕滞《けったい》（欠けたり滞ったりすること）なくされし」といわれている（『池田家履歴略記』）。

叔父である岡山の池田忠雄が何かにつけ後見となった。光政は七歳年上の叔父を父のように慕ったといい、忠雄の死を悼んだ光政自筆の書軸が残されている（浅利尚民「池田光政筆「池田忠雄追悼歌」」）。

鳥取時代の光政は九歳から二四歳。ほぼ隔年に在江戸と帰城を繰り返した。

**検地と直高**

光政は初めて領国に入った元和四年に検地を実施したと言われるが、現存する検地帳は一〇カ村ほどが残存するのみで、しかもすべてが写《うつし》である（『鳥取県史』3）。領内検地は段階的に実施されたか、また実施されなかった村もあるのではないかなど、不明なことが多い。

検地とは別に家臣への知行高付けは行われたが、その方法は直高《なおしだか》という独特のものであった。播磨から因幡・伯耆への転封によって、領地高は四二万石から三二万石に減少した。『撮要録』によれば、それについて幕閣の稲葉正勝に内談したところ、稲葉も驚いたという。しかし、急に所替《ところがえ》や増《まし》地《ち》をすることはできないので、いずれ近くに足地《たしち》をするから、それまでは物成《ものなり》をもとに員数を立て、播磨ほどの高にしたらどうかと言われた。そこで実際の物成高（年貢量）を免《めん》三ツ七歩（年貢率三七%）の結果と仮定して村々の高を逆算して、四八万石余の直高を決め、これを家臣に配分したというのである。つまり、家臣の表向きの知行高（直高）は播磨時代と同じだが、実質の収入（物成）は七割程度に減少したのである。当然藩の直轄地である蔵入地《くらいりち》からの収入も減少し、藩財政も逼迫する。ほどなく稲葉が死去し、足地の話も立ち消えになってしまった。この直高は、その後も池田家の大きな足かせになった。

## 鳥取城下町の拡充

光政が入部した当初の鳥取城下町は、六万石の大名の規模であったために、極めて手狭であった。しかも直高による実質的な収入減のため、小禄の侍は城下に居住することが困難で、在郷に引きこもって土着する者も少なくなかった。このため、もともとなじみのない武士と百姓が在郷に入り交じって居住することになり、武士と百姓との間に紛争が絶えなかったという（『池田家履歴略記』）。そこで鳥取城下町の拡充が企画され、元和五年（一六一九）から七年（一六二一）にかけて普請が行われた。

次頁の上の絵図は、六万石であった池田長吉・長幸時代の鳥取城下町である。中央部の堀に囲まれた本丸部分は、豊臣時代に宮部継潤《けいじゅん》によって築かれた。左下の海のように見えるのが千代川《せんだい》で、そこへ東（右）から袋《ふくろ》川が流れ込んでいる。この時代の惣構《そうがまえ》（外郭線）は袋川の内側に土手と空堀で作られており、これが後の柳土手《やなぎのどて》にあたる。土手と袋川の間に町場は広がっていない。

下の絵図には、上方に書き込みがあり、元和五年九月六日に「公方様」（将軍・秀忠）に見せたものであることが分かる。当時秀忠は二条城にあった。池田家では、その許可を得て改造にあたろうとした。つまりこの絵図は設計図であり、町割りの計画が貼紙で示されている。改造の中心は、柳土手と袋川の間に町場を拡張することで、そのために袋川が付け替えられて新たな惣構とされた。拡張され

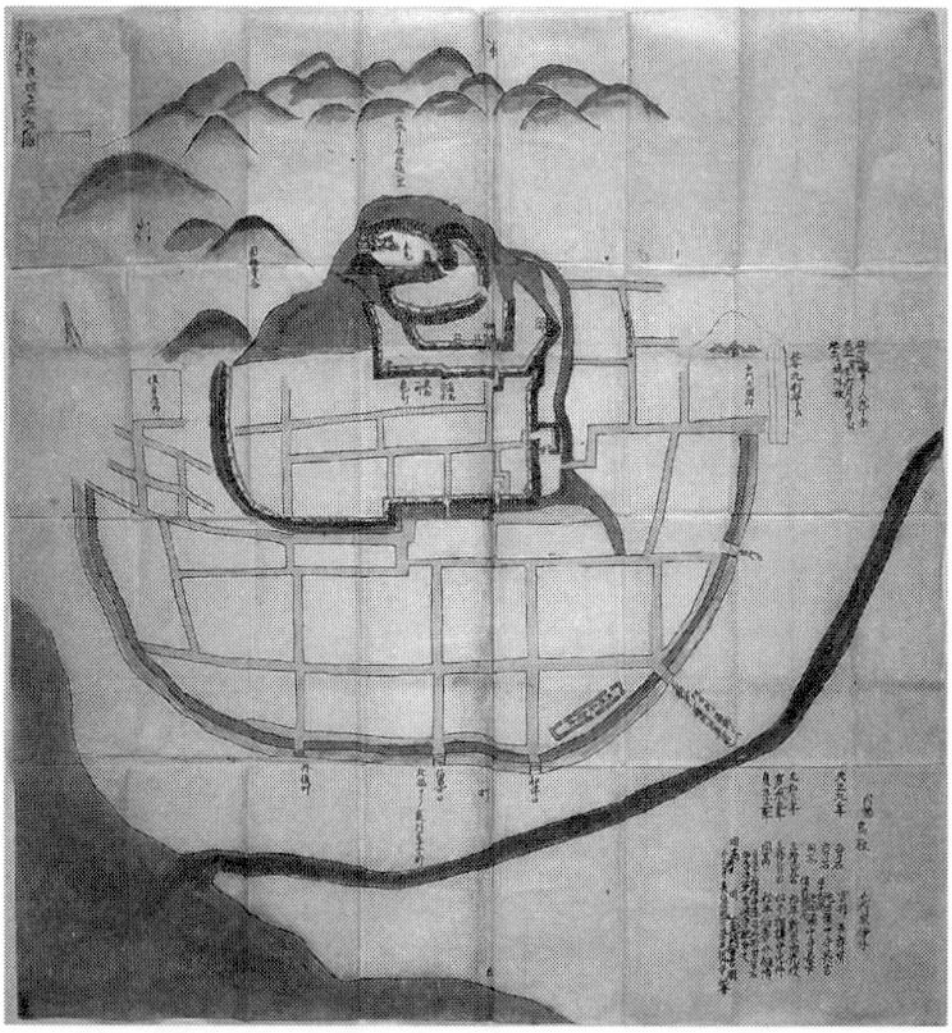

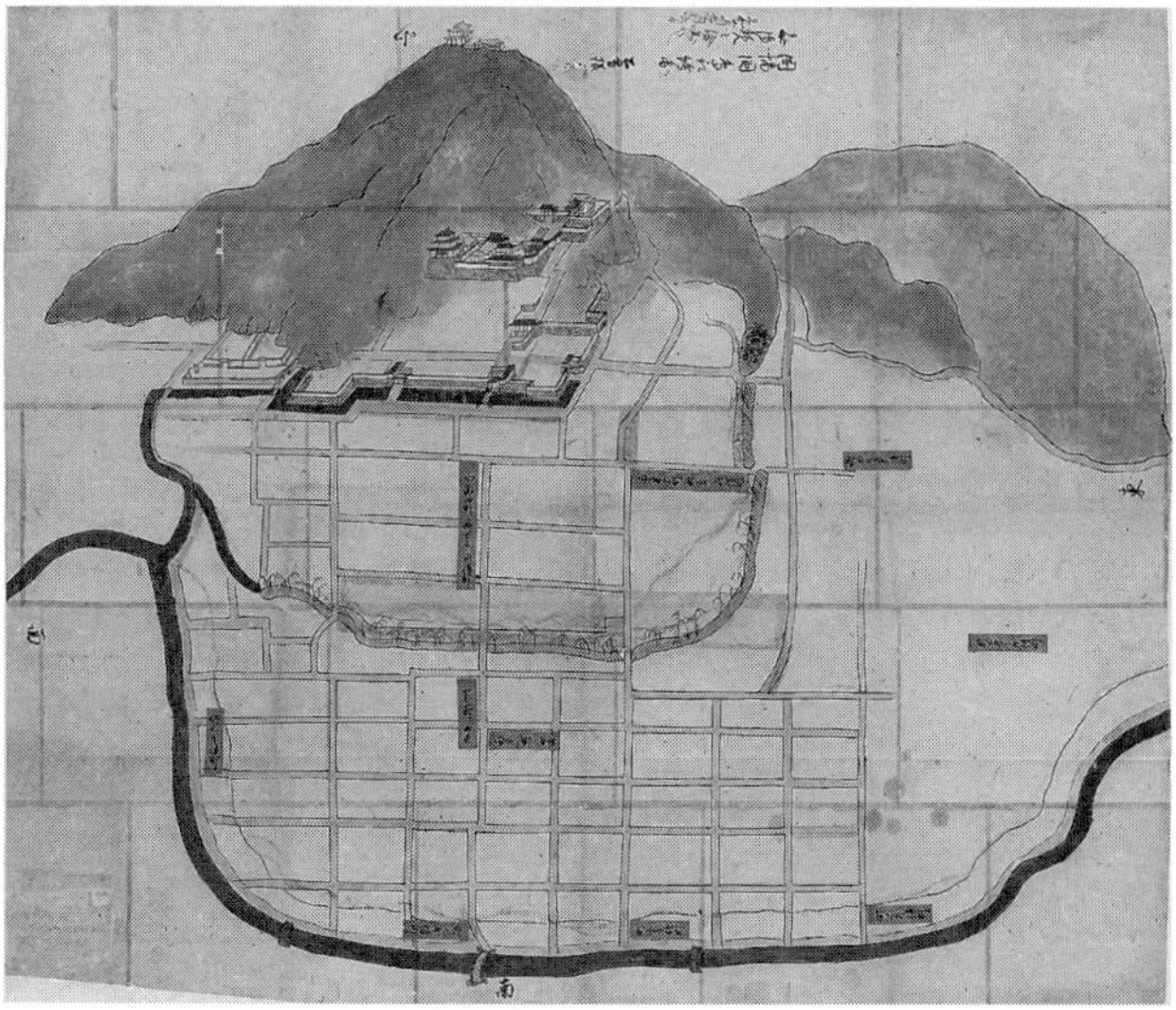

鳥取城下図
（池田家文庫・岡山大学附属図書館提供）

た町場に町屋地が集められ、袋川に沿っては侍屋敷が配置されて防御線になった。こうして武家地の拡大が進み、家臣の城下町への集住も実現された。

## 大坂城御普請御手伝

光政の鳥取藩政については、よく分からない。仕置を担当していた日置豊前の鹿野城が寛永五年（一六二八）に火事になり、諸記録が焼失したためだという（『池田家履歴略記』）。以上のほかでは、幕府に命じられて大坂城造営の御手伝《おてつだい》をしたことが挙げられるくらいである。

大坂夏の陣で焼け落ちた大坂城の再建は、元和六年（一六二〇）に始まる。徳川の城は、豊臣時代の遺構を完全に盛り土で覆い尽くして造られた。工事は、元和六年から九年（一六二三）、寛永元年（一六二四）から三年（一六二六）、寛永五年（一六二八）から六年（一六二九）の三期にわたって、西日本の多くの大名を動員して行われた。池田家は姫路以来築城に長《た》けた職人を抱えていた。その実力は姫路城で実証済みだ。光政は岡山の忠雄と一緒に御手伝を行った。石垣を築いた石材は、瀬戸内海の前島《まえじま》（現瀬戸内市牛窓町）や犬島（現岡山市）から切り出された。両島には、切り出されたものの運ばれなかった、大名の刻印のある残石《ざんせき》がいまも残っている。

## 叙任と婚儀

元和九年（一六二三）四月、前年から在江戸であった光政は秀忠・家光の上洛に先立って京都に上った。上洛した家光は征夷大将軍に襲職した。このとき光政は元服。家光より「光」の字を偏諱《へんき》として賜り幸隆を光政と改め、従四位下侍従に任じられた。あわせて秀忠の命によって本多中務大輔忠刻《なかつかさおおすけただとき》の女《むすめ》勝子との婚約が行われた。勝子の母である千姫は、秀忠の女で家光の姉にあたる。はじめ豊臣秀頼の妻となったが、大坂夏の陣後に本多忠刻に再嫁した。この勝子が秀忠の養女となって光政に嫁すことになったのである。

寛永三年（一六二六）にも秀忠・家光は上洛する。光政は家光に扈従《こじゅう》して上京、左近衛権少将に任じられた。九月、後水尾天皇が二条城に行幸した。列座した諸大名とともに、光政も次のような和歌を献じている（『池田家履歴略記』）。

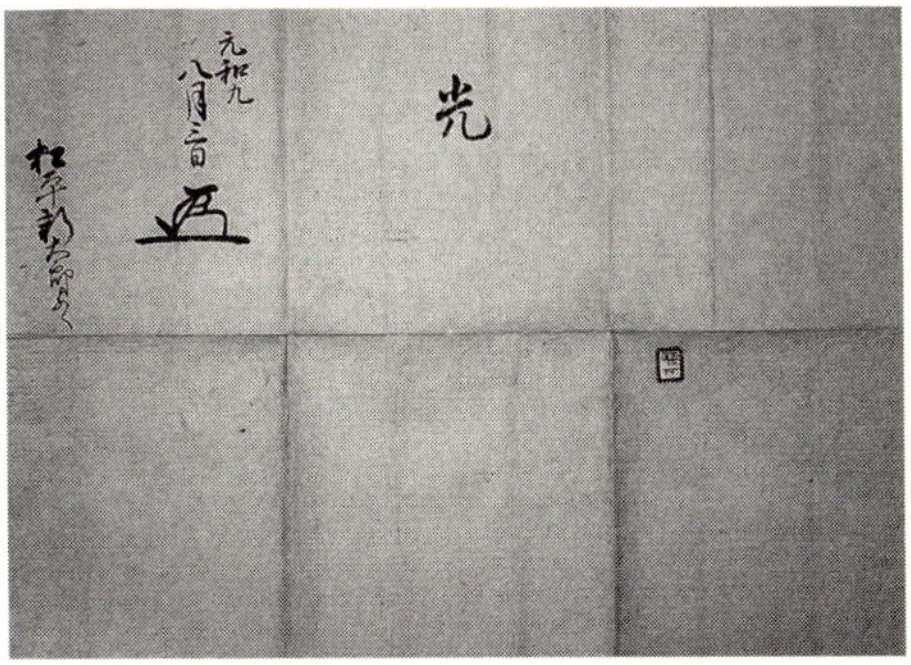


松平新太郎宛徳川家光偏諱書付
（池田家文庫・岡山大学附属図書館提供）

嶺に生《お》ふる　松のちとせも取そへて
　君かよわひを契《ちぎる》くれたけ

この年本多忠刻が亡くなったため、千姫は落飾《らくしょく》して天《てん》樹院《じゅいん》と称し、江戸城に入り竹橋門内に住した。

寛永五年（一六二八）正月二八日、江戸において光政と勝子との婚儀が行われた。光政二〇歳。これによって徳川家との強い絆が結ばれた。光政は家光と天樹院に対して生涯敬慕と忠信の念を欠くことはなかった。

寛永八年（一六三一）光政は疱瘡《ほうそう》をわずらう。二三歳と成人してからの罹患であったが、しばらくして平癒した。

ただし、頬にあばたが残った。継政の描く光政の画像があばた面に描かれるのは、このためである。

鳥取時代の光政に、特に顕著な事績を見つけることはできない。この間の出来事のうち、彼の生涯にとって最も重要であったのは勝子との婚姻であった。鳥取での一五年間は、家中の状況を把握し藩主としての実力を蓄えるための「雌伏《しふく》」の時期であった。

# 第二章　光政における「家」と「公儀」

## 1　岡山転封とその直後

### 岡山入封

寛永九年（一六三二）正月二四日、大御所秀忠が亡くなった。光政は二六日に前田利常らとともに家光の御前に召され、大御所御他界を告げられた（『徳川実記』）。二月六日、秀忠ゆかりの遺物として光政の母（福照院）と妻（円盛院）に金百枚と銀千枚が遣わされた（同前）。二人とも秀忠の養女となって池田家に嫁していた。秀忠の葬儀は二月一五日から二八日まで増上寺で行われ、台徳院と諡《おくりな》された。三月になって光政は暇《いとま》を給《たま》い、一九日鳥取に帰城した。

四月三日岡山の池田忠雄《ただお》が亡くなった。三一歳の若さであった。五月、光政は幕府より参府を命じられ、急いで江戸に向かったところ、老中の酒井忠勝から岡山への転封を打診された。備前国は「手《て》先《さき》の国」だから幼少では叶いがたし、という理由であった（『池田家履歴略記』）。「手先」は軍の先頭に立つ兵隊のこと。西国の抑えであることが強く意識された。忠雄の嫡子の勝五郎（のちの光仲）は三歳であった。石高はほとんど変わらないが、鳥取では因幡・伯耆の二カ国であったのが、岡山では備前一国と備中国六郡の内となることから事前に意向を問われたのだ。岡山は光政にとって生まれた土地でもあり、かたじけなく承知した。

正式の転封の通知は六月一八日に行われた。この一族同士の国替えにより、光政の知行高は備前一国二八万二〇〇〇石および備中国六郡のうち三万五〇〇〇石合わせて三一万五二〇〇石となった。これより先、熊本の加藤忠広・光広父子が改易となった。家光の「御代《みよ》始めの御法度」と呼ばれている（朝尾直弘『鎖国』）。将軍としての権力を天下に知らしめるための措置であった。この結果、豊前小倉の細川氏が熊本に移され、小倉へは明石から小笠原忠真が、豊前中津へは龍野から小笠原長次が、豊後杵築へは小笠原忠知が、豊後龍王へは摂津三田から松平重直が入ることとなり、九州の入口に分厚く譜代大名が配置されることになった。光政の備前への転封もこうした西国への備えの一環であった。光政もそのことを十分に自覚していたものと思われる。

転封の内命を受けた光政は、六月一〇日に鳥取城引き渡しのための「覚」を、一三日には岡山城請け取りのための書付を出している（「御納戸大帳《おなんどだいちょう》」）。七月一六日岡山城請け取りのため鳥取から伊木長門・池田出羽・土肥飛騨が岡山に来た。光政も江戸から岡山に向かった。その途次七月二五日に摂津国神原《かんばら》で先にふれた（第一章一五頁）忠雄を追悼する歌をしたためている。

うきにそふ　涙ばかりをかたミにて　みし面影のなきぞ悲しき

生前は父子のように交わった忠雄を失い、悲しみに堪えない心より詠む、と詞書《ことばがき》にある（『池田家履歴略記』、浅利尚民「池田光政筆「池田忠雄追悼歌」」）。

岡山城に光政が入ったのは八月一二日。一八日には家中残らず岡山に移った。この年末の一二月には、家中知行割りのための奉行および屋敷割りのための奉行を定め、あわせて非常時に際して領内を固めるための道筋受け取り口を定めている（同前）。後にこれをもとに家老衆の陣屋配置が決められる。虫明《むしあげ》（邑久《おく》郡）に伊木、天城《あまき》（児島《こじま》郡）に池田、金川《かながわ》（津高郡）に日置、建部《たけべ》（同郡）に池田（森寺）、周匝《すさい》（赤坂郡）に池田（片桐）、佐伯《さえき》（岩生《いわなし》郡）に土倉の六家老である（図1）。ただし、この陣屋はあくまで領内防備を目的としたもので、播磨や鳥取時代のような、家老が居城して独自の権限を持つ在《ざい》城《じょうせい》制はとられなかった。その意味で領内仕置は岡山ひいては藩主のもとに一元化された。

現在池田家文庫に「岡山古図」と呼ばれる巨大な城下町絵図が残されている。これは、岡山転封にあたって光政家臣への屋敷割りに使われた絵図で、元は忠雄が屋敷割りのために作った絵図を光政が引き継いだものである。そのため、絵図の地に書き込まれた忠雄家臣の名前の上や横に、光政家臣の名前が色紙に書かれて貼られている。

翌寛永一〇年（一六三三）正月元日、家中諸士残らずに知行折紙《おりがみ》（宛行状《あてがい》）が与えられた。知行高は基本的に鳥取時代と同額の直高《なおしだか》であった。この時の「知行高よせ帳」によれば、知行取り家臣四四

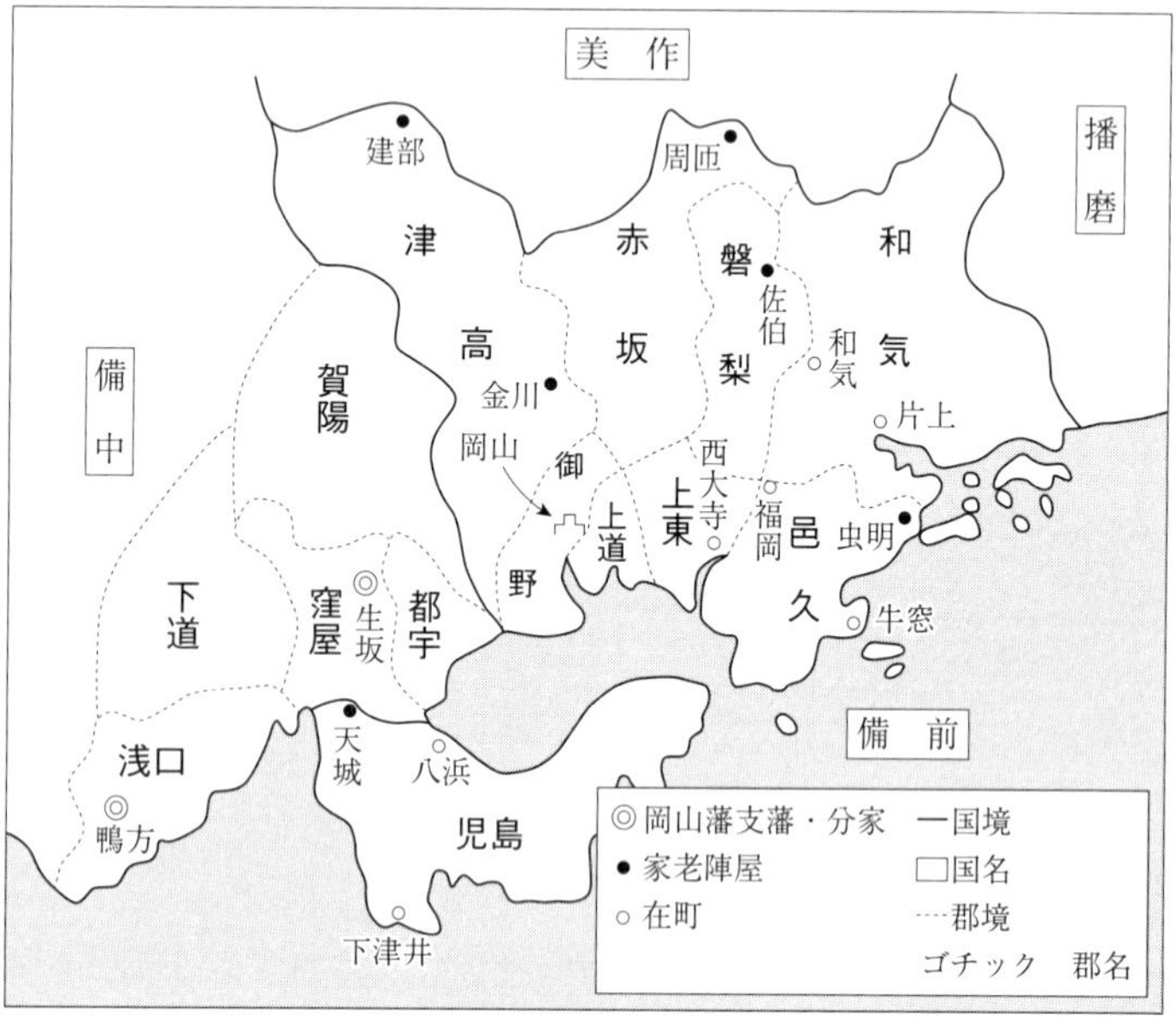


**図1　岡山藩領地図**

三人の構成は表1の通りである。このうち一万石以上の家老格七人の合計は一三万五〇〇〇石にのぼり、全体の四三%を占めていた。家中でのその位置の大きさが改めて確認できる。

**藩政の立ち上げ**

転封の作業と並行して、藩政を立ち上げるための指示も始められた。入部に先立つ寛永九年（一六三二）六月一八日、在方《ざいかた》取り扱いの「定《さだめ》条々」が出され、八月朔日には検見頭奉行中宛の「定」が出された（「御納戸大帳」）。鳥取に移動した光仲の家老とは、転封にともなって領民への仕置に齟齬が生まれないよう、調整も行われた。

岡山入城後の八月二九日には、郡奉行一〇人、町奉行三人、作事《さくじ》奉行四人、

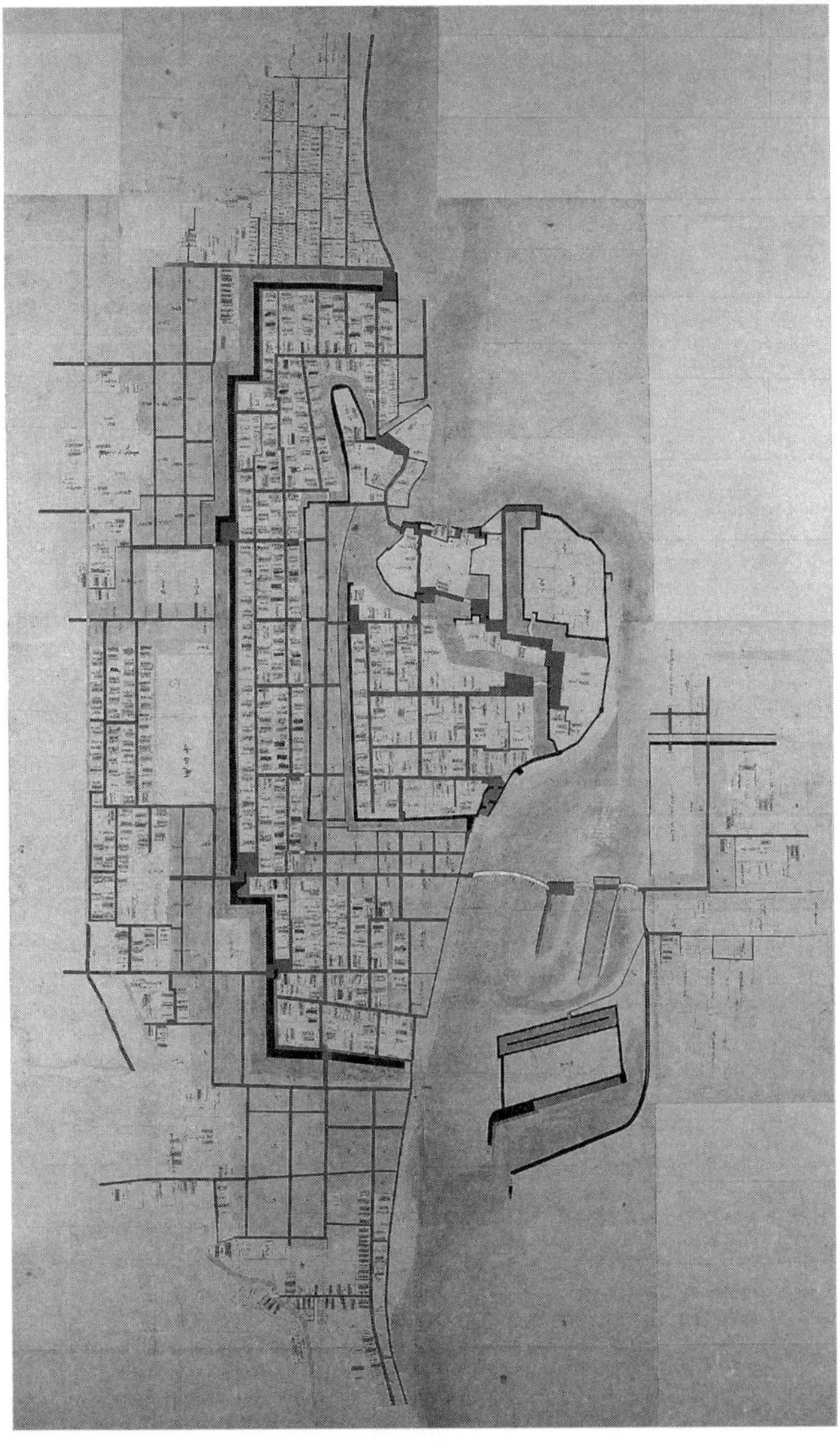

岡山古図（池田家文庫・岡山大学附属図書館提供）

表1　岡山転封直後の知行割

| 知行高（石） | 人数（人） | 計（石） |
|---|---|---|
| 33,000-4,200 | 10 | 149,200 |
| 3,000 | 5 | 15,000 |
| 2,500-2,300 | 2 | 4,800 |
| 2,000 | 5 | 10,000 |
| 1,700-1,100 | 9 | 11,600 |
| 1,000 | 14 | 14,000 |
| 800 | 3 | 2,400 |
| 700 | 7 | 4,900 |
| 650-600 | 16 | 9,680 |
| 500 | 26 | 13,000 |
| 480-420 | 6 | 2,710 |
| 400 | 21 | 8,400 |
| 360-350 | 13 | 4,560 |
| 300 | 81 | 24,300 |
| 270-254 | 4 | 1,039 |
| 250 | 23 | 5,750 |
| 240-205 | 8 | 1,825 |
| 200 | 84 | 16,800 |
| 190-156 | 10 | 1,716 |
| 150 | 57 | 8,550 |
| 135-105 | 8 | 992 |
| 100 | 16 | 1,600 |
| その他 | 15 | 1,208.63 |
| 計 | 443 | 314,030.63 |

（註）「寛永十年正月元日　知行高よせ帳」（池田家文庫）より作成。

他に横目《よこめ》一六人が任命された。町方支配については九月一四日に「掟」と「定」という二つの法令が出され、在方支配については一〇月朔日に「掟」が、一一月二七日に「定」が出された。こうして領内仕置が開始されたが、法令の内容は父利隆が岡山で「監国」していた時代のもの（「武州様法令」）を引き継いだものが多かった（田中誠二「寛永期の岡山藩政」）。

岡山藩領の徴租法は利隆・忠雄時代を通じて土免《どめん》法であった。土免は春にその年の年貢を決めるもので、蔵入地では郡奉行が、給地では給人が、百姓と相対《あいたい》で決め、村がそれを請けた。ただし、村が請けない場合や不作のときは、毛見《けみ》による秋免や土免の修正が行われた。相対と言いながら、領主の側は年々免（年貢率）を少しでもつり上げようと目論見、それを拒めば毛見によってより厳しい収奪が行われることになることから、百姓側は結局をそれを請けざるを得ない仕組みになっていた（田中誠二「岡山藩徴租法の研究」）。光政は転封にあたってやはりこの土免法を引き継いだが、後に免の決定について悩まされることになる。

### 岡山藩領の概況

岡山藩では、利隆・忠雄時代に全領にわたる検地も終わっていた。光政はその領地をそのまま受け継いだ。しばらく後の正保「郷帳《ごうちょう》」によってその概況にふれておこう。

岡山藩は備前一国二八万二〇〇石と備中国六郡（のちに五郡）のうち三万五〇〇〇石からなる。備前国は初め九郡であったが、寛文四年（一六六四）に上道《じょうどう》郡と上東《じょうとう》郡とをあわせて上道郡としたため八郡になる。備中国は大きな藩がなく、いわゆる「非領国」地域であった。岡山藩領が存在した南部は、特に藩領・旗本領・幕府領などが錯綜しており、岡山藩領の村にも他領主と相給《あいきゅう》の村があった。このため、一円支配が可能な備前国に比べて、備中国の支配については光政も苦労することになる。

表2は正保「郷帳」から郡別の石高と村数を示したものである。図1の岡山藩領図とあわせて参照していただきたい。全領を平均して一村あたりの村高は四七一石余である。この平均より高いのは、南部の平野部をふくむ御野《みの》郡・備中分・邑久郡・上東郡・上道郡であり、北部の中山間地をふくむ和《わ》気《け》郡・岩生《いわなし》郡・赤坂郡・津高郡は平均より低い。平地の乏しい児島郡も平均より低くなっている。

表3は同じく正保「郷帳」から日損《にっそん》・水損《すいそん》や山林・草山の状況を整理したものである。林野の面積

表2　岡山藩領郡別の石高・村数

| 郡名 | 石高（A） | 村数（B） | 枝村 | A／B |
|---|---|---|---|---|
| 御野郡 | 36,858.26 | 50 | 31 | 737.17 |
| 津高郡 | 38,271.10 | 93 | 63 | 411.52 |
| 上道郡 | 23,215.66 | 45 | 9 | 515.90 |
| 赤坂郡 | 37,946.04 | 93 | 62 | 408.22 |
| 岩生郡 | 21,288.74 | 64 | 2 | 332.64 |
| 和気郡 | 20,978.65 | 83 | 12 | 252.75 |
| 上東郡 | 26,610.35 | 46 | 29 | 578.49 |
| 邑久郡 | 45,583.95 | 68 | 49 | 670.35 |
| 児島郡 | 29,429.28 | 79 | 19 | 372.52 |
| 備中分 | 35,000.00 | 48 | 55 | 729.17 |
| 計 | 315,182.03 | 669 | 331 | 471.15 |

（註）「備前国九郡之帳」「備中国十一郡之帳」（池田家文庫）より作成。A/B は 1 村平均村高。石高・村高の単位は石。石高の計は朱印状の高（31万5200石）に足りない。

表3　郡別にみた山野・損所の状況

| 郡名 | 村数 | 柴山 | 草山 | 松林 | 雑木林 | 小松林 | 宮林 | なし | 日損 | 水損 |
|---|---|---|---|---|---|---|---|---|---|---|
| 御野郡 | 50 | 5 | 8 | 13 | | | | 34 | 3 | 10 |
| 津高郡 | 93 | 40 | 82 | 25 | 36 | 1 | | 5 | 40 | 3 |
| 上道郡 | 45 | 2 | 12 | 11 | | | | 24 | 1 | 25 |
| 赤坂郡 | 93 | 38 | 50 | 26 | 40 | 2 | | 8 | 73 | |
| 岩生郡 | 64 | 22 | 26 | 9 | 10 | 3 | 4 | 9 | 23 | 6 |
| 和気郡 | 83 | 49 | 17 | 17 | 13 | 2 | 14 | 7 | 41 | 8 |
| 上東郡 | 46 | 3 | 30 | 19 | 2 | 7 | | 7 | 5 | 6 |
| 邑久郡 | 68 | 8 | 40 | 17 | 4 | 3 | | 21 | 24 | 18 |
| 児島郡 | 79 | 27 | 52 | 13 | 2 | 18 | | 3 | 79 | |
| 備中分 | 48 | 5 | 29 | 14 | 3 | | 2 | 8 | 26 | 9 |

（註）「備前国九郡之帳」「備中国十一郡之帳」（池田家文庫）より作成。数字は村数。

や損所の程度によって、大・中・小・少に区分されているが、ここではそれは省略した。それでも、郡によって生産条件がかなり異なることがうかがえる。津高郡・赤坂郡・岩生郡・和気郡・児島郡は柴山・草山は豊富だが、逆に日損の村が多い。用水の確保が課題であった。とりわけ児島郡はすべての村が日損で、日損大の村が三〇カ村もある。御野郡・上道郡は林野を持たない村が多い。肥料や燃料の確保に苦労しただろう。上道郡は日損の村はほとんどないが、半分以上の村が水損所である。「ふけ田」（深田。泥の深い沼田）も多く排水が問題であった。

以上が郡ごとの概況である。当然、同じ郡のなかでも村ごとにさらに事情は異なっていた。領内の仕置においては、そうした実情を把握し、個々に的確に対処することが求められる。いずれ光政もそのことを身にしみて理解するようになる。

## 2　「遁れざる」関係

### 寛永九年の池田一族

光政が岡山に転封になったとき、池田一族の配置はどのようになっていただろうか。まず光政自身が、岡山藩三一万五二〇〇石。国替えで因幡・伯耆両国を知行する池田勝五郎（のちの光仲）が鳥取藩三二万石。池田長幸《ながよし》が備中松山藩六万五〇〇〇石。播磨三郡を与えられた良正院の子どものうちでは、政綱が寛永四年（一六二七）に没したため、輝澄が宍粟郡・佐用郡をあわせて山崎藩六万三〇〇〇石、輝興が赤穂藩三万五〇〇〇石を領した。つまり

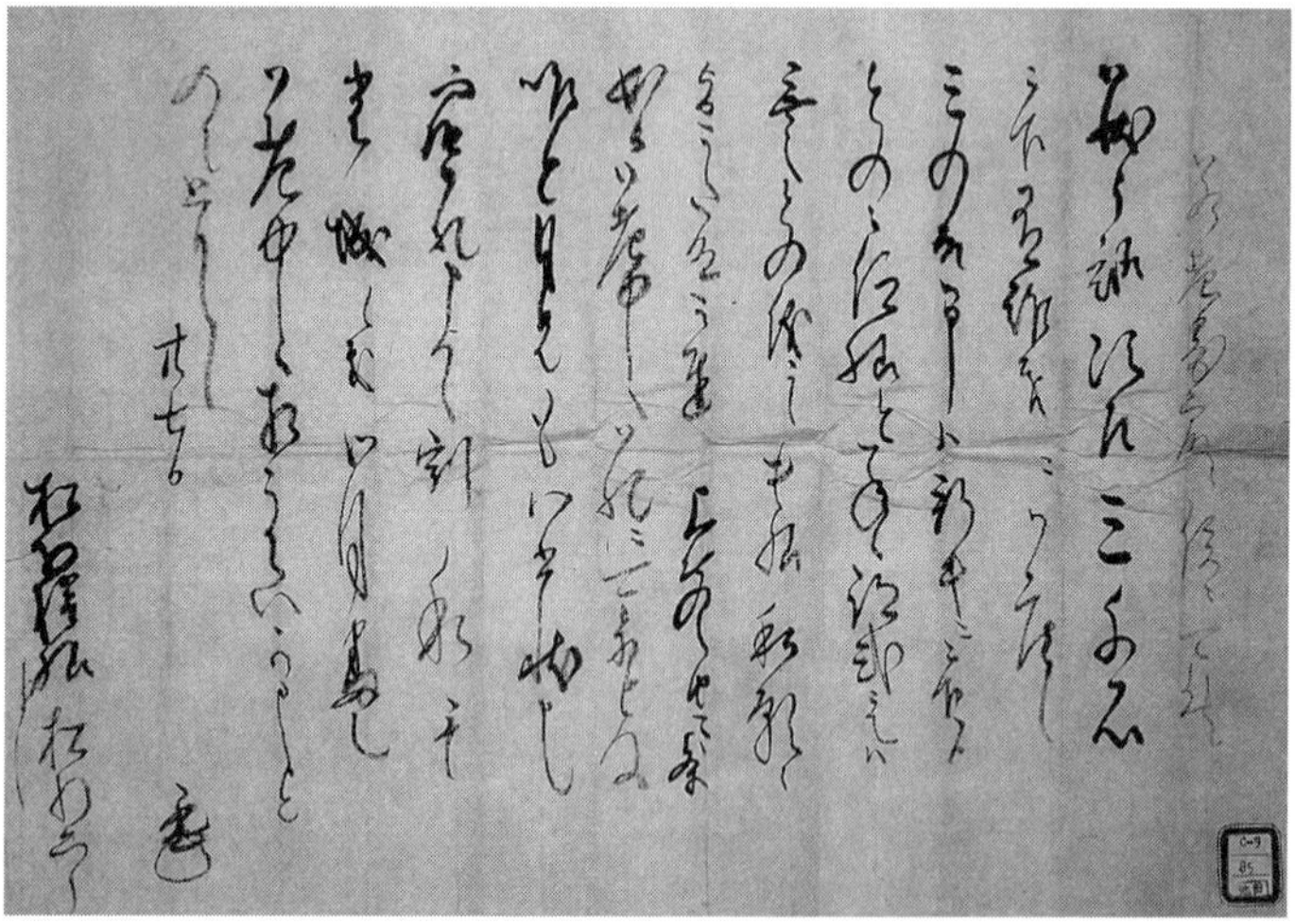

松平相模守宛松平新太郎書状案
（池田家文庫・岡山大学附属図書館提供）

この時点で池田一族は、光政・勝五郎・長幸・輝澄・輝興の五人が五カ国に隣り合って存在していたのである。こうした一族関係は当時「遁《のが》れざる」関係と表現された。そのなかで光政は、池田一族の惣領として振る舞った。

### 鳥取池田家への「後見」

元和二年（一六一六）に八歳で光政が家督を相続したときは、叔父の忠雄が「後見」となった。光政はその恩義を忘れなかった。今度の国替えでは、勝五郎は三歳であり、光政は二四歳であった。光政は勝五郎の「後見」となった。

国替え直後の寛永九年（一六三二）九月幕府国目付として堀三右衛門・真田長兵衛が鳥取に派遣された。以後正保三年（一六四六）まで一五年間に一三回国目付が鳥取藩池田家に遣わされている（善積美恵子「江戸幕府の監察制度」)。加藤忠広の改易に続いて家光の実弟である徳川忠長が改易となり、福岡藩黒田家の御家騒動を家光自らが裁断した。「御代始めの御法度」が吹き荒れていた。国目付が毎年派遣されているなかで家中の混乱が明らかになれば、藩や家の存続が危機になる。光政は緊張感を持って「後見」にあたったに違いない。

当時藩主の勝五郎は江戸にあり、鳥取の藩政は家老中に任されていた。とりわけ米子に在城し独自の「手政治」を許されていた荒尾但馬と他の家老たちとの軋轢は大きかったようだ（河出龍海「鳥取藩における宗主権の確立」)。寛永一四年（一六三七）から一七年（一六四〇）にかけて家老の荒尾家や津田家の相続問題をめぐって、荒尾志摩や和田飛騨がたびたび光政に意見を求めている。勝五郎は寛永一五年（一六三八）九歳で元服、光仲と改名して従四位下侍従、相模守に任じられた。そして一三歳の寛永一八年（一六四一）に初めて鳥取城に入った。この時荒尾志摩は岡山藩家老池田出羽に対して「万事少将さまへ御意を得候儀、以来わざわひニ罷り成り候儀候共、是ハ少将さまへ御内意得候とはね申す事仕る間敷候」と誓言している。「少将さま」は光政のこと。万事光政の指示通りに行うとともに、だからといってそれが禍になったとしても光政のせいにして自らの責任を回避することはない、と誓約したのである。

また寛永二〇年（一六四三）の和田飛騨縁辺をめぐる問題では、荒尾但馬が「相模殿家之為と御内意御座候旨承り候上ハ、いかよう共御意次第ニ候」との書状を寄せている。「相模殿」は光仲のこと。光政が光仲のためを思っての御内意であるから、どのようであっても光政の御意次第《ぎょいしだい》、というのである。寛永二一年（一六四四）の荒尾志摩の倅《せがれ》に合力米《ごうりきまい》を与える件でも、荒尾志摩から光政のもとに「誓言状」が送られ、光政が家老間の調整を行っている。こうした際に光政は自らの考えを家老中に伝えるとともに、経過を逐一光仲にも知らせている。あわせて幕閣との仲介なども行っている。文字通り「後見」であった。

## 宍粟騒動

輝澄の山崎藩も不安定であった。家中の中心は、家老の伊木伊織と十一人物頭《ものがしら》と呼ばれる家臣であった。伊織は利隆によって家老として付けられた。彼らは輝政以来の家臣で、池田家に対しては家中としての一体感を持っているが、輝澄個人に対する忠誠心は乏しい。これを快く思わない輝澄は、自ら取り立てた小川四郎右衛門を家老に据え、同じく新参の菅友伯《かんゆうはく》を重用した。この対立が寛永一七年（一六四〇）の家中喧嘩の裁定をめぐって激化した。輝澄の裁定に不満の伊木と十一人物頭が山崎を出奔し、幕府に小川らを訴えた（『池田家履歴略記』）。これを宍粟騒動という。この頃各地で起こった初期御家騒動によくあるパターンであった。

輝澄は光政に対処方《かた》を依頼、光政は「いかやうにも御為能《おためよ》き様《よう》ニ」と輝澄の立場によいように幕閣との間を仲介した。しかし、幕府の裁定は厳しいものであった。伊木らは切腹、小川らは遠島、立退者の子どもも切腹を仰せ付けられた。輝澄は家中不取締につき改易となり、鳥取藩に預けられた。切腹を申し付けられた者たちは、もともと輝政以来の池田家中の家の者である。その遺族の世話も、光政は親身になって行った。

なお、宍粟《しそう》騒動の仲介と並行して、光政は池田恒元《つねもと》の「奉公」について酒井忠勝・松平信綱や柳生宗矩《むねのり》などに働きかけている。恒元は光政の二歳年下の弟である。光政はその行く末を心配していた。

### 備中松山藩池田家の相続

備中松山藩の池田家は、光政にとっては大叔父にあたる池田長吉が鳥取藩六万石を与えられたことに始まる（池田家系図）。元和三年（一六一七）光政の因幡・伯耆転封にともなって池田長幸が備中松山藩六万五〇〇〇石に移った。長幸の死後には子の長常が継いだが、寛永一八年（一六四一）九月六日に長常も亡くなった。池田家では末期《まつご》養子を願ったが許されず、備中松山藩池田家は断絶となった。

一〇月二日光政は大老の酒井忠勝に直接「出雲跡ノコト」を願い出た。「出雲」は長常のこと。その家督相続について光政からも願ったのである。忠勝の返答は「今少し早く申し上げ候ハヾ、然るべき事ニ候、いかやうニ仰せ付けらるべきハ存ぜず候へ共、少しおそく候」というものであった。もう少し早く言ってくれれば何とかなったのに、少し遅すぎたというのである。

一一月二五日にも、もう一人の大老である土井利勝に「出雲跡之事」を願い、あわせて「修理事如《いか》何《が》候ハん哉《や》」と問い合わせた。「修理」とは長常の弟の長信のことである。池田家中には長信を「出雲跡」にという意見もあったようだが、翌寛永一九年（一六四二）三月に光政は「いづ（出雲）も書置《かきおき》」に基づいて長信が旗本に取り立てられ「番入り」できるように酒井に働きかけた。「書置」を託すなど長常も本家筋にあたる光政を頼りにしていたようで、光政もそれに応えて長信のために尽力した。その結果、三月一七日に長信は御小姓組番士に取り立てられ、一二月一〇日には備中国後月《しつき》郡井原《いばら》に一〇〇〇石の知行を賜い、池田の家名が存続することとなった。

### 輝興の知行召し上げ

正保二年（一六四五）三月一五日、赤穂藩主池田輝興が乱心して妻を殺害した。理由はよく分からない。やはり光政は事後処理に奔走した。事件は上《じょう》聞《ぶん》にも達し、家光も「御きも（肝）つぶし成され」た。しかし、「夫婦之あいさつもよく、子どもも多」いということで、特別の「せんさく」もなく、知行召し上げのうえ、身柄は子どもとともに光政に預けられることになった。「右近儀ふちやうほう（不調法）仕り候処ニ、御せんさくもなく私ニ御預ケ成され候儀、一門中何《いずれ》も忝《かたじけ》なく存じ奉り候」と、光政は池田一族を代表するかたちで、酒井忠勝に礼を述べている。「右近」は輝興のこと。光政に預けられた後、正保四年（一六四七）に岡山で亡くなる。

### 池田一族の惣領としての光政

寛永一八年（一六四一）幕府は『寛永諸家系図伝』を作成するために、諸大名から系図の提出を求めた。九月一二日光政・光仲の連名で「池田家系図」が提出されている。この系図には岡山・鳥取の両家だけでなく、これまで述べてきた池田一族のすべてが書き込まれている。光仲は初入国したばかりの一二歳。実質的に「池田家系図」の作成・提出を行ったのは光政であったに違いない。池田一族の惣領的な立場を自覚した行為であったろう。林原美術館には、光政自筆の書き継ぎがある「池田家系図」の控が残されている。

以上のように、忠雄死後光政は池田一族の惣領的立場を自覚し、その線に沿って積極的に行動していた。こうした光政の行動は慶安期まで続く。正保四年（一六四七）九月二八日、弟の恒元に備前国児島郡の新田高二万五〇〇〇石を分知した。恒元は慶安二年（一六四九）一〇月五日には宍粟郡三万石を与えられ山崎藩として独立する。他方、鳥取藩では慶安元年に一九歳になった光仲が親政を開始する。この頃までに光政の「遁れざる」関係はかなり整理された。

## 3　島原天草一揆と光政

### 朝鮮通信使接待

寛永期は、徳川日本の「四つの口の外交」体制が確立する時期でもあった（荒野泰典『近世日本と東アジア』）。「四つの口」とは、対馬宗氏を通じた朝鮮国との関係、鹿児島藩島津氏を通じた琉球国との関係、蝦夷地松前の松前氏を通じたアイヌとの関係、それと長崎を通じた中国・オランダとの関係のことである。近年では「四つの口の外交」を重視するのにあわせて、「鎖国」という言葉もより慎重に使われるようになっている。

この外交体制において、最も重要であったのは朝鮮国との関係である。豊臣秀吉の朝鮮出兵によって断絶していた朝鮮国との国交は、双方の努力によって回復に向かい、慶長一二年（一六〇七）朝鮮国より回答兼刷還使が将軍のもとに派遣された。これにより両国の国交が再開され、使節は元和三年（一六一七）・寛永元年（一六二四）にも派遣された。その後、対馬藩の御家騒動である柳川一件が起こり、それを裁許するなかで幕府による朝鮮外交の様式や体制が整備された。朝鮮使節の名称は通信使と改められ、その来聘と接待は国家的な行事となった（仲尾宏『朝鮮通信使』）。

寛永一三年（一六三六）最初の通信使が派遣されることになった。これも家光「御代始め」の事業の一つであった。四月一六日、光政は幕府より「領内万《よろず》馳走」を命じられる。「馳走」の内容は、使節一行が領内海上を通行する際の安全を確保すること、領内を通行する期間の下行物《げぎょうぶつ》（食料・飲料・嗜好品などの生活物資）の支給、使節が上陸・宿泊する施設を設け饗応接待すること、などであった。備前領内での饗応接待は慶長一二年・元和三年には行われなかったが、寛永元年からは牛窓《うしまど》を中心に行われるようになっていた（倉地克直『近世日本人は朝鮮をどうみていたか』）。七月二三日に帰国した光政は、番頭の土肥飛騨を責任者にして接待準備の陣頭指揮を執った。

　使節一行が牛窓に着いたのは一一月六日の午後八時頃であった。夜も遅くなったうえに、正使の任《イム》絖《クワン》は霍乱《かくらん》（急性腸カタル）をわずらっていた。朝鮮側は接待を辞退したが、対馬藩主は必死に説得した。藩主光政自らが接待することになっていたからである。やむなく副使と従事官が饗応に臨んだ。接待場所は本蓮寺であった。饗応の場の様子を、使節一行のうちの黄《ホアン》戻《ホ》は「満前金盤、満堂金屏、燭影の下、燦然一色、他処の比に非《あら》ざる也」と記している（「東槎録」）。光政がいかに本腰を入れて接待を行ったかがうかがえる。

　今回の通信使接待は、新しい外交方式のもとでの最初のものであり、双方ともに緊張したなかで行われた。そうした状況のなかで国家的事業を分担するという自覚を、光政は強く持っていた。岡山藩では後にも先にも藩主自らが饗応の場に臨席したのは、このとき限りとなった。光政は、この体験を通じて徳川「公儀」の一員であるという自覚を強めたに違いない。

## 島原天草一揆

　通信使の「万馳走」を無事に勤めた光政は、翌寛永一四年（一六三七）閏三月五日に岡山を発して江戸に参勤した。この年の一〇月二五日頃、遠く九州の島原で「立ち帰りキリシタン」を中心とする一揆が起こった。領主の苛政に苦しめられた農民たちが再びかつてのキリスト教信仰を取り戻し結集して蜂起した。いわゆる島原天草一揆である。蜂起の注進は一一月九日に江戸に届いている。一一月一六日岡山藩船奉行中村主馬《しゅめ》は関船《せきぶね》一〇艘を大坂に廻送し、幕府大坂船奉行小浜民部のもとに差し出した。幕府から具体的な指示はなかったが、以前から光政に公儀向きに油断なきよう指示されていたからだ（「中村主馬奉公書」）。早速九州の領地に帰る松倉長門守（肥前島原）・日根野織部（豊後府内）の輸送にあたっている。「光政様御忠節」の由が大坂奉行衆から江戸に報じられた。さらに中村は、幕府上使の板倉内膳重昌・石谷十蔵、ついで松平伊豆守信綱・戸田左門氏鉄らの輸送にも関わった。

天草では一一月一九日から二三日頃にかけて一揆勢が寺沢氏の富岡城を総攻撃した。しかしこれを落とすことができず、島原に取って返して原城に立て籠もった。その数は、老幼婦女子を含めて三万七〇〇〇人にのぼった。

他方光政は、一一月二三日に岡山から家臣の丹羽次郎右衛門・山田孫之丞・上島《うえしま》安兵衛を島原に派遣し、直接情報収集にあたらせた。あわせて、領内固めと通行人改めのために郡奉行に鉄砲頭・大小《おおこ》姓《しょう》を添えて廻村するよう命じた。牢人やキリシタンが島原に向かう動きを阻止するためであった。

一一月二六日に現地に到着した板倉重昌は、幕府から出陣を命じられた九州諸大名の軍勢とともに原城を包囲した。そしてたびたび攻撃を仕掛けたが、激しい抵抗にあって追い返された。諸大名の軍勢の足並みも揃わなかった。

一二月一一日光政は江戸より寺崎茂左衛門を島原に送る。寺崎は丹羽の書状と絵図を携えて年内に江戸に帰った。極月《ごくげつ》（一二月）晦日《みそか》付けの丹羽宛書状で、光政は丹羽らの労をねぎらっている。池田家文庫にこの時光政に届けられた思われる二枚の絵図がある。一枚は島原半島全体と周辺地域を描いた「島原戦地之図」で、もう一枚は原城攻めの陣取りを描いた「肥前島原戦地之図」である。いずれも「上様へ上り候絵図のうつし」などと書いた付紙がある。本紙は戦地からの情報として光政から家光に差し上げられたのだろう。

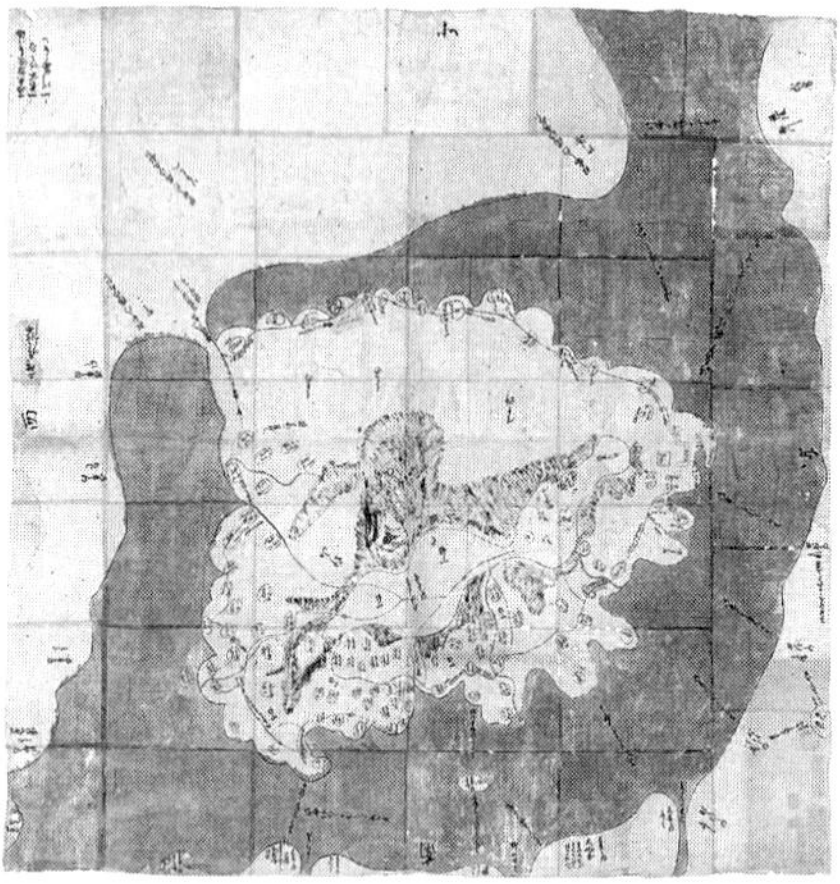

島原戦地之図
（池田家文庫・岡山大学附属図書館提供）

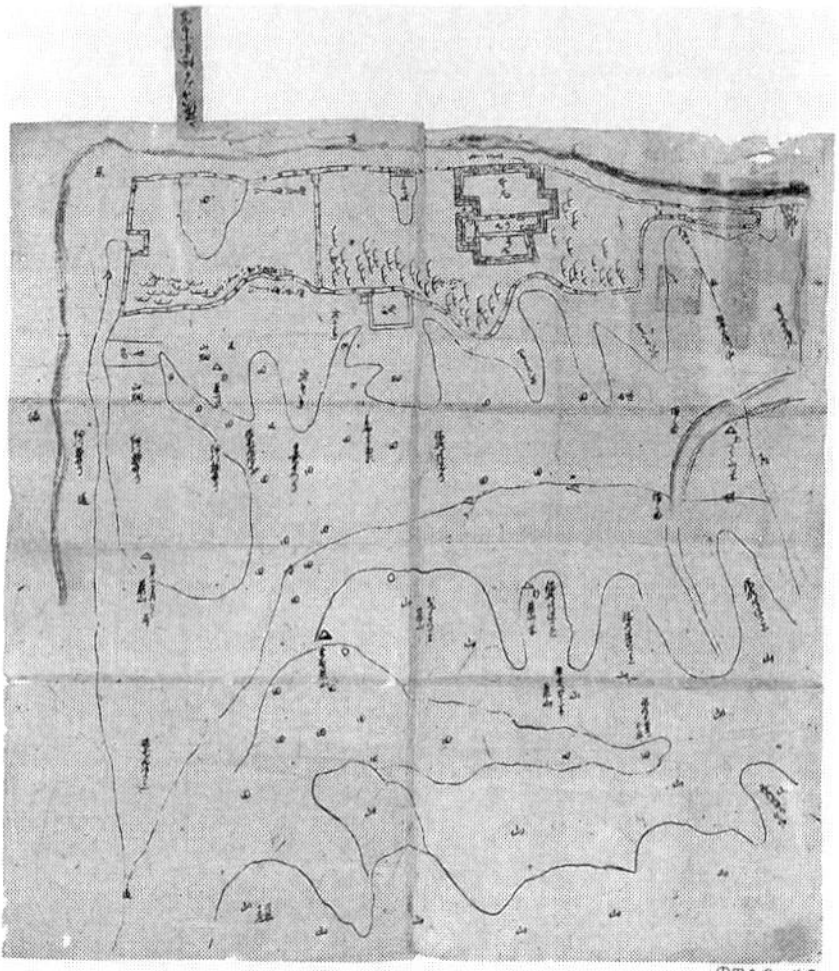

肥前島原戦地之図
（同上）

寛永一五年（一六三八）正月元日、板倉重昌は原城への総攻撃を仕掛けるが失敗、自らも命を落とす。松平信綱は四日に島原に到着、板倉戦死の報は正月一二日に江戸に届いた。丹羽次郎右衛門も元日の総攻撃に参加し負傷した。光政は丹羽に帰国を命じ、代わりに野村越中・佐橋又左衛門を島原に遣わした（「正月二六日付け丹羽宛光政書状」）。

二月二日江戸を出発した光政は、二月一九日に岡山に到着した。丹羽は一七日にすでに帰国しており、光政は現地の様子を詳しく聞いた。島原の様子次第では、中国筋の大名にも動員が掛かるかもしれないと覚悟し、出陣の心構えをしたようだ（『池田家履歴略記』）。急ぎ帰国したのもそのためであった。このとき、出陣の準備のために天樹院から金四〇〇〇両を借りている。光政は本気であった。

二月二八日原城が陥落する。籠城した農民たち一万人以上が殺された。落城の注進は三月六日に江戸に届く。岡山から派遣されていた家臣たちもその頃には帰国しただろう。池田家文庫にはもう一枚「肥前島原戦地之図」（次頁）が残されている。こちらには築山・井楼《せいろう》・柵・金堀入《かねほりいり》など城攻めの工作物が細かく描かれ、最終的な原城への突入ルートが朱線で示されている。この図を使って現地の様子が光政に詳細に報告されただろう。光政は結局出陣しなかった。しかし、家臣からの生々しい報告によって、農民「一揆」の凄まじさを胸に刻んだに違いない。

松平信綱・戸田氏鉄の引き上げに際しても、中村主馬は小倉まで出張し大坂まで一行の供をした。途中四月一七日には両人が牛窓に立ち寄り、光政も出向いて接待した。ここでも「一揆」のことが話題になっただろう。

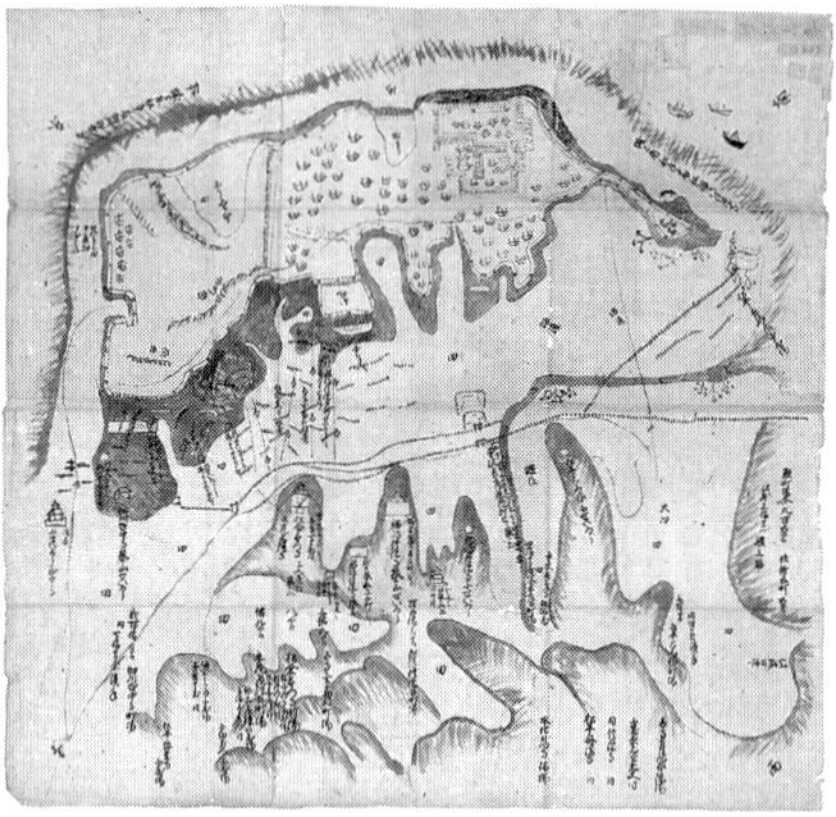

肥前島原戦地之図
（池田家文庫・岡山大学附属図書館提供）

## キリシタン改めと遠見番所

「一揆」の終結を受けて幕府はキリシタン禁令を強化する。寛永一五年九月一三日には、伴天連《ばてれん》（宣教師）・いるまん（修道士）・きりしたん（一般信者）を訴え出た者に対して褒美を遣わすとの法度が出され、江戸ではこれを受けて多数のキリシタンが摘発された。驚いた幕府は一二月に再度厳重に取り締まるよう諸大名に指示した。光政は、一二月二五日にキリシタンの母を火罪に処した。母自身がキリシタンであったかどうかは定かではないが、見せしめとしての厳罰であった。翌寛永一六年（一六三九）正月七日にキリシタン訴人の高札を国中に立てるよう郡奉行に指示している。

この年光政は、三月に江戸へ参勤する。七月五日幕府はポルトガル船の来航禁止を通告した。同日あわせて諸大名に対して、領内浦々に確かな番人を置き、異国船を見つけた時には直ちに長崎へ通報するよう命じた。岡山藩ではこの条々も高札にして各所に立てた。

寛永一七年（一六四〇）貿易再開を求めてポルトガル船が長崎に来航した。幕府は大目付加々爪《かがつめ》民部忠澄と野々山新兵衛兼綱を上使として長崎に派遣し、六月一九日には乗組員のうち六一人の首をはね、乗船を焼き払った。六月一二日江戸では大目付の井上筑後守政重が宗門改役に任じられた。

　これより先六月六日に光政は岡山に帰着した。そして加々爪・野々山の両人を大坂まで送るために藩の喜徳丸を小倉に遣わした。七月一三日光政は牛窓にて上使両人と対面し、遠見番所の設置を指示された（『池田家履歴略記』）。これまではキリシタン穿鑿《せんさく》のための番所であったが、今度は遠くから船が来るのを見つけるのが目的であり、船を見つける番人を二人ほど置くようにとのことであった。いわゆる海防のための番所である。これを受けて七月一八日には、遠見番所の見分のために中村主馬らを遣わし、そのついでに浦々の庄屋にキリシタン改めについての書付に判を押させ、下津井と牛窓の番所に自ら判を押した壁書《かべがき》を遣わしている。

　以上の事柄は、いずれも徳川日本の外交秩序が確立する過程のことであった。光政は岡山藩主としてそれに自覚的に関わった。それによって国家意識を高め「公儀」の一員として自覚を深めたに違いない。

　なお、この時期のこととしては、寛永一四年（一六三七）に幕府から水戸藩などとともに寛永通宝の新鋳を命じられたことも挙げられる。貨幣需要の増加に備えたもので、さらに翌年にも京都から職人を招き、半分は京都の天野屋宗入《そうにゅう》が、残り半分は岡山の商人二人が請け負って鋳造を行った。鋳銭所は城下町南部に接する二日市村に設けられ、発掘調査で寛永通宝の枝銭《えだせん》や鋳型・坩堝《るつぼ》などが見つかっている。

## 4 「家」・藩・「公儀」

### 新田開発

岡山転封直後の寛永一〇年代、光政は一方では池田一族の諸問題に惣領的立場から関わることを余儀なくされ、他方では国家的課題に関わるなかで「公儀」の一員としての自覚を深めていた。しかも、その両方の立場が齟齬をきたす場面にも立ち会った。それは新田開発をめぐって起こった。

備前国・備中国の南部地域は、吉井川・旭川・高梁《たかはし》川という三大河川の下流域にあって、中世以来干潟が広がっていた。この干潟では豊臣時代に宇喜多秀家によって新田開発が始められ、その動きは池田忠雄時代にも引き継がれていた。光政も寛永一五年（一六三八）の一二月二五日に国中で新田になるような土地を見立てるよう郡奉行に指示している。これを受けて御野郡・上道郡・上東郡の南部で開発の動きが起こった。しかし、家老の池田出羽の知行地の多い児島郡については、光政も出羽に遠慮して「彼所ハ先《まず》しづかに仕《つかまつり》候へ」と新田開発を仰せ付けずにいた。それが寛永一八年（一六四一）になると、児島郡の百姓から開発の動きが起こってきたようである。

### 忠雄時代の紛争

『池田光政日記』同年二月一三日条に、「備中新田」のことについて鳥取に問い合わせたところ、「佐藤修理状」と岡山藩側の百姓の言い分とが一致したという記事がある。これだけでは状況がよく分からないが、幸い「佐藤修理状」（二月九日付け）が池田家文庫

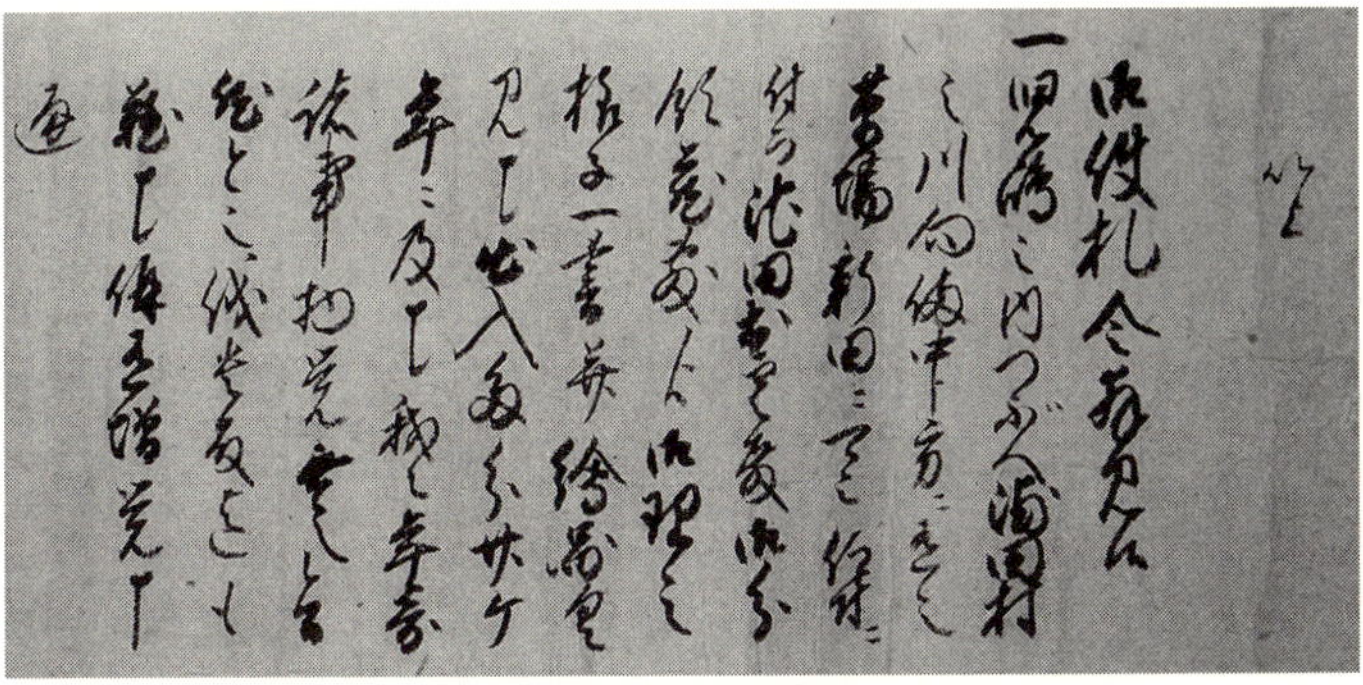

**大原孫左衛門宛佐藤修理書状**（部分）
（池田家文庫・岡山大学附属図書館提供）

に残されていた（「大原孫左衛門宛佐藤修理書状」）。それによれば、問題は次のようなことであった。

発端は児島郡の粒江《つぶえ》村と浦田村の川向にある草場《くさば》を岡山藩から新田開発するように命じたことであった。これに対して備中松山藩領分の倉敷村が異議を唱えて紛争となった。問題の草場は二〇年前の元和八年（一六二二）頃から紛争になっていた。池田忠雄時代のことである。そこで鳥取藩に事情を問い合わせたのであった。その返事が「佐藤修理状」である。修理の説明によれば、当時の双方の百姓の言い分は「手堅い」もので、いずれとも定めがたかった。しかも当時の岡山藩主である忠雄と松山藩主である長幸とは特別の「間柄」（池田一族同士）であったので、「理非の構」（「公儀」に訴えて決着を付けること）はしなかった。そこで草場を三等分して、倉敷に近い方は倉敷に付け、児島に近い方は児島に付け、中間の草野は双方入会《いりあい》ということで内《ない》済《さい》した。内済というのは、幕府や領主の裁定によらずに当事者同士で内々に決着すること。当時民間の紛争では内済の方式で解決するのが一般的であった。その後倉敷分の草場については、早速倉敷村から新田に開発された。児島方については忠雄が亡くなる二年前の寛永七年（一六三〇）頃になってようやく開発の動きが出たが、用排水の目途が立たず、あれこれしているうちに忠雄が亡くなり、鳥取への転封となって計画は頓挫してしまった。『日記』の記事は、こうした修理の説明と児島方百姓の言い分とが一致したということを指していたのだ。今回児島方が開発しようとしたのは、以前の紛争のときに三等分されたうちの児島方とされた部分であった。

### 備中新田の開発

次いで『池田光政日記』に備中新田についての記事が現れるのは、三月四日である。光政は家老の下総（池田長泰）を通じて、岡山藩から備中新田の開発を申し付けるので、その心得でいるようにと松山藩へ使いを送らせた。下総の家は森寺池田家といい、津高郡建部に陣屋を置く家老家であるが、この家は備中松山藩初代の長吉の弟である長貞が利隆の家臣となったことにはじまり、その後二代にわたって松山藩主の子息が養子に入っている。長泰自身、現松山藩主の池田長常の実の弟であった。こうした由緒から、下総が松山藩との仲介を光政に命じられたのである。

三月一二日、出羽・河内・長門という三人年寄から「出雲殿家老共ノ返事」が光政に伝えられた。「佐藤修理状」があり、その上に草場についての書き物もあることだから、今後は「いかやうとも御意次第」ということであった。「出雲殿」は池田長常のこと。どのようでも光政の考えどおりで結構という返事であった。これを受けて光政は、明後日から開発に取り掛かるよう普請奉行に命じた。

ところが一五日になって、再び「出雲殿年寄共」より書状が届いた。「新田之野之事、少成共被下候様ニ」ということであった。岡山藩が開発することは認めるが、新田の一部を松山藩に分けてくれないかというのである。

### 国境と「公儀」

これに対して光政は、「同国之儀ニ候ハヾ、出雲殿一所ノ事ニ候間、いかやう共相心へ候ハんづれ共、是ハ国堺ノ儀ニ候へバ、新太郎ニ申聞候儀難計《はかりがたく》存候」と返事した。同じ備中国内のことであるならば、松山藩と一所であるから、どうにでも考えることができるが、今回の開発は備前国の地先《ちさき》のことであるので、これを松山藩に分けるということになれば、国境が問題になる。しかし、国境のことは「公儀」の権限に属することで、一大名である新太郎（光政）にはどうすることもできないというのである。国境は「公儀」の権限という論理で、松山藩側の要望を体よく断ったのだ。

ここまでは国本での遣《や》り取りである。児島側からの開発はそのまま続けられたのだろう。三月一七日に光政は江戸に参勤する。このあとは江戸での遣り取りになる。

四月九日、光政のもとに「池出雲返事」が届いた。池田長常も在江戸だったようだ。内容はよく分からないが、光政は四月一七日に家老の池田出羽を「出雲方」へ送って、「新田之事ニ付て不調候ハヾ、公義へ出し候ても可仕とのさた在之由、中〳〵不存寄候」と返答させた。岡山藩では、松山藩の反対で新田の事がととのわないのであれば、「公儀」に訴えてでも実現しようとしているという噂が松山藩内で流れていたようだ。光政はそうした考えがないことを明言するとともに、今後はお互いに固く申し合わせて紛争が起こらないようにしようと申し遣わした。出羽はその日のうちに「出雲殿返事」を持ち帰った。出羽をこのように直接遣わされた上は、もう何も申し上げることはありません。どうぞ早々に開発を仰せ付けられてください、ということであった。

翌一八日、池田出雲の使いとして池田修理が来た。昨日の礼を述べるとともに、相違なく開発を仰せ付けられるようにとのことであった。『日記』を見る限り、備中新田をめぐる両藩の交渉はこれで終わっている。こうして開発されたのが児島郡粒浦《つぶら》新田である。粒江村と浦田村の地先に開かれたので、両村の頭文字をとって名づけられた。

以上の経過から分かるように、この新田開発では池田一族の間柄と「公儀」の権限とが問題になった。光政はそのなかで「家」・藩・「公儀」が絡み合う問題状況を実感したに違いない。それは大名にとって避けられない問題であった。そうした問題に取り組むなかで、いわば「政治向き」(「治」の現実)に次第に習熟していくのである。光政にとっての寛永一〇年代は、その最初の過程でもあった。

# 第三章　最初の「改革」と「治国」の理念

## 1　寛永一九年の光政

### 寛永の飢饉

島原天草一揆が終わった寛永一五年（一六三八）から一七年（一六四〇）にかけて、西国で「牛疫病」が流行した。西日本では牛は耕作や輸送に欠かせないものであったから、農村には大きな打撃であった。岡山藩においても状況は同じで、光政も後に、寛永一六年頃から牛が死に始めていたのに何の手も打たなかったと言って郡代を非難している。さらに寛永一八年（一六四一）は、西国では旱魃《かんばつ》や大洪水が続き、東国では霖雨《りんう》（長雨）に冷害であった。菊池勇夫によれば、東国の冷害は前年六月に起きた蝦夷駒ヶ岳の大噴火の影響ではないかという（『近世の飢饉』）。このため寛永一八年から飢饉の様相が現れ始め、一九年・二〇年（一六四二・四三）と二年続けて全国的な飢饉になった。これを寛永の飢饉という。徳川幕府始まって以来最初の全国的な大飢饉であった。

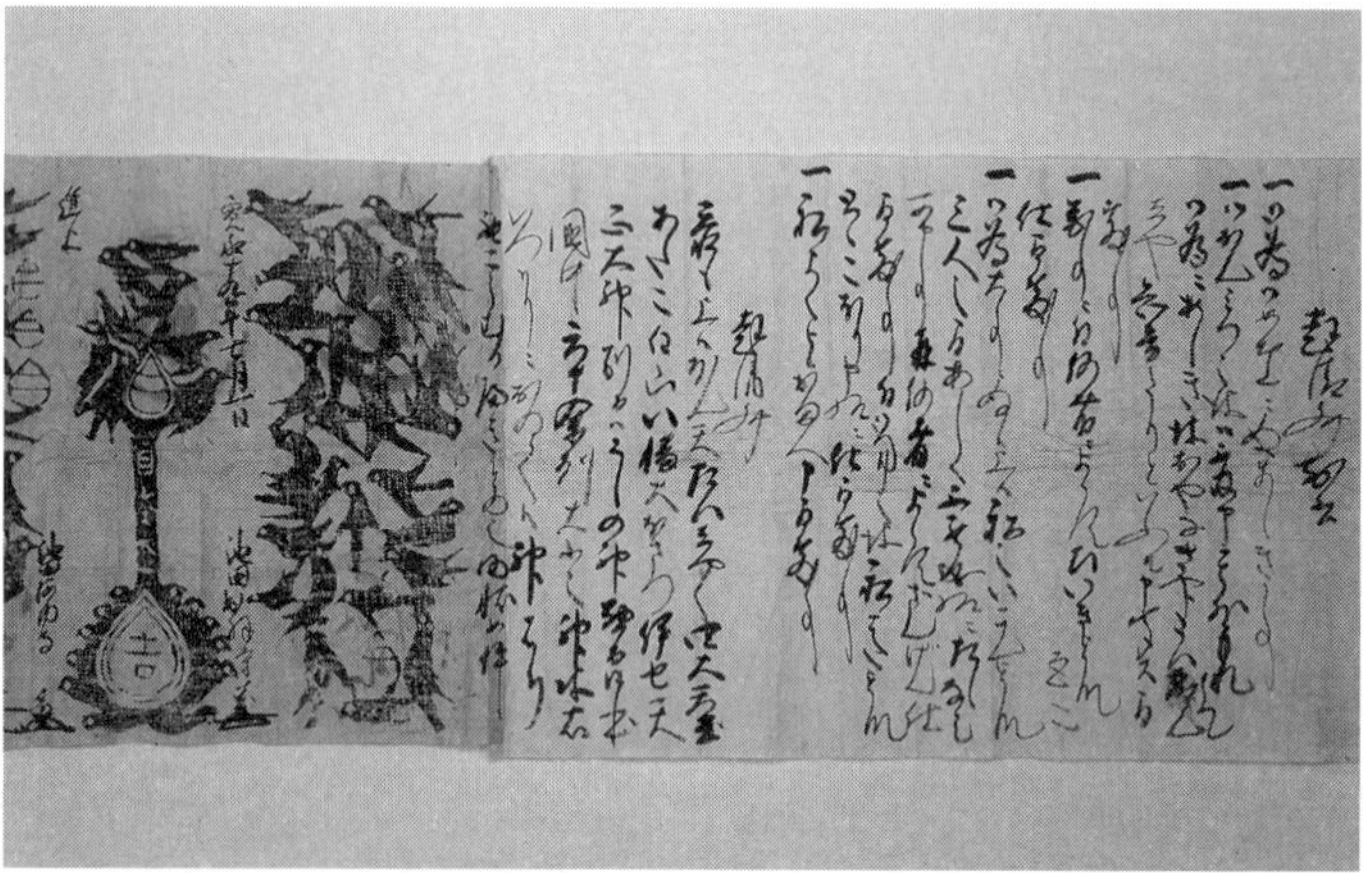

長門がそれぞれ血判署名している。（池田家文庫・岡山大学附属図書館提供）

島原天草一揆から家光や幕閣が得た教訓は、極端な「苛政」が百姓の「一揆」を生むということであった。困窮する百姓の状況を無視して収奪を強行すれば、「一揆」を招きかねない。飢饉の進行に危機意識を強めた幕府は、大名や旗本に「撫民《ぶみん》」（民をいたわること）を指示した。

### 幕府の指示と光政の決意

寛永一八年（一六四一）光政は在江戸中であった。六月二五日、岡山の那須半兵衛と下濃《しものう》弥五左衛門に対して、備前国中を巡廻して万事えこひいきなく報告するよう命じた。次第に凶作の気配が強まるなかで、光政なりに在地の状況を把握しようとしたのだろう。一一月朔日には百姓から上がった目安《めやす》（訴願の書付）の穿鑿《せんさく》を弥一右衛門（児小姓頭佐分利弥一右衛門か）らに命じている。領内で給人と百姓との出入《でいり》（紛争）が起こっており、耕作を放棄して逃散《ちょうさん》する走人《はしりにん》の跡地も問題になっていた。しかし、在江戸中のため具体

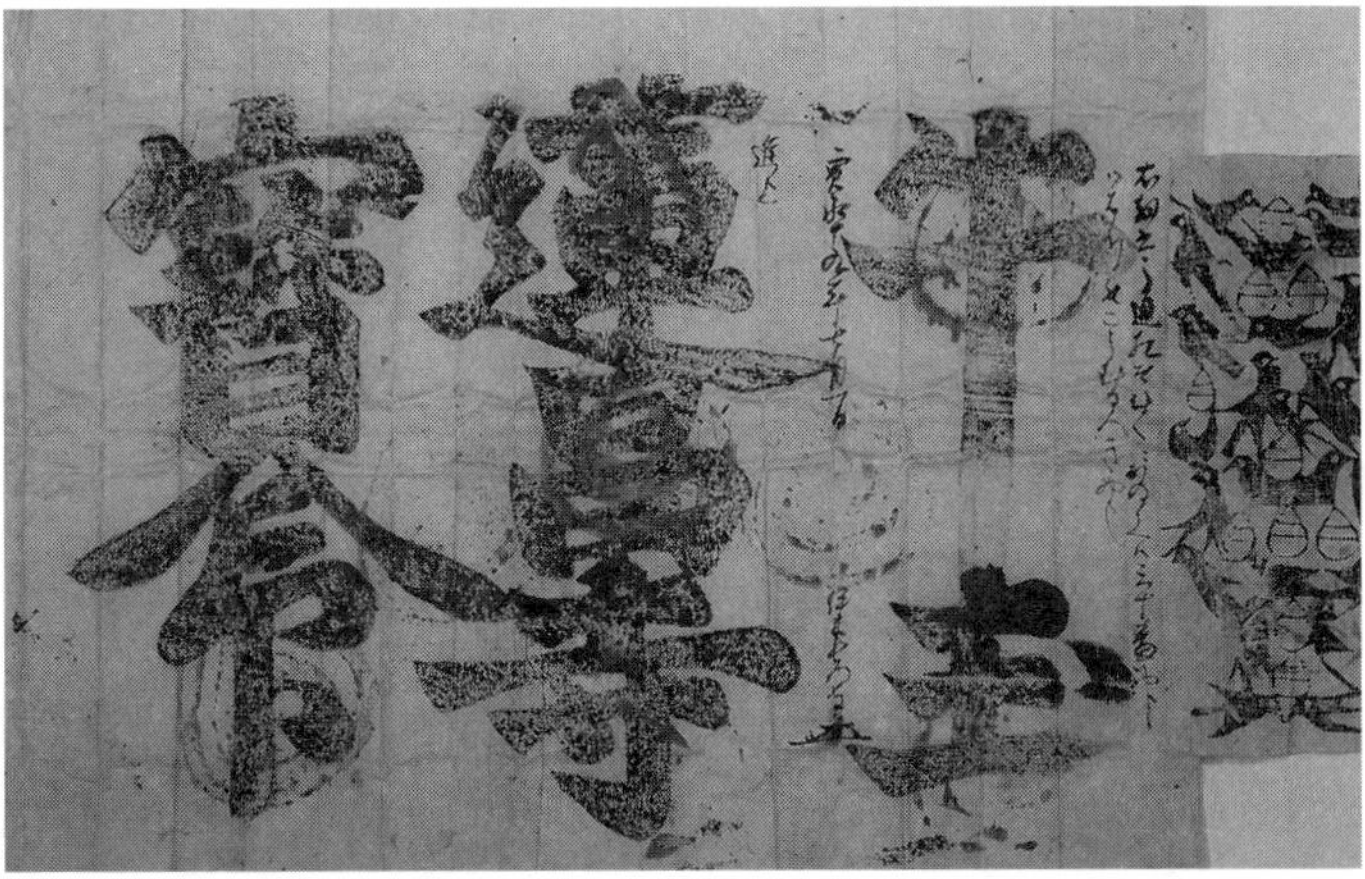

**三人老中誓紙**　熊野牛玉宝印に出羽と河内が，蓮昌寺牛玉宝印には

的な対応は十分に行えなかった。

寛永一九年（一六四二）五月二五日、光政は「御《お》暇《いとま》」を下された。翌二六日には「諸国草臥《くたびれ》候由被聞召《きこしめされ》候間、国本も仕置等能《よく》可申付」との上意を給わった。その後帰国の途に付き大坂まで来ていた光政のもとへ、六月二二日「諸国草臥申候条すくい候へ」との老中奉書が届く。これには「百姓おごり候ハん間、其しめし」とするための高札の案も添えられていた。幕府の度重なる指示に、光政も決意を固めたに違いない。

六月二五日に岡山に帰着した光政は、二八日に出羽・長門・河内の三人の家老を召し出して、「只今迄ノ万事仕置等、我心にも不可然《しかるべからず》存事候」「然上ハ此度はし〳〵仕かへ可申と存候」と述べ、「仕かへ」＝「改革」を宣言した。その上で三人に「年寄役」として「きも入《いり》可申付候」と命じた。光政は「きも入」（肝煎、世話）の内容を「我口まねを仕候上ハ」

と述べている。つまり「改革」は光政の思い通りに仕置を行うという「親政」の宣言でもあり、三人の仕置家老はその「口まね」を求められたのである。初めは仕置職への就任を断った三人も光政のたっての命を拒むことはできず、七月一日仕置として役を務める誓紙を提出、同日光政は残りの家老中と組頭を集めて「改革」を宣言した。

七月一一日幕府から「国中侍・百姓・町人までノ御仕置之奉書」が届いた。これは六月二九日に江戸で触れ出されたもので、具体的な飢饉対策を指示したものであった。その後閏九月一四日付けの五カ条の触書も届けられるが、岡山藩では独自に大坂や京都で出された幕府法令も集めて参照した（「御納戸大帳」）。特にキリシタン改めについては注意を傾け、八月二四日に江戸からキリシタン改めについても老中奉書が届いたのを受けて、九月朔日に組頭六人に郡々を廻って改めを行うよう命じている。幕閣にも光政にも島原天草一揆の記憶がよみがえっていたに違いない。

### 「改革」の内容

このように幕府の法令や指示を背景に進められた点にこの年の仕置の特徴があるのだが、その内容は次の四つにまとめられる。

一つは、諸役人の任命と組織の確立。仕置家老を手始めに、七月晦日には城代・小姓頭・児小姓頭・裏判《うらはん》（判形《はんぎょう》とも呼ばれ藩財政の出納を担当する役職）・横目などを任命している。これらの諸役人は光政の手足となって「親政」を支える者であり、彼らにもやはり誓紙の提出が命じられた。

二つは、家中対策を先行して進めたこと。前年から給人と百姓との出入が増加していたことは先にふれた。そうした状況のなかで家中の窮乏を放置すると、給人による恣意的な収奪が百姓を潰しかねないし、「一揆」が起きるかもしれない。そのために光政は京都で借銀をしてこれを家中に貸し付けた。あわせて今後は「手前不成《てまえならず》」（生計が成り立たない）などと言わないよう倹約に努めることを命じた。なお、このときの光政の考えは、領内の豪農商からの金銀の借上《かりあげ》は最後の緊急手段として残しておき、まずは大坂の商人などから借銀するというものであった。しかし鴻池などが借銀を口実に藩政に介入することがあったため、それを嫌って、これ以降は大坂商人からの借銀は控えるようになったという（『有斐録』）。

三つは、組頭七人に「蔵入之所務当年きも入」を命じたこと。これは飢饉の中で年貢の未進《みしん》（滞納）がかさみ、身分の軽い代官では取立が進まないため、蔵入地の支配を強化するのが目的であった。また、彼ら七人には「内証ニて」「郡代・郡奉行・代官・大庄屋之善悪」を念入りに調査することも命じている。緊急時に臨時に役人を増やして直接在地に投入するというやり方は光政がその後も採用する手法であり、役人の勤め方を監察することもしばしば行われた。

四つは、引き続き目安の穿鑿を行うとともに、その結果として家中に対しても百姓に対しても厳格に対処したこと。とくに「とう（党）をたつ（立）るやうのしかた（仕方）」や「一キ（揆）同前」の百姓を「はり付（磔）」に処したことが注目される。百姓の「おごり」を抑えるための見せしめであった。

他方、百姓たちが疲弊して未進がかさんでいたにもかかわらず高い免（年貢率）を掛け続けた郡代を罷免している。光政によれば、郡奉行の「油断」のため年々免が「安ク」なっていた。それがこの三年間は逆に郡代によって高く設定されていたのだ。しかし、「十七年之ごとく年々免あがり、在々も草臥《くたびれ》不中候へバ、郡代共仕様一段能と存候へ共、去年より過分未進過分（ママ）ニ仕、其上在々多くたびれ候へバ、あたハぬ免と存候」というのだ。寛永一六年（一六三九）頃から牛が死に始めていたため、蔵入地の免の決定を郡代に任せたのだったが、それが「あたハぬ免」つまり不適切な免であったというのである。その理由は、郡代が「当座やりないニ仕、はたして国中いたミ（痛）未進過分ニ候へバ、さた（沙汰）の限と存候」という。その場限りの対応であったために、百姓が痛み年貢未進が増えたのは言語道断だと、三人の郡代を罷免したのである。あわせて「例年之仕様悪」として郡奉行も叱られている。土免制の問題が浮き彫りになっている。

## 「治者」の自覚

九月九日光政は「国中諸奉行百姓まで之法式」を三人老中を通じて「組頭其外何《いずれ》もへ」申し渡した。この法令は「被仰出《おおせいだされる》法式」と呼ばれ、四四カ条にのぼる詳細なものであった。百姓仕置の細かな点にまで光政の認識が及んだことを示している。ただし、法式では給人の百姓支配についても触れられているものの、実際に今回の「改革」で主に対象とされたのは蔵入地のほうであって、給地の仕置についてはほとんど手が付けられなかった。「在々かつえ（飢）人」の救済についても、蔵入地については藩から行うが、給地については給人から行うよう指示するだけであった。土免についても蔵入地が問題とされたのみであった。この点に大きな問題があった。光政には、家老をはじめとした給人など家中への「遠慮」があった。

今回の「改革」で最も注目すべきは、家中を主人と家来の関係ではなく、仕置のための藩主と役人の関係として再構成しようとしたことである。いいかえれば、家中を治者の共同体として再結集しようとしたのである。そのことは、諸役に任じるにあたって「誓紙」を提出させたことに示されている。「誓紙」の内容は役によって異なるが、共通するところは、(1)御為《おため》第一、(2)依怙贔屓《えこひいき》仕まじき事、(3)中間悪《なかまあ》しからざるよう嗜《たしな》む事、とまとめることができる。「奉公」「正路《せいろ》」「堪忍」と言い換えてもよい。これが、光政が治者共同体の規範として家中に求めたものであった。そして、その治者の先頭に立つべき者として、光政自身が自己の言動に対する反省を欠かさなかった。と同時に、家臣に対しても同様の反省を常に求めた。こうした「治者の自覚」を重視する点に、光政の個性が現れている。

一二月一五日、参勤のため光政は岡山を出船する。この日の『日記』に光政は「帰国六月廿七日より極月十五日まで ノ用千二百六十七済《すます》」と記した。半年の間に自ら一二六七の案件を処理したというのである。まさに率先垂範「働く藩主」であった。

## 2　正保期の光政

**江戸城石垣普請御手伝**

年末に光政が急いで参勤したのは訳があった。寛永一九年（一六四二）一〇月朔日に江戸から岡山へ注進があって、江戸城二丸・三丸の石垣普請を命じられたからである。同日、家老池田河内を惣頭《そうがしら》として普請役にあたる家臣を任命している。領内の飢饉の状況は深刻だったと思われるが、それでも「公儀」の役をないがしろにすることはできない。

一二月二九日江戸に着いた光政は、ただちに河内をはじめ普請役人を召して油断なきように指示。

年が明けて寛永二〇年（一六四三）正月四日から普請を陣頭指揮した。そのためか普請は思いのほか順調に進み、家光からもたびたび「苦労ニ被思召《おぼしめさる》」との上意があった。最終的に工事が終了したのは四月二〇日頃で、二五日には老中三人・組頭ほか普請関係者二〇人が御城に召し出され、家光から銀子を拝領した。二九日には普請のため江戸に上府《じょうふ》していた者へ暇《いとま》が遣わされ、御手伝普請は無事終了した。

### 東照宮勧請

翌寛永二一年（一六四四）光政は東照宮の岡山勧請《かんじょう》に取り組む。『池田光政日記』の同年六月二日の条によれば、光政が「私冥加ノ為《みょうが》」に「権現様」を勧請したいと天海僧正に相談していたということを、輪王寺門主公海が酒井忠勝に話したという。天海は寛永二〇年の一〇月に亡くなっているから、光政が相談したのはそれ以前のことになる。寛永一三年（一六三六）に日光東照宮の大造替《だいぞうたい》を行った家光は、自らたびたび日光に参詣するとともに、寛永一三年と二〇年には朝鮮通信使一行にも日光参詣を強要している。家光周辺では東照宮信仰が高まっていた。

光政の妻勝子は、家光の姉である千姫の娘で秀忠の養女となって光政に嫁した。この婚姻を機に光政が徳川家につながる意識を強く持ったことは先にもふれた（第一章一九頁）。秀忠は義理の父にあたるため、光政は岡山城下花畠《はなばたけ》に台徳院廟を寛永一六年（一六三九）に造営している。そのうえで今度は東照宮を岡山に勧請しようというのである。「私冥加ノ為」というのは、こうした光政に固有の事情を踏まえたものであった。

先の記事で酒井忠勝は光政に勧請の真意を尋ねている。光政は「達上聞申事《じょうぶんにたっしもうす》ニても無之」と応えた。わざわざ家光に願い出て、許可を得ることでもないというのである。それを受けて忠勝は、「我等ノさしづ申ニてハ無之」と述べている。幕府から指図することではなく、光政が自主的に行うべきことだというのである。そして、「いかにもかるく可然候」と、壮大華美にならないように注意した。こうした遣り取りによって光政としては酒井の黙認を得たかたちとなった。

六月四日に江戸を発足した光政は、六月二〇日に岡山帰着。七月九日には池田出羽に「権現様御宮ノ惣奉行」を命じ、あわせて下奉行二名を申し付けた。普請は順調に進んだようで、一二月朔日には権現様御迎えの使いが命じられており、一七日には御宮作事奉行・惣奉行に祝儀が遣わされている。この頃には東照宮の建物は完成していただろう。大工や蒔絵の職人には幕府お抱えの者が呼ばれたと思われ、当時の技術の粋を尽くした建物であった。

正保二年（一六四五）二月一五日遷宮を前に光政は老中・組頭を集めて説諭した。その際に、「此度之御せん宮、不存寄ニ達上聞、上意ニて被仰付候」と述べている。当初の目論見とは違って光政の計画が家光の耳に入り、その「上意」として勧請が仰せ付けられたのだという。これは「一入難有《ひとしおありがたい》」ことであった。だから今までにも増して「公義御法式、次デハ我等申出諸式、不怠下々まで守候様ニ可被申付」と説いている。東照宮勧請が、「公儀」の権威を背景に藩政を進めようという光政の意図によることが確認できる。

## 東照宮祭礼

二月一六日の夜、本殿への正遷宮が行われ、「御家中侍中不残罷出」、その後には「貴賤群衆」した（「東照宮御祭礼記」）。翌一七日から一九日まで公海の名代である常照院憲海による法会が催され、光政は三日間とも参加した。この法会にも「貴賤男女参詣夥敷《おびただしく》」という状況であった。

一連の儀式が終わった翌二月二〇日、光政は慌ただしく江戸に向けて岡山を発つ。三月二日に江戸に着いた光政は、六日に登城、家光に御目見して「新太郎儀ハ余人とちがい候条、権現様しんかう（信仰）ニ存候ハで不叶儀と被思召候、国本ニくわんしやう（勧請）仕候旨、尤ニ被思召候由」との「上意」を得ている。「余人とちがい」というのは勝子を通じた徳川家との特別のつながりを指している。こうした「上意」を得て光政は、「公儀」の一員として家光に対して「奉公」を尽くすとの意識を高めたに違いない。

遷宮の翌年の正保三年（一六四六）から、岡山では毎年東照宮祭礼が行われることになる。祭日は家康の命日である四月一七日か九月一七日と定められていた。これは藩主の在国にあわせて祭礼を挙行するためであった。祭礼の呼び物は、城下町北端の御旅所《おたびしょ》まで城下町を縦断する神輿渡御《しんよとぎょ》行列であった。これには家中侍が供奉《ぐぶ》するとともに、城下町方から練り物が出された。この年は、上之町が花踊三〇人・唐人踊三〇人、中之町が山伏大峰入六〇人・天狗山猿ニテ引二〇人、下之町が石引踊一〇人、西大寺町が雪引踊、橋本町が庭訓《ていきん》読物品々であった。五町のもとに惣町から役人が供奉した。唐人踊は朝鮮通信使の東照宮参詣にちなむものだろうか。四年前の寛永二〇年に牛窓を使節一行が通行している。御旅所では、家老から馬廻《うままわり》の侍中まで騎馬所持の面々が勢揃いして、馬揃《うまぞろえ》が行われた。行列の内容は時期によって変化したが、明治維新まで途切れることなく続けられた。城下町最大の行事であった（倉地克直『近世の民衆と支配思想』）。祭礼は家中の者には治者としての自覚を促すとともにに、領内の者には家中の「武威」と東照宮の「冥加」が及ぶことを示すものであった。

## 正保の国絵図作成

正保元年（一六四四）一二月二五日、幕府は全国の大名に国絵図・城絵図の作成と提出を命じた。いわゆる正保の国絵図作成事業である。国を単位とした絵図を各地から提出させることは「公儀」の国土統治権を象徴するものと言うことができる。徳川幕府は慶長年間と寛永年間にも国絵図の徴収を実施したが、不十分な結果に終わっていた。今回の事業は、統一した基準のもとに諸大名を一斉に動員して行われた画期的なものであった（川村博忠『国絵図』）。

光政は備前・備中の国絵図を絵図元として作成、提出した。国絵図作成の目的の一つは国郡境の確定にあったが、その権限は「公儀」に属するものであった。光政は、先にふれた備中新田をめぐる松山藩との遣り取り（第二章四四頁）からも分かるように、そのことを十分に認識していた。そうした光政だからこそ、国絵図作成が「公儀」の国家的事業を委任され分担しているという自覚を明確に持っていたに違いない。

ところで、正保の国絵図は、村ごとに領主名を記入し、畾紙《らいし》（用紙の余白）部分に領主ごとの知行高と村数の一覧を掲げる。このことから、後の元禄国絵図と比較して、領分図としての性格を多分に残していたと評価されている（杉本史子『領域支配の展開と近世』）。領分図では個別領主の領地の集積として国土が捉えられるから、国郡という行政単位に基づいて国土を把握しようとする「公儀」の意図が貫徹されていないと評価されるのである。一国を一人の大名が領有する備前国のような場合は問題ないが、多くの領主の領地が散在する備中国のような場合にはそのことが問題になる。

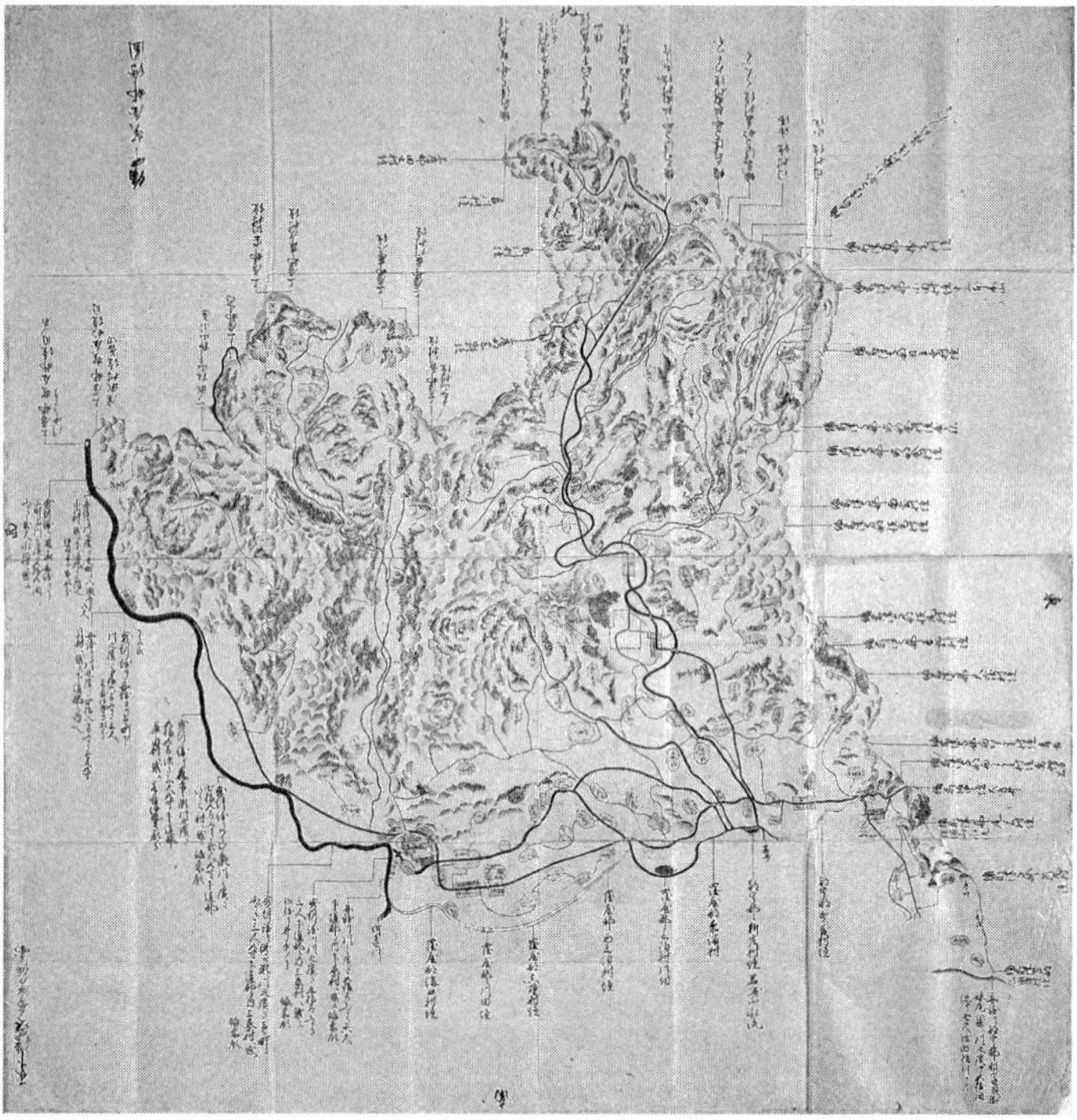

加陽郡絵図
(池田家文庫・岡山大学附属図書館提供)

備中国の国絵図がどのように作成されたかはよく分からない。池田家文庫にこの時期のものと思われる備中国の郡別絵図がある。「水谷《みずのや》伊勢守より参《まいる》四郡之絵図」「都宇《つう》郡之図（戸川土佐殿より参）」「加陽《かや》郡絵図（木下淡路守より参）」「下道《しもつみち》郡之絵図（伊藤甚太郎殿より参）」の四枚である。いずれも大名クラスの領主に領地のある郡の絵図を作成させて、提出させたものであり、自領以外の村についても石高・領主名が記されている。つまり、領分図ではなく郡図の作成を命じているのであり、それに基づいて国絵図を作成したと思われる。なお、四枚の絵図がカバーする七郡以外、岡山藩領のある窪屋郡・浅口郡および幕府領の比重が高い後月《しつき》郡・小田郡については岡山藩が調整したのではないかと思われる。郡ごとに村名と村高を書き上げた「郷帳《ごうちょう》」（「備中国十一郡帳」）も岡山藩が作成した。

このように光政は国絵図を国郡図として作ることを意図しており、より下位の領主に対してもそれを要請した。つまり光政は国絵図作成が「公儀」の事業であることを強く自覚し、そのことを絵図元の責任として他の領主にも求めたと考えられるのである。

### 塩飽諸島との争論

正保の国絵図に関わる事件が正保三年（一六四六）に起きている。下津井沖の六口《むくち》島・釜島・松島の所属をめぐって、児島方と幕府領の塩飽《しわく》方とが争論になったのである。『池田光政日記』によれば、光政は家臣の本須勘右衛門に正保の国絵図の写しを持たせて伏見奉行の小堀遠州（政一）のもとに送っている。小堀が塩飽の者を召し寄せて事情を糺《ただ》したところ、以前は塩飽の内であったけれども、近年は「備前より御進退」のことが明らかになったという。備前方の実行支配が確認されたのである。それを受けて小堀は、光政がそのように心得て、前年の

「備前国之絵図」に三島を書き付けているのは「尤ニ存候」と返事した。この返書と一緒に、先日光政から送った「ゑつ」(絵図)も小堀から返されている。

光政も小堀も国絵図が「国境」を決める証拠になることをよく承知していた。正保の国絵図作成事業が早速生きたのである。光政も満足であっただろう。

以上のような正保期の光政の動きからは、彼が「公儀」の一員としての自覚をますます深めている様子を見て取ることができるだろう。

## 3 城下町の整備と家臣団の構成

### 岡山城下町の成り立ち

正保の国絵図には城絵図を添えることが命じられていた。幕府は島原天草一揆の経験から諸国の城地の正確な情報を収集しておく必要に迫られた。この度の城絵図では、本丸・二丸・三丸の広さ、堀の深さ・広さ、天守の構造・規模、惣曲輪《そうくるわ》の堀の規模、侍町・町屋の小路割・間数、などを細かく描き上げるよう指示した。城絵図と言いながら、城下の町割まで含めた城下図の提出が求められたのである。岡山藩でも城絵図を作成しており、これによって当時の岡山城下町の様子をうかがうことができる。ここで岡山城下町の成り立ちについてふれておくことにしよう。

後に岡山城下町が築かれる辺りは、室町時代には旭川の河口部に近い広野であった。そのなかに岡山・石山・天満《てんま》山(天神山)という三つの小さな丘があった。このうち石山に国人の金光《かねみつ》氏が城を築

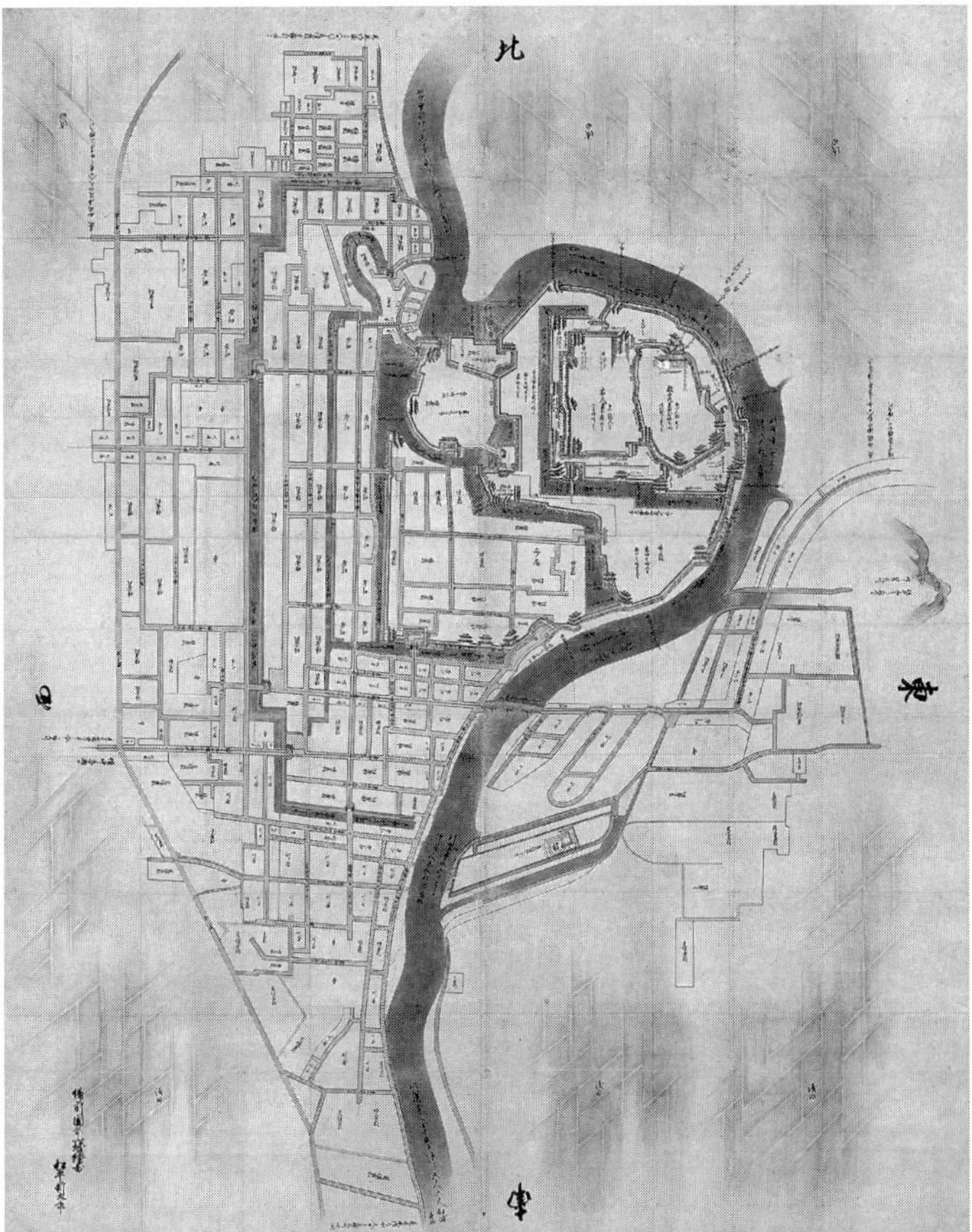


岡山城絵図
（池田家文庫・岡山大学附属図書館提供）

いて本拠としていた。この金光氏を謀殺したのが宇喜多直家である。宇喜多氏は邑久郡出身の国人であったという。直家は備前国東部から備中国への勢力拡大をめざして、天正元年（一五七三）頃に上道郡の沼城から石山に本拠を移した。なお、最近の森俊弘の研究では、直家はかつて松田氏が居城とした津高郡の金川城に沼城から移り、その後岡山に本城を移したと考えられている（「岡山城とその城下町の形成過程」）。以下、その説も加味しながら述べてみよう。

直家は石山に本城を築いたとするのが通説だが、森は金光氏時代から岡山のほうが本拠であったという。石山と岡山は近接しているから、いずれにしても一体的に運用しなければ意味をなさなかっただろう。直家はその南側に城下を築くこととし、ここに東西に通る大道を引き、その東と西に京町・福岡町という商人町を置いたと思われる。ただし、当時は城下に流通が集中されることはなく、周囲に四日市・市の町・二日市・七日市・十日市・大炊殿《おおいどの》市などが散在していた。家臣たちの領地への執着も強く、城下への集住は進まなかった。

城下町建設が本格化するのは、直家の子の秀家の時代である。秀家は、豊臣秀吉の支援を受けて、備前国・美作国および備中国東部を領有する大大名に成長するとともに、豊臣政権の中枢を担うようになる。それにふさわしい城下町が必要になったのである。秀家は、岡山を本丸の地と定め、その南に丸の内を広くとって侍町とした。丸の内は三重の内堀で囲われ、岡山の上の段（本段）には三重六層の天守閣が建てられた。その完成は慶長二年（一五九七）とされている。

丸の内の拡張にともなって、大道（西国街道）が大炊殿市の辺りまで下げられ、その両側に西大寺町・郡町・魚屋町・橋本町などの町屋が作られる。大道はここから内堀に沿うように北上して福岡町に至り、ここから西に抜けるようになった。

慶長五年（一六〇〇）の関ヶ原の戦いで宇喜多氏は滅び、岡山には小早川秀秋（秀詮）が入った。秀秋は城下町の西の惣構として外堀を築いた。その外には大雲寺・蓮昌寺・観音堂・薬師堂などの大寺院が移された。森は、寺院の移転時期からみて、外堀は秀家時代に造られたという（同前）。外堀は短期間で造営されたために「廿日堀《はつかぼり》」とも呼ばれる。基本構造は秀家段階ですでに造られていた可能

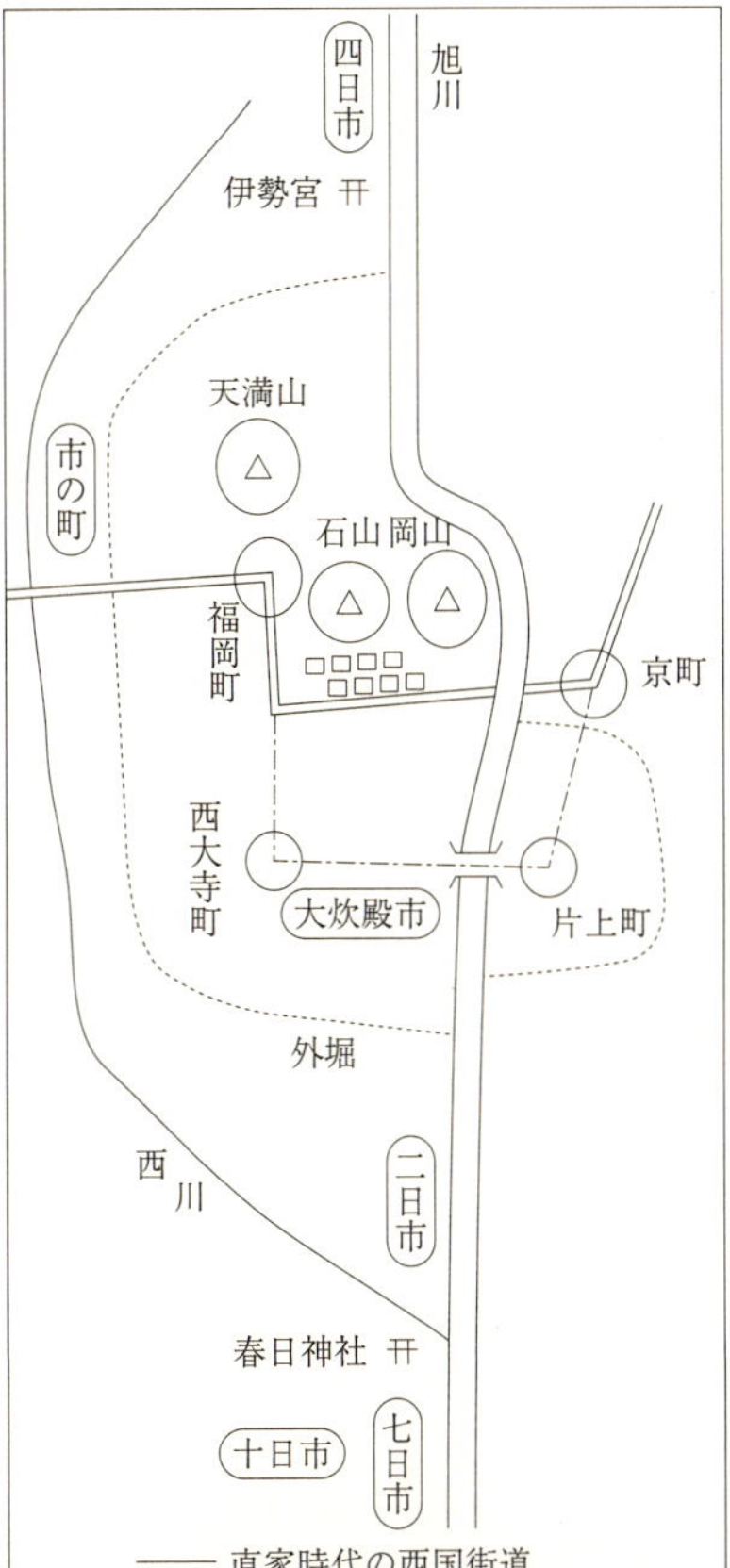


図2　宇喜多時代の岡山城下町

性は高い。秀秋が手を入れたとしても、その改修程度であったのではないか。

## 池田氏による城下町の拡大

秀秋は岡山に移って二年で急死する。そのあとは池田忠継に与えられたが、幼少であったため兄の利隆が「監国」した。利隆時代に作られた「備前国図」（「慶長古図」）がある。そこには岡山城下町の姿が絵画的に描かれている。この図の旭川の東側の表現は、立派な堀で囲まれた惣構になっており、実際とは異なる。しかし旭川の西側は外堀・中堀・内堀などの形状がかなり正確に描かれており、下層が不正五角形で三層になった天守閣の描写なども正確である。利隆による城下町整備の方向を示した、一種の設計図であったかもしれない。川東にも惣構を築こうとしたなごりは、御成《おなり》川の堀として今も残っている。

元和元年（一六一五）に忠継が亡くなると、そのあとは弟の忠雄が継いだ。忠雄は外堀の北方に番《ばん》町《ちょう》を開発し、下級家臣の屋敷地とした。また、外堀沿いの寺院の西方にも田町《たまち》や七軒町《しちけんまち》などの武家地を開いている。こうした侍町の拡大にともなって、新たに城下町の西の防衛線として西川が整備された。ただし、西川はもともとあった耕地用の用水路を改修したもので、防衛機能は高くなかった。忠雄時代の家臣の屋敷割りに使われた絵図が「岡山古図」（「寛永城下図」）である（倉地克直「「岡山古図」をよむ」）。

忠雄によって岡山城下町の大枠は定まったが、その内部には空隙地もかなり残されていた。「岡山古図」には町名は二〇、寺院名は一二しか記されていない。「町」「寺」とだけ記されて、町建てや寺院の建立がなされていない区画も少なくない。道路で区画された敷地も、家屋が建ち並んでいるわけ

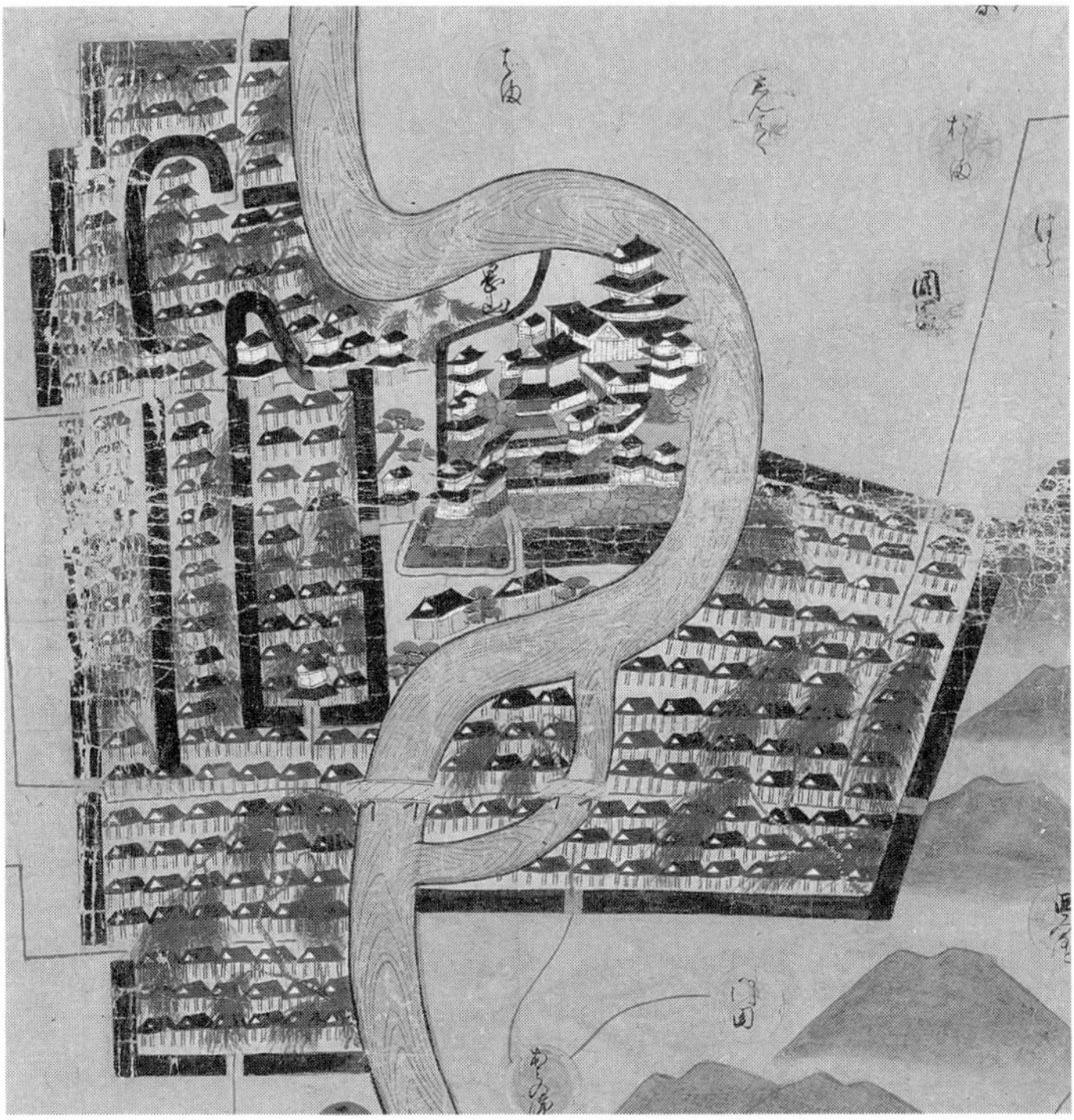

慶長古図（部分・岡山城下町）
（池田家文庫・岡山大学附属図書館提供）

ではなかった。

## 光政による整備

光政時代になると、西国街道の西の出口が野殿《のどの》口からさらに北の岩田町口に移された。このことは正保の城絵図で確認できる。これにともなって城下町北西の町屋地が整備され、さらに西川の外へも岩田町・万《よろず》町が作られ、重臣の下屋敷や預かり屋敷も建てられるようになった。それまでは野田が広がっていた川東でも、足軽や忍びの組屋敷、門田《かどた》屋敷の侍町が作られた。町屋地も北へ延びて古京《ふるぎょう》町・森下町が立てられた。また、街道の出口付近や外堀の西川に沿って寺町が拡大した。

慶安期（一六四八〜五二）の屋敷割りを示した「備前国岡山城下図」（「慶安城下図」）がある。これには後の町屋地六二カ町のうち五八町が確認できる。寺院も、一カ寺あたりの寺地は狭いが、数は四〇に増加している。城下町らしい岡山の町並みが光政時代に完成した。

## 家臣団の変遷と構成

光政は父利隆の家臣団を引き継いで鳥取に転封した。それは播磨四二万石時代の家臣団で、輝政以来の池田家の家臣の中核部分であったことは、先にもふれた（第一章一四頁）。光政は岡山に転封するにあたっても、それをほぼそのまま引き連れて移動した。その時点での知行取《ちぎょうどり》家臣の構成についても先にふれたが、重臣層の比重が高く、かれらを光政が意のままに動かすことはなかなかに困難であった。

磯田道史によれば大名の家中は一般に、士（侍）・徒《かち》（歩行）・足軽に三区分できるという（『近世大名家臣団の社会構造』）。やや後の時代になるが、岡山藩では宝永四年（一七〇七）に全領の人口調査を

**表4　岡山藩家中の人口構成**（宝永4年〔1707〕）

| | 家数（家） | （%） | 人数（人） | （%） | 1家あたり人数 | 男（人） | 女（人） | 男／女 |
|---|---|---|---|---|---|---|---|---|
| 士格（家老・番頭から中小姓） | 758 | 19.2 | 3,026 | 34.2 | 4 | 1,505 | 1,521 | 0.989 |
| 徒格（士鉄砲から徒） | 762 | 19.3 | 2,700 | 30.5 | 3.5 | 1,364 | 1,336 | 1.021 |
| 足軽格（足軽から小人） | 2,436 | 61.6 | 3,130 | 35.3 | 1.3 | 2,682 | 448 | 5.987 |
| 計 | 3,956 | | 8,856 | | 2.2 | 5,551 | 3,305 | 1.68 |

（註）「御家中男女有人改寄帳」（池田家文庫）より作成。

行っているので、その結果を整理してみると表4のようになる。人数は士格・徒格・足軽格でほぼ同じくらいである。

家中の中核は士格の家であり、全体の一九・二%を占めている。士格の者は知行取で代々の家督相続が認められる家臣であった。給人と言う場合は、ほぼこの階層を指している。初期には給人は、年貢などの徴収から住民の使役まで給地に対する大きな裁量権を持っていた。徒格は士鉄砲《さむらいてっぽう》・軽輩《けいはい》・歩行《かち》からなり、一九・三%と士格の家とほぼ同じ比率であった。徒格は知行取はわずかで、大部分は禄米取《ろくまいどり》であった。徒格の家では一割程度は一代限りのものがあったが、大部分は家督相続を認められており、城下町の侍地に屋敷を与えられ家族を営んでいた。これに対して足軽層では家として相続を認められたものは一割に満たず、大部分は一代限りで、城下町で家族を形成することはほとんどなかった。単身で組屋敷や預かり屋敷に居住するか、近接する村から通いで役を勤めた。

### 「奉公書」

寛永二一年（一六四四）八月二一日、光政は三人老中に対して、家中の侍どもについて、先祖と本人の勤めぶりを詳しく書き上げて提出させるよう命じている。光政が最初の「改革」を進めるなかで、家臣に対して先祖の勤功を確認することで「御為《おため》第一」の意識を高めさせようとしたのだろう。この時の書上《かきあげ》は五三二家分が「先祖書上」二冊にまとめられた。

次いで書上が命じられたのは寛文九年（一六六九）で、後にふれる光政三度目の「改革」期にあたっている（第五章）。この時の家譜のとりまとめは津田重二郎が命じられており、「家中諸士家譜五音《ごいん》寄《よせ》」など二〇冊が作られた。収録された家数は七〇七家、先祖以来の履歴も詳しくなっている。重二郎についてはのちに述べる。

以上二回は士格を主な対象としたものであったが、元禄九年（一六九六）には家督相続が許された徒格以上（一部足軽格も含む）の「奉公書《ほうこうがき》」の提出が命じられ、以後五年ごとに書き継がれることになる。民間から登用され一代限りの苗字帯刀と扶持を受けた「在方下役人」なども「奉公書」を提出した。

この「奉公書」作成の目的は、家中としての結集を強め、藩主への奉公意識を高めることにあった。こうした事業がこの時期に光政によって始められた。

### 「譜代」の位置

元禄九年の「奉公書」によって、その当時の士格・徒格の家臣の仕官時期が分かる。谷口澄夫の研究によって整理したものが表5である（『岡山藩政史の研究』）。全体を通してみると、C鳥取時代は数が少なく、この時期に家臣団の構成に大きな変化がなかったことがうかがえる。その前後では、A・B播磨以前期が約四割、D岡山期が約五割である。A・B期は恒興・

表5　岡山藩家中の仕官時期

| 格 | A | B | C | D | E | 計 |
|---|---|---|---|---|---|---|
| 家老 | 6 | | | | | 6 |
| 番頭 | 6 | 4 | | 4 | | 14 |
| 物頭* | 11 | 10 | 1 | 8 | | 30 |
| 近習頭分 | 4 | 10 | 1 | 3 | | 18 |
| 組頭** | 10 | 13 | 3 | 2 | | 28 |
| 組頭以上小計 | 37 | 37 | 5 | 17 | | 96 |
| 〔%〕 | 〔38.55〕 | 〔38.55〕 | 〔5.2〕 | 〔17.7〕 | | 〔100.0〕 |
| 平士 | 165 | 173 | 32 | 231 | 70 | 671 |
| 〔%〕 | 〔24.6〕 | 〔25.8〕 | 〔4.8〕 | 〔34.4〕 | 〔10.4〕 | 〔100.0〕 |
| 士鉄砲・徒 | 42 | 61 | 30 | 354 | 40 | 527 |
| 〔%〕 | 〔 8.0〕 | 〔11.6〕 | 〔5.7〕 | 〔67.2〕 | 〔 7.5〕 | 〔100.0〕 |
| 計 | 244 | 271 | 67 | 602 | 110 | 1,294 |
| 〔%〕 | 〔18.9〕 | 〔20.9〕 | 〔5.2〕 | 〔46.5〕 | 〔 8.5〕 | 〔100.0〕 |

（註）谷口澄夫『岡山藩政史の研究』より作成。数字の単位は人。〔　〕内は計に対する％。*物頭には寄合を含む。**組頭には組外を含む。
A播磨入国（慶長5年）以前　B播磨時代（慶長5年〜元和2年）
C鳥取時代（元和3年〜寛永9年）　D岡山時代（寛永9年〜元禄9年）
E不明

輝政時代にあたり、家中ではおおむね「譜代」と意識されており、C・D期は光政・綱政時代にあたり、おおむね「新参」と意識されていた。両者の比率はあまり変わらないが、階層構成は大きく異なっている。

士格は組頭以上の上級家臣と平士とに別れる。組頭以上では七七・一％が「譜代」である。うち家老の六家はすべてが恒興時代からの家臣で、池田出羽・池田伊賀・池田下総の三人は一族から家臣となった家である。番頭格ではD期の家が四家あるが、一家は池田氏の一族、他の三家はかつて家臣であった家が退去か絶縁かした後に再び召し抱えられたもの、および家老の分家で取り立てられたものであり、先祖の仕官年代はA・B期になる。だから番頭一四家も実質的にすべてが「譜代」と言ってよい。物頭格でも、D期のうち三家が池田氏の一族だから、やはり「譜代」の比率はもっと高くなる。

平士格でもA・B期の「譜代」は五〇%を超える。しかもE不明のうちには、単に輝政時代と記すもの二三家、利隆時代と記すもの一九家が含まれるから、「譜代」の比率はさらに高くなる。ただし、岡山時代に召し抱えられた「新参」も三分の一以上いるから、組頭以上の上級家臣とは異なっている。しかし徒格になると、A・B期の「譜代」は二〇%に満たない。他方で「新参」のものが三分の二以上を占めている。「新参」者は光政に取り立てられた者なので、光政個人に臣従する意識は高いが、池田家中への結集力は十分とは言えないだろう。

逆に、家臣団の中核をになう「譜代」の者は、池田家中としての意識は強いが、それを光政個人への忠誠に切り替えることが課題になる。最初の「改革」にあたって光政が「御為第一」の誓紙を取り立てたのは、そうしたことを意識したのだろう。

最初の「先祖書上」が行われた寛永二一年は、播磨を離れた元和三年から二七年が経っている。「譜代」の家でも世代交代が行われる時期であり、光政自身三六歳になっていた。家臣団の再結集を図るのに相応しい時期を迎えていた。

## 4　慶安期の光政

### いらだつ光政

光政の日々に話をもどそう。正保二年（一六四五）五月一七日、「年々古未進」を改め、五六〇〇石余のうち三五〇〇石余を用捨《ようしゃ》（納入免除）した。寛永飢饉の最終的な処理といえるだろう。ただし、未進のうち「徒者《いたずらもの》之百姓」には「籠者《ろうしゃ》」（籠舎、入牢）を申し付け、「幾重もせんさくヲ遂」、そのうえで成敗するよう命じている。

正保三年（一六四六）四月一八日暇を下された光政は、翌一九日日光社参を願い出て「心次第ニ参候様ニ」との上意を得た。光政は前年に岡山に東照宮を勧請したばかりであった。二七日江戸を出て日光東照宮に参詣、そのまま国本へ向かい、五月一四日岡山に帰着した。

帰国前の正月二日、家老の日置若狭（忠治）の家臣が御堀の鴨を鉄砲で打つという事件があった。若狭が取り調べる前にこの家臣は父子ともに出奔してしまった（『池田家履歴略記』）。五月二日の帰国途中にこれを聞いた光政は、「我等ノ法ヲかるく存」ずる行為だとして、若狭に閉門を申し付けた。しかも、仕置家老からも横目からもこのことの報告がなかったことは「越度《おちど》」だと出羽・長門に申し遣わした。八月になって若狭の閉門は庭瀬藩主戸川土佐守・足守《あしもり》藩主木下淡路守の取りなしによって解かれるが、帰国前から光政はいらだっていた。

七月七日には「不行儀不届」の家臣一三人を一斉に改易処分にした。一挙の処分で見せしめ効果は大きかったろう。あわせて老中・組頭に対して「家中之さほう《（作法）》弥々《いよいよ》悪成《あしくなり》候へバ、公義へ対シテ第一御奉公も不成事」と説諭し、改易者を出した組頭を叱り閉門を申し付けている。他にもこの年には、喧嘩や狂気を理由にした家臣の改易が続く。また、家中の借銀を穿鑿し、「むざとすりきり」（不注意から窮乏）となった者には借銀を止めるよう指示している。

八月七日は備中鴨方《かもがた》の村方騒動を裁許し、庄屋の不正を訴えた百姓二八人を申し分に理がないとして成敗を申し付けた。成敗の理由は公事《くじ》（訴訟）に負けたからではなく、「大勢とたう《（徒党）》をくミ、郡奉行共よびに遣候時も我まゝ申不参候」ということであった。徒党を組み郡奉行の呼び出しにも応じなかったのが反秩序的だというのである。結局「右之者共ノ男子不残」も成敗となった。子供まで含めて処罰したのである。

帰国以来、家中に対しても領民に対しても厳しい態度で臨む光政の姿勢が目立つ。

## 横井養元の登用

仕置の中心であるべき三人老中に対しても、光政の評価は厳しい。六月一六日に倹約について厳命したのをはじめ、仕置に対する姿勢を評判したり、説諭を繰り返している。そして翌正保四年（一六四七）一月一五日横井養元《ようげん》を召し出して誓紙を書かせ、三人老中の目付を命じた。その後三人老中に養元を加えて、仕置について諭した。

横井養元は二五〇石取りの医者で、当時七〇歳であった。利隆に召し出されて、大坂の陣にも参加したという。先に紹介したように、当時播磨の仕置について指示した養元宛の利隆書状がある（第一章一二頁）から、利隆の側《そば》に仕える御伽衆《おとぎしゅう》であったろう。この養元は、若尾政希によれば大運院陽庵から『太平記評判理尽抄』の伝授を受けた「太平記読み」であった（『「太平記読み」の時代』）。その生涯は若尾の研究によって明らかになりつつあるが、いまだ謎の部分も多い。利隆没後には特に活躍の跡は見えず、『池田光政日記』では正保三年（一六四六）一一月二四日に池田伊賀とともに光政の使者を務めた記事が初出である。光政より年長で何かと意のままにならない出羽など家老衆の押さえとして、利隆以来の老臣である養元を付けたということだろう。

その後、家老を呼び出して説諭する場面に二度ほど養元も同席していることが確認できる。しかし、慶安二年（一六四九）三月六日に老寄《としより》に養元を加えて説諭した記事の後、『日記』に養元は登場しなくなる。そして承応元年（一六五二）一二月二五日に知行を養子の玄昌に譲って隠居し、「茶をもゆるりとたべ（給）申様ニ」と光政から申し渡されている。養元は七五歳になっていた。ただし、その後も家老中の側に居て、目付のような位置にあったようだが、光政からすれば御役御免ということであったろう。養元は御伽衆のような古いタイプの学者で、三人老中の目付として付けられたが、その役割は限定的であったと思われる。

### 熊沢蕃山との出会い

養元が召し出された前日の正保四年二月一四日に、熊沢蕃山が三〇〇石取りの近習に取り立てられている。蕃山は元和五年（一六一九）京都稲荷辺に生まれた。初め左七郎、のちに次郎八と称し、さらに助右衛門と改める。父野尻一利は山口重政などに仕えたこともあったが、当時は牢人の身であった。八歳のとき母方の熊沢家を継ぎ、寛永一一年（一六三四）に遠縁にあたる板倉重昌や京極高通《たかみち》の紹介で岡山藩に出仕した。蕃山一六歳であった。しかし寛永一五年（一六三八）に修学の未熟を自覚して致仕《ちし》する（後藤陽一「熊沢蕃山の生涯と思想形成」）。

近江国蒲生郡桐原村（現近江八幡市）に移住した蕃山は、そこで儒学の修得に励み、寛永一九年（一六四二）秋から翌年にかけては中江藤樹のもとで学んだりもした。中江藤樹は、慶長一三年（一六〇八）近江国高島郡小川村（現高島市）に生まれた。のちに伊予大洲藩加藤氏に仕えたが、寛永一一年致仕し、故郷に帰って学問修行に励んでいた。藤樹は正保元年（一六四四）に王陽明全集を入手してからその思想に傾倒するようになるが、蕃山が師事した当時は『孝経』を中心に武士の道徳を説いていた（尾藤正英『日本封建思想史研究』）。蕃山は藤樹から「孝」を中心とした「心」の哲学を受け継いだ。

正保二年（一六四五）六月一八日、蕃山は京極高通・牧野織部の斡旋で再び岡山藩に出仕する。二七歳であった。そして二年後の二月一四日に、「そばに召遣《めしつかい》可申候、とざま（外様）ニ可置者ニ無之候」として近習に取り立てられたのである。その際に「他ヲはゞからず延慮なしに奉公可仕候」とも言われている。破格の扱いだと言ってよいだろう。

この間の事情は蕃山の『集義外書《しゅうぎがいしょ》』によれば次のようであった。再出仕後蕃山は、朋輩にも学問の事は知られないようにして、書物も見ずに「心法」の鍛錬に努めていた。しかし親しい人には「聖学」のことを語っていたので、いつしか五、六人が集まって自分の学問を聞くようになった。するとそれが噂になって謗る者が現れ、それが光政の耳にも入った。ちょうど光政は家臣の動向に耳をそばだてている時であったので、蕃山の学問を聞き、その是非を判断された。これが自分が世に知られるようになった切っかけであり、主人（光政）が学問に志す端緒であった、というのである。

こうして蕃山を中心とした家臣たちによる自由な学習活動が保障されることになった。蕃山の学問は武士に治者としての自覚を促し、そのための主体形成を説くものであった。特に治者としての心の修養を重視したので、「心学」と呼ばれる。三人老中に養元を付けた光政も、家臣には蕃山の「心学」がふさわしいと判断した。そして、光政自身この後は蕃山の学問に傾倒していく。

慶安二年（一六四九）光政は蕃山を伴って参勤した。江戸では親しい「学文好き」の諸大名に蕃山を紹介した。「熊沢先生行状」はこのとき蕃山の「門弟」となった大名を二〇人ほど挙げている。なかには徳川頼宣・松平信綱・板倉重宗・久世広之・板倉重矩・松平信之などの名がある。翌慶安三年（一六五〇）五月三〇日、光政は蕃山を三〇〇〇石の番頭に取り立て、「花畠《はなばたけ》之内ニてさくまい（作廻）仕候様」申し付けた。閏一〇月二八日には組の者が付けられ、蕃山は花畠に居住するようになる。

花畠は、東西中島の南の旭川のなかに設けられた人工的な中州である。池田忠雄の時代に藩主の休息地として造られたもので、馬場と園地があった。寛永一六年（一六三九）光政はここに台徳院廟を造営している。その余地の利用を蕃山に任せたのである。

### 花園会

こうして城下花畠において、蕃山を中心とした学習活動が活発に行われるようになった。

蕃山が著したとされる「花園会約」は、この学習結社の同志盟約であったのだろう。とすれば、この学習結社は「花園会」と呼ばれたに違いない。以前は岡山藩の藩学校として「花畠教場」なるものが寛永一八年（一六四一）に創立されたと言われたこともあるが、この説は最近では否定されている（柴田一「『花畠教場』と熊沢蕃山」）。そのような実態があるとすれば、それはこの慶安三年（一六五〇）頃に始まった熊沢蕃山を中心とした岡山藩士たちの自主的な学習結社だろう。のちに述べるように（第五章一五四頁）、藩営の学校が登場するのは寛文六年（一六六六）である。

慶安三年には申楽《さるがく》の役者衆が召し放ちになった。光政もそれまでは武家の嗜みとして能楽にも親しんでいた。自筆の「謡曲番付」も残されている。しかし蕃山との出会いを機に、芸能を疎んじ学問に専心する姿勢が強くなる。晩年光政は、息子の綱政の学問嫌いで芸能好きなところを批判する。

ところで、慶安四年（一六五一）正月一六日の『池田光政日記』に少し気になる箇条がある。家老の池田出羽が「熊沢カ事がてん（合点）不参」と光政に言ったのである。これに対して光政は、「志ス処一ッニ無之候へバ、事之上ニてわきより見候てハ、左様ニ存物ニて候、其方も此学ニ志出来候ハヾ、右之儀皆がてん可参候、ちときかれ候へかし」と述べた。しかし出羽は、「私も権左衛門ニ可承由申遣候、御前にも権左衛門ニ御聞御尤と存候」と返答したというのである。ここから二つのことが分かる。一つは、光政が家老である出羽にも蕃山の学問を聞くように勧めたことである。この時期はちょうど『日記』に養元の記事が見られない時期である。つまり光政のなかで養元の役割が後退し、家老を含めて家中のすべての者に蕃山の学問を学ぶことを奨励しているのである。もう一つは、出羽が蕃山ではなくて中川権左衛門に学問を聞くと言い、光政にも権左衛門から話を聞くように進言したことである。権左衛門は中江藤樹の弟子である。光政が藤樹を尊崇したことはよく知られている。それはやはり蕃山の「心学」に傾倒するようになって以降のことだろう。しかし藤樹は慶安元年（一六四八）四一歳で亡くなった。中川権左衛門は慶安三年夏に岡山に来ているが、同じ頃光政は藤樹の子の中江太右衛門を召し抱えている。中江派の登用についてはのちに述べる（第四章一〇四頁）。出羽は権左衛門に聞くと言っているのだから、学問自体を嫌っているのではない。蕃山その人を好ましく思っていないのだろう。これものちに述べるように蕃山の態度にも問題があったのだろうが、加えて、古くからの家臣を飛び越えて番頭に取り立てられたことが、一族・譜代の権化である出羽には気に入らなかったに違いない。

上層家臣をはじめ家中には、出羽のように蕃山に反発する空気が少なからずあったのだろう。しかし光政はそれに頓着せず、ますます蕃山の「心学」に傾倒していく。

### 家光他界

慶安四年（一六五一）三月五日、光政は岡山を出船して江戸に向かう。この時も蕃山は光政に同行した。三月一七日沼津に「将軍不予《ふよ》」の知らせが届く。家光は前年の初めに体調を崩し、秋には少し持ち直したものの、この年の初めに再び病いが重くなっていた（藤井譲治『徳川家光』）。不予（病気）の知らせを受けた光政は急いで出立、一八日江戸に着く。四月二〇日、家光は亡くなった。北原章男は、このとき光政は蕃山を家光に仕えさせるつもりで江戸に連れて行ったのであり、前年に番頭に取り立てたのもそのためであったが、家光の死で叶わなかった、と推測している（「家光と光政・蕃山」）。しかし蕃山は岡山藩家中にとっては是非とも必要な存在であり、光政が蕃山を手放すとは考えにくい。

四月二三日江戸城において家光の遺言が諸大名に伝えられた。跡継ぎの家綱が幼少のため、ますます御奉公仕《つかまつ》るように、ということであった。同日光政は鳥取の光仲とともに誓紙を提出したいと酒

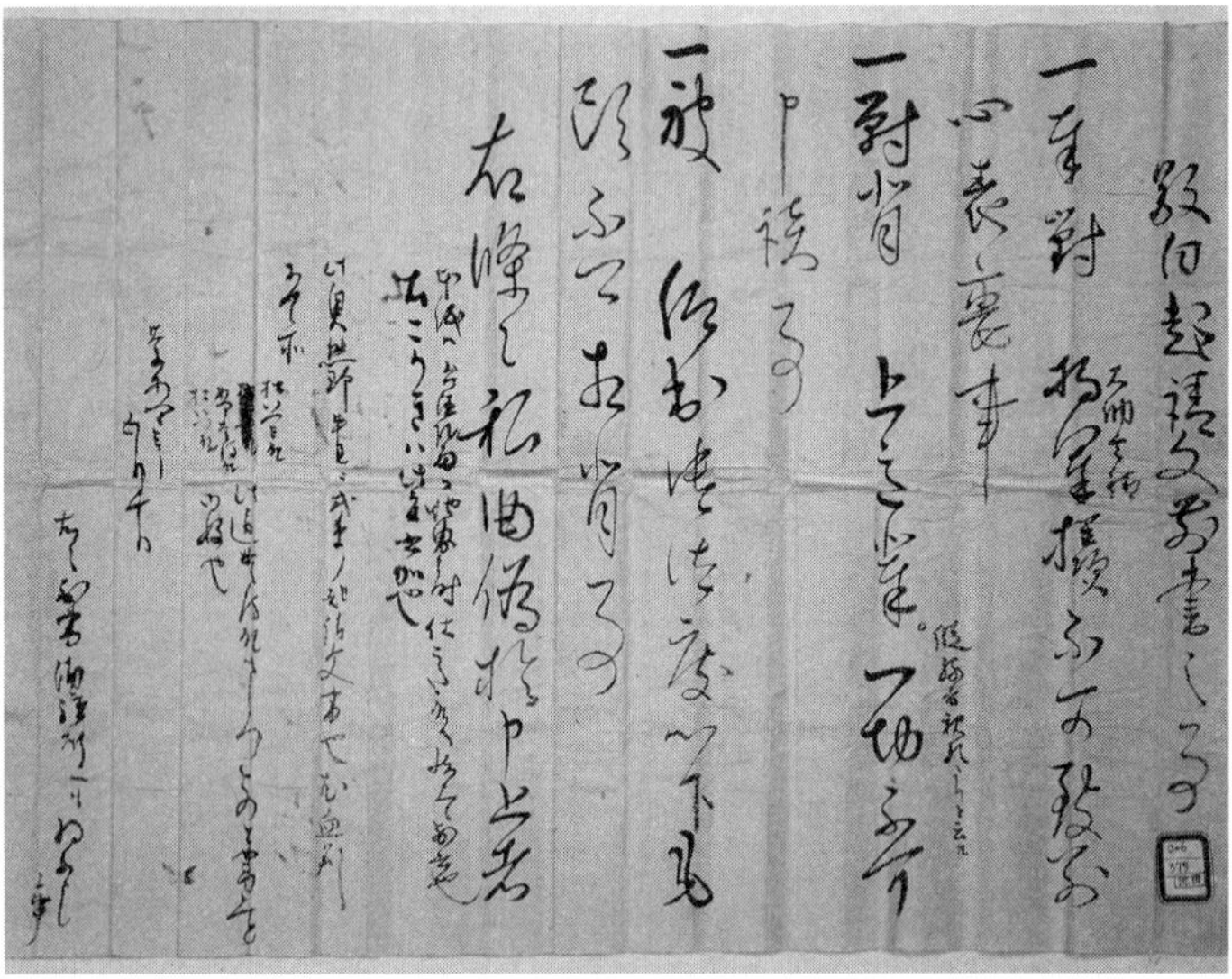

池田光政誓紙草稿
（池田家文庫・岡山大学附属図書館提供）

井忠勝に申し出た。翌日酒井は「御尤」と誓紙を許可した。二人は五月一〇日に阿部豊後方で誓紙を提出している。酒井をはじめとした幕閣は将軍の代替わりにあたって危機感を強めていた。それを察して、いち早く家綱への忠節を申し出たのである。誓紙の草稿によれば、前書は秀忠が亡くなった寛永九年（一六三二）に家光へ提出した誓紙を手直ししたもので、起請文は熊野午玉《ごおう》に血判したものであったようだ。

七月由井正雪らが「謀叛」を企てるという慶安事件が起きる。八月二日光政は「今度之悪党共之儀」を国本へつぶさに申し遣わせている。岡山での家中の動きに気になることがあったに違いない。

## 「心学」流行

翌慶安五年（一六五二）五月六日岡山への帰国の挨拶に酒井忠勝を訪ねた光政は、国本の仕置について酒井から注意を受けた。岡山での「心学」流行について、「五常ノ上ノ事ニ候へバ、御無用と中事ニてハなく候へ共、大勢あつまり候所もよう悪候間、御しめ《（締）》可有候」ということであった。道徳修養自体は問題ないが、家臣が一所に大勢集まって何かしているのが、不穏でよくないというのだ。これに対して光政は「此学少ニても承候者ハ、少々ヅ、ハ益も御座候故、知音・親類ニハきかせ度存候故、それが枝葉さき末〱ひろまり申候、加様ニ御座候所本意ニてハ無之候へ共、いかん共可仕様無之候」と弁解している。この学問は聞けば聞くだけ益があるから、自然と広まっているのであり、自分としては本意ではないが、どうしようもないというのである。幕閣の手前光政が気にしていたのは、国本でのこうした「心学」流行の状況であったと思われる。

さらに帰国途中に立ち寄った京都でも、所司代の板倉周防守重宗との間で、「心学」流行のことが話題になり、重宗は「此学術ハ天下がそしり候共、是ニ過たるハ有まじく候、猶以おんびんノ義可然候」と述べている。重宗は学問者として知られ、蕃山の学問を評価し、幕閣の中でも光政の学問への傾倒に理解を示す一人だが、やはり穏便にするのが望ましいと忠告した。

さらに九月には別木《べつき》庄左衛門らが反乱を企てたとして処刑される。いわゆる承応事件である。取り調べの過程で「紀州殿・をハリ《（尾張）》殿・越後殿・筑前殿・相模殿・新太郎殿」に「むほん」の企てがあるという噂が広がった。なかでも光政については「心学ノ事加り」、「おもてむきハ儒者、内々ハむほん心も候哉《や》」という「雑説」であった。さすがに幕閣はこれに与《くみ》しなかったが、三人老中をはじめ国本では動揺が広がった。一〇月朔日光政は組頭・物頭を集めて噂に惑わされぬよう申し聞かせている。しかし、「心学」流行が下火になることはなかった。

## 5 「安民治国奉公」論

話は少しさかのぼるが、蕃山の学問へ傾倒し始めた頃から、光政の仕置に少しずつ変化が見られるようになっていた。

### 慶安期の仕置

慶安元年（一六四八）三月一九日、家光の御前近くに召された光政は、帰国を延期するよう指示された。南蛮船が来航する恐れがあるため、「西国・中国之衆」には早めに暇が遣わされたが、家光が日光へ参詣するため、その間江戸の留守を守るようにという上意であった。この年日光では家光によって東照宮三三回忌の法要が大々的に行われた。その後光政は家光から日光社参と帰国を許される。帰国にあたっては、西国で何か事が起こったときには船手の御用を申し付けられたいと酒井忠勝に申し出ている。「公儀」の一翼を担っているという緊張感を持ったまま、六月一〇日岡山に帰国する。八月五日半田山《はんだやま》・龍口山《たつのくちやま》の竹木の扱いに不正のあった役人に切腹を申し付け、一族の者を改易にした。家中への厳しい姿勢は続いている。

他方、八月一一日には国中の過役の免除を郡奉行に命じた。過役というのは、麻幹《おがら》・縄・渋柿・犬《いぬ》米《ごめ》・船手の縄・溝《みぞ》などに課せられた雑税である。しかもこの過役免除は蔵入地だけでなく、給地にも及ぶものであったことが重要である。あわせて過役を免除するからといって、替わりに免（年貢率）を上げるようなことをしてはいけないと釘を刺しているのも注目される。加えて、過役を免除することによって百姓が奢ることなく、耕作に精を出すように締まりを付けよ、と指示することも忘れていない。光政らしいところである。

翌慶安二年（一六四九）二月二二日には、庄屋が村内の「くたびれ者」を「すくい」「成立《なりたつ》」ようにすべきこと、免を申し伝える時にも「下札《さげふだ》」（免状）を「一々小百姓ニ見せ」るようにすることを命じた。そして、庄屋がそのようにしているかどうかを「せんさく」するよう郡奉行および大庄屋にも命じた。

この頃から光政は「百姓成立《なりたち》」のための細かな指示を行うようになるのである。

そして、同年三月朔日、参勤出船に先立って老中・組頭・物頭までじかに申し渡したなかで、「安民治国奉公」の立場を鮮明にする。

**最初の「安民治国奉公」論**

この日の申渡では、初めに「公儀」法度を遵守すべきことを述べ、次に祝言・振舞・作事などの華美を戒め軍役に不足がないよう勤めることを指示し、最後に仕置の心得について説諭している。それによれば、将軍から当国を与えられているのを「私ノ国」と考えてはいけない。「領分ノ下々百姓までこつじき（乞食）ひ（非）人もなく、国あんおん（安穏）ニ治候へとの奉行ニ被仰付」と考えるべきである。だから、「国能《よく》治、国さかへ候へバ我等へノ奉公、我等ハ上様へ御奉公」と考えるべきだ、というのである。

領民が飢えることなく安らかで領国が安穏に治まること。縮めて言えば「安民治国」ということ。

熊沢蕃山も、この「安民治国」こそが武士の職分だと説いていた。光政はそれを受けて、「安民治国」に努めることが「公儀」の一員としての自らの役目であり、それと志を同じくして「安民治国」に励むことが家中の者には自分への「奉公」になると説いているのである。

寛永一九年（一六四二）の最初の「改革」以来、家中を自覚的な治者の共同体として再結集することが、光政の目標であった。それを光政は「公儀」の法令と権威を背景に進めようとしたのだが、それだけでは十分でなかった。古くからの譜代の家臣の間にも池田家への奉公という意識は強かったろう。その奉公心にも訴えながら、家中の結集軸として掲げられたのが、「安民治国奉公」の理念であった。

これを、将軍から領国支配を「委任」されているという意識であるとか、「公儀」の権威をかりて家臣の忠誠を説いているとかと理解するだけでは十分ではない。光政は「安民治国」こそが「公儀」の理念であり、家中のすべての者がこの理念を体現することによって、はじめて上下の「奉公」が貫通すると考えているのである。「安民治国」という治者共通の理念に連なることを求めているのだ。

これ以降光政は、このことを繰り返し繰り返し家中に対して説諭することになる。

### 軍法と学問

ついで三月朔日の説諭では、「常と軍用とのか（変）ハりなき事」と日頃から軍備に心懸けるよう指示した。六日の年寄中への説諭でも「軍法ハ一入《ひとしお》実儀ヲ守候ハでハ不叶」と述べている。この時期、光政は家中軍備への懸念を強めるようになる。

三月一四日岡山を出船した光政は、同月二九日に江戸に着く。江戸在府中の一〇月五日、弟恒元が播磨宍粟郡三万石を賜り、山崎藩を継いだ。一二月二五日には家光の養女になっていた次女の輝子が一条家に嫁いだ。

翌慶安三年（一六五〇）七月二七日江戸を発足した光政は、八月一三日岡山に帰着する。慶安四年（一六五一）正月二〇日、老中・組頭・物頭を残らず集めて「諸士倹約ヲ守、軍用ヲ専《もっぱら》と仕様」申し付けた。あわせて「軍法ノ本ハ人ノ和ニ在《あり》、人ノ和ハ諸士物我ヲ忘れて、人ノ道常ニ正しきに在《あり》」と説諭した。「物我ヲ忘れて人ノ道常ニ正しき」というのは「正路《せいろ》」と言い換えてもいい。そして「正路」になるためには学問しなければならない。だから「大小ノ侍此道ニ志あらんことを願ふ事、大ひでりに雨ヲ望がごとし」という。しかし学問せよと口に出して勧めないのは、「其本ノ我一人ニ有事をかへりミれバ也」。すべては光政自身のあり方にかかっている。ここに自己反省を欠かさず学問に志す光政の並々ならぬ決意が込められている。

光政が蕃山の学問を聞き始めた頃、家老の池田出羽は、それは「不是なる事」と疑った。先にふれた同年正月一六日の遣り取りのことを指しているだろう。光政は蕃山の学問を「よく聞届」、それが「国家ニ益有事」を理解した。出羽も光政のためを思って、ひと頃は学問に志したという。しかしいろいろと「中言《ちゅうげん》」（告げ口）をする者がいるので、いつ心変わりするかもしれないと心配している。

これも先にふれたように、前年五月三〇日に蕃山は三〇〇〇石の番頭に取り立てられた。これは「重々わけ有てノ事」であったが、そのついでに「軍用之事専ニ可仕」と申し渡した。それは光政自身数年来考えていたことであったという。以上のように武士の嗜みとして軍法と学問が重要だと諭したのである。

「安民治国奉公」論が治者共同体の理念だとすれば、軍法と学問は治者の主体形成を支えるものであった。蕃山の「花園会約」の第一条には「武士は民を育む守護」とある。そして「慈愛あるは文徳」「勇強なるは武徳」であり、この文武の徳を兼ねるのが「守護の徳」だという。光政はこの蕃山の精神を受けて、家中に対して治者としての自覚を繰り返し説くことになる。

### 仕置家老の交替

慶安五年（一六五二）五月二一四日、光政は江戸より岡山に帰着。六月九日、三人老中のうち池田出羽・伊木長門を呼び出して、仕置職を解いた。二人とも近年病気がちであったのが理由である。このことは帰国前に酒井忠勝の承諾も取ってあった。代わって池田佐渡と日置若狭に仕置家老を申し付けた。池田出羽（由成）は光政より四歳年長の四八歳。仕置をめぐって光政と意見が対立することも少なくなかった。日置若狭（忠治）は光政より一〇歳年下の三四歳。以後仕置家老として一貫して光政を支え、光政が隠居した後も引き続き仕置家老として次の藩主の綱政を支えることになる。

六月一一日新しく仕置となった佐渡・若狭に前回と同じ内容の誓紙を申し付けた。あわせて、出羽・長門にも引き続き仕置の相談に乗るよう命じ、誓紙は返さないこととした。ただし池田佐渡は承応二年（一六五三）五月四日狂気のため所領没収となり、代わりに水野伊織が江戸詰の仕置職になる。国本は、池田伊賀と日置若狭の二人が仕置家老を務めることになった。

### 郡奉行の交替

この時期、領民支配の最前線である郡奉行の交替が目に付く。慶安三年（一六五〇）八月晦日には児島・備中、邑久・上東、御野・津高、をそれぞれ担当する郡奉行三人を交替させた。この頃は二郡を二人で担当する体制であった。慶安四年二月二一日には岩生・和気担当の郡奉行が、慶安五年（一六五二）九月三日には郡奉行三人が交替している。そして九月五日に光政は郡奉行を残らず集めて、郡中を油断なく細かく見分するよう命じた。万事大庄屋任せにすることなく、村の小庄屋まで直接「せんさく」すること、「大キニ草臥《くたびれ》候所」については蔵入に限らず給地についても事情を承ること、なども注意している。一〇月一一日、山田一郎左衛門に横目を申し付け、郡の仕置を監察するために廻村するよう命じた。

承応二年（一六五三）二月二二日さらに一人の郡奉行が免じられた。ついで三月三日、横目に村方から目安が出されたことを受けて郡奉行を呼び集め、改めて厳しく申し渡した。前年に「大庄や少ニても私候てハ其郡中百姓迷惑仕事ニ候、其しめハ郡奉行共仕事ニ候」と申し付けた。大庄屋に少しでも私曲があると郡中百姓が迷惑する。そうしたことのないように取り締まるのが郡奉行の役目であるというのだ。にもかかわらず、この度また横目に目安が上げられた。これは郡奉行が「万事うちはまりこまかに入念さいばん」していなかったためだ。だから今後は、「万事ニ付正路ヲはしら（柱）として、うちはまり入念候」ようにと命じたのである。同日、町奉行に対しても「公事さた（沙汰）ノギ（儀）打はまり入念候」ように説諭している。

同年八月九日、岩生郡の村方騒動が裁許となり、岩生・和気担当の郡奉行が「不届」として「閉門」を仰せ付けられた。その結果、岩生・和気と邑久・上東の郡奉行が交替となり、岩生郡についてはすべての大庄屋が罷免され、当分大庄屋なしで仕置するよう命じられた。

迫り来る危機

これより先、承応二年（一六五三）五月二二日に備前一帯は洪水に襲われた。城下でも伊木長門の屋敷の石垣が抜け、旭川に掛かる中橋・小橋が破損した。

この年光政は在江戸であった。国本から当年の土免目録を取り寄せたところ、前年より六歩上がりになっていた。一一月二九日「備前物成当年悪」との知らせが国本より届く。さらに、「当物成当年ハ今まで三分一ほど成申候由、就其、郡奉行ニ急度申渡ふれ被申候」という一二月三日付けの家老書状が到来。一二月二一日光政は「尤ニ存候」と国本へ返書した。

翌承応三年（一六四五）になると事態は明らかになってくる。国本の家老から年貢未進のため奉公人に出る者が増加しているとの正月一七日付けの書状が届く。未進が出るのは「免之ちがい」か「代官無情成《むじょうなる》」か「百姓大《おお》ちゃく故《ゆえ》」かのいずれかであるので、郡奉行・代官によく吟味させるよう二月四日に家老宛返書した。また同日に、正月二五日付けの家老書状への返事として、「当年ハかつゑ（飢）人ハ無之候哉《や》、無心元《こころもとなき》事ニ候」と書き送った。

光政の心配通り、国本では飢人が増加していた。三月一九日には小堀一学と上坂《うえさか》外記に対して、「かつゑ人無之、百姓共末々までつゞき候様ニさいばん」するように命じた。特に奉公にも出られないような「さい（妻）子かつえ（飢）ニ及候者」を「一入《ひとしお》心を付、すくい可申事」と注意している。また、「さいばん仕がたき事」がある時には「二郎八とも相談可仕事」と指示していることが注目される。「二郎八」は熊沢蕃山のこと。蕃山を仕置の前線に引き出す動きが始まる。領民仕置が光政の思い通りには進まないなか、危機は迫りつつあった。

# 第四章　二度目の「改革」と「心学者」たち

## 1　承応三年の洪水と二度目の「改革」

### 承応三年の洪水

承応三年（一六五四）七月一八日から二〇日にかけて中国地方は大豪雨にみまわれた。一九日、旭川の水位は「常ノ水三間（約五・四メートル）増」となり、各所で堤防が決壊、岡山平野一体は大洪水となった。岡山城下にも土砂が流入、京橋も流失した。これにより、流失・潰れ・破損の侍屋敷四三九軒、歩行・足軽屋敷五七三軒、町屋四四三軒、在方農家二二八四軒、男女流死一五六人、牛馬流死二一〇匹、田畠永荒《えいあれ》一万一三六〇石余、にのぼった。昨年の洪水によって未進や飢人が増加しているさなかの災害であった。

七月一九日に江戸を発足していた光政は、備前大洪水の知らせを七月二六日に三河岡崎で受けた。帰国を急ぐべきところ、途中八月二日に京都で板倉重宗と会っている。重宗のもとには酒井忠勝から

「新太郎上京候ハヾ、新学ノ事きつといけん（意見）可然候、主ハやめられず候共、家中ひろまり不申候様ニ可然候」という書状が届いていた。岡山での「心学」流行は一向に下火になっていなかったのだろう。この書状を光政に見せた上で、重宗は「何ほどよき事ニて候共、加様候上ハ不入事と存候」と重ねて忠告した。光政は酒井とは江戸を離れる前に話し合っているからと、あまり気にとめていないようだ。それよりも洪水のことのほうが気になったことだろう。三日には伏見から乗船、八月五日に帰城した。

### 洪水は「天ノ時」

帰城翌日の八月六日、御目見《おめみえ》した惣家中に見舞いを述べる。そして七日に京橋・中橋・小橋の破損奉行を申し付けており、ここから復興作業に取り掛かる。

八日、伊賀・若狭・一学・外記・勘左衛門（片山勘左衛門か）を呼び出して決意を表明した。今回の洪水は「我等一代之大難」である。これが「天ノ時」ならば良い時にこの国を預けられたものだ。とにかく今は「人民ヲ救」うことが自分の任務である。もしも自分が「悪逆」であったためにこの災難が下されたのならば、「天よりたミ（民）亡シ下」すはずであるのに、そのようにされなかったのは、自分への「御戒《いましめ》」として下されたと考えるべきだ。洪水をまさに「天ノ時」として、これまでの仕置を改める決意である。こう宣言した。

災害は天が地上の人間に下した誡めであるという考えは、東アジアでは中国の古代に成立していた。これを「天譴《てんけん》」論という。こうした考えは儒学とともに日本でも受け容れられるようになっていたが、光政もこの「天譴」論の立場から洪水を自らの問題として受けとめた。常に自己反省を欠かさないのは光政の一貫した個性だが、その気持ちがますます強まった。

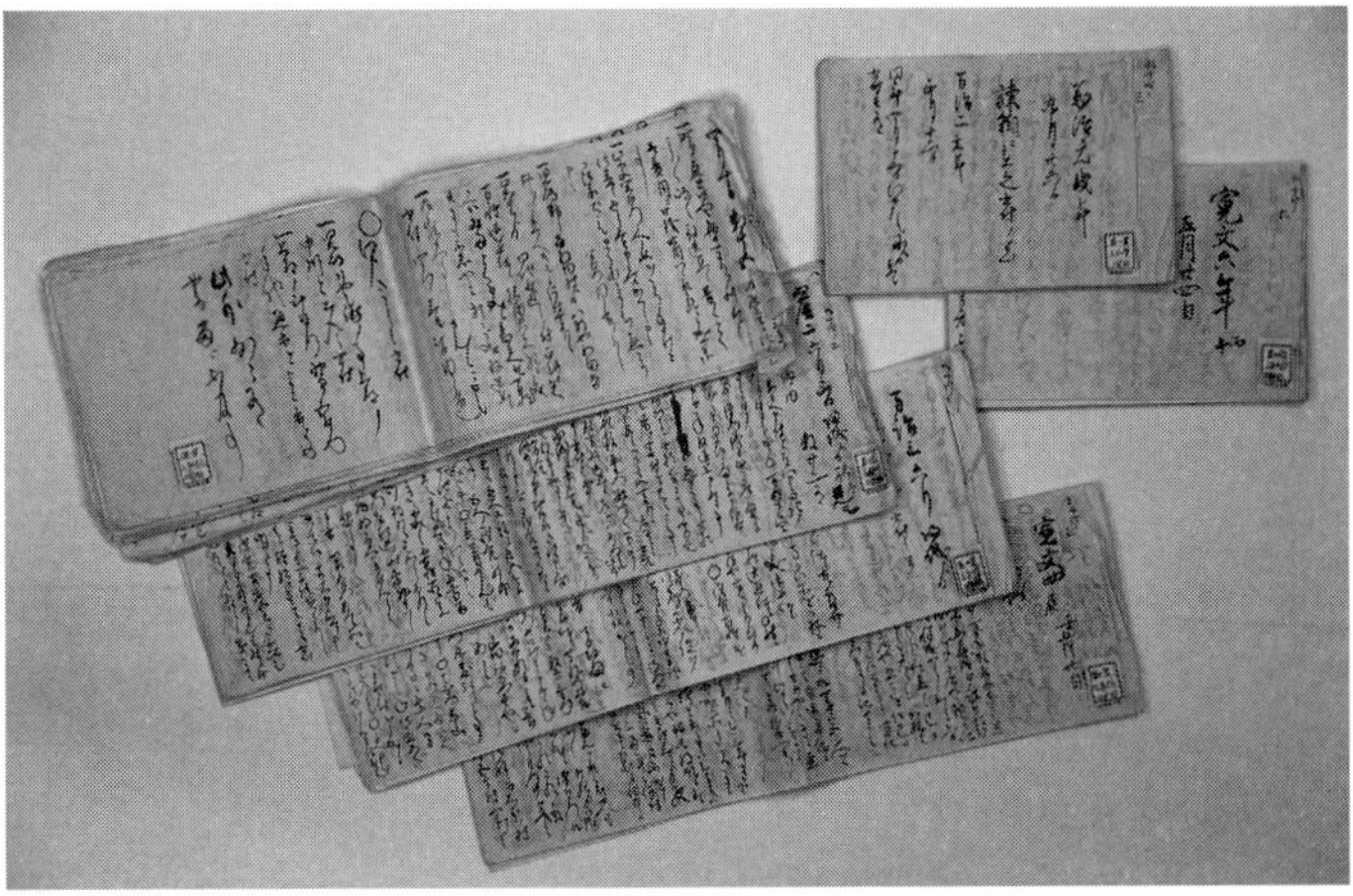

御諫箱之書付
（池田家文庫・岡山大学附属図書館提供）

一一日、光政は「諫箱《いさめばこ》」を設置する。自分たちが行う仕置にも時に不適切な事があるに違いない。それを改めるためには「一国ノ知ヲかり用」なければならない。どんなことでもいいから「名ヲかくし」書付をその箱に入れるように。そう命じた。いわゆる目安箱であるが、それを「諫箱」という点に光政らしさがある。下からの目安を自らへの諫めととらえるのである。それだけではない。光政はそのすべてに目を通し、要点を書き付けた。参勤中も二度に分けて目安を江戸に送らせ、目を通している。これを「御諫箱之書付」といい、寛文七年（一六六七）まで一四年間の分六冊が残っている。治者として仕置に責任を持つという姿勢が躍如としている。

一八日には郡奉行一〇人を呼び出し、一人ずつ面談して、在地の様子を直接聞き届けた。そして光政の申付を正しく理解しその通り行うように指導した。こうしたやり方にも、光政の並々ならぬ決意が示されている。

この二回目の「改革」の内容は多岐にわたる。その一つひとつについて詳しくは述べられないので、特徴的な手法を挙げてみる。

### 「赤子をそだつる様ニ」

一つは、非常の事として窮民の救済を優先させたこと。八日にまず、城に蓄えてあった米と銀を放出するとともに、大坂の蔵屋敷にある米を取り戻し、他国米も制限せずに流通させるように指示した。二五日には、飢人に「しほ《塩》・あらめ《荒布》」「麦」を配るように指示、「国中ノざこく《雑穀》・ほしな《干菜》ノたぐい、人馬ノ養ニ罷成候物」を他国に出すことを禁止し、在々の酒造および酒の売買を制限した。他方、去年の未進米はすべて用捨し、当年の年貢皆済は年末まで延期、当春の「かし《貸》米・牛銀」の返済も来春まで猶予とした。この措置は一一月九日にさらに緩和され、年貢皆済は来年二月中に延期、春の「かし米」は用捨、「牛銀」は利米（利子分の米）を用捨とした。乞食・非人・後家・孤児・借家人・「なぐれ奉公人」（村から流浪し町で奉公を求める者）など困窮者・弱者の救済についてはたびたび特別に指示を行っている。

また、非常時には支出を抑えることが「奉公」ではなく、国中に一人も飢人がないようにすることが「奉公」だと強調する。だまされてはいけないと思い詰めて飢人の「せんさく」を厳しくすると、本当に救うべき者を見逃してしまう。だまされて出す米は少々の費えであり、人を見殺しにするほうが大きな悪事だ。毛見でも少々の損益にこだわって手間取り、耕作の妨げになるのでは村々はくたびれてしまう。「諸事少之失却ハ用捨可仕事」が肝心だ。小さな損にこだわることが大きな悪になる。

非常時には非常時の仕置が必要なのだ。

### 「蔵入・給所共ニ平ニ」

八月八日の最初の指示では、もう一つ重要なことがあった。「国中蔵入・給所共ニ平《ならし》ニ可仕候」と指示したのだ。これが二つめの特徴である。これまで、蔵入地と給地とでバラバラになっていた仕置を統一すると宣言したのである。具体的には一〇日に、給人任せになっていた給地の飢人の救済を藩から直接行うこととし、郡奉行に給地の非人改めを命じており、一一日には「物成平《ならし》」を申し渡した。給人の知行権は認めるが、「免・納所・すくい・未進等万事ノさくまい《（作廻）》」を藩から行うというのである。これは画期的なことであった。特に土免を蔵入地も給地も一律の「平《なら》シ免《めん》」としたことが重要であった。給人による恣意的な支配を排除し、統一的な仕置を行うことにしたのである。

### 仕置の本はヒトである

三つは、非常時の措置として臨時に役人を増員して分厚く在地に投入したこと。まず八月一〇日に、馬廻のうちから一〇人を選んで郡方《ぐんかた》加《か》奉行《ぶぎょう》に任じ、これまでの郡奉行と心をあわせて「正路ニさいばん」するよう命じた。これにより郡奉行は二〇人体制になった。ついで八月一四日に検見役人六〇人を申し付け、二人ずつ三〇組を作って廻村するよう命じた。しかしすぐに人手不足が明らかとなり、八月二六日に一五組三〇人が増員された。合わせて九〇人の検見役人が投入されたのである。さらに一〇月一八日には代官五四人が任命された。これも通常のほぼ二倍にあたり、一人につき約一万石を管轄するよう配慮された。

こうした在方役人に対して細かな指示を行い、蔵入・給所を問わず統一的な措置を命じるとともに、治者としての心構えや役割を繰り返し教諭した。今の困窮は「近年ノ天気故《ゆえ》」と言う者がいる。確かにその通りだが、本当にそれだけか。国替え以降の村や百姓の変化をよく調べてみれば、「仕置之故か否《いな》や」はすぐ知れるはずだ。どうだ。こう光政は問う。どんな状況でも仕置の固有の役割があるはずだ。そこを自覚し実践するのが治者である。そう光政は説いた。

では具体的にはどうするか。これまでの役人は「けん《（権）》たかく上下遠」のが問題であった。だから当面今年中は代官たちは在地にとどまって、「所ノ村々打はまり」仕置すべきだ。その村の「せんさく」をする時には、その村に出かけて行くべきであり、他村にいながら万事申し付けるなどということをしてはならない。郡奉行もその郡々に引越して「春夏秋のけいき《（景気）》又ハ百姓之成行《なりゆき》」をよく見て仕置すべきだというのである。これを在出《ざいで》制という。つまり徹底した現場主義だ。

### 村の庄屋がカギだ

四つは、大庄屋を廃止し、庄屋の交替を指示したこと。「百姓成立《なりたち》」のためには大庄屋・庄屋の役割が重要なことは以前から明らかになっていた。承応二年（一六五三）にも光政は郡奉行に大庄屋・庄屋の「せんさく」を命じている。今回も多くの役人が村々に入っていくなかで、その問題が浮かび上がってきた。「諫箱」にも初めの八カ月たらずで庄屋の「悪事」を訴える目安が一〇〇通以上も投げ込まれた（磯田道史「承応～寛文期岡山藩領における村方騒動」）。庄屋のなかには、「平性心根《へいぜいこころね》正路ニて、此度飢人肝煎《きもいり》以下村中とシテ互ニすくい、慈悲なる心だての者」がある一方、村によっては「庄屋百姓常々不直ニシテ、此度其村之飢人はごくミ《（育）》無慈悲なるさいばん仕者、幷《ならびに》遣候扶持方以下きも入不正路《ふせいろ》働仕庄屋在之」ところもあった。庄屋が慈悲であるか無慈悲であるか、正路であるか不正路であるかによって、村内の飢人の救い育くみに大きな違いが出ているというのである。そのため光政は小堀一学ら三人を横目として廻村させ、状況を調査させた。

その結果、現在の大庄屋は多くが「悪習」になずみ、「小百姓之手前其外万事横道《おうどう》なる事数多在之」とのことであった。「横道」は道理にはずれていること。その原因は、郡奉行が「万事打はまり」末々まで自分で申し付けることがないために、「上下遠」くなり、「大庄屋まかせニ」なっているからだ。今後は大庄屋を廃止して、五、七カ村で組合を作り、用があればその庄屋に直接申し遣わすようにすべきだ。こう命じたのである。あわせて、どこでも「大高作《おおたかつくり》候者」を庄屋にしているようだが、持ち高にかかわりなく「小作《こづくり》者」であっても「正路なる者」を見立てて庄屋にするように、とも指示している。

また城下町に対しても、大庄屋にあたる「町十人ノ年寄共」を廃止し、一町に一人か二人ずつ「入札」によって年寄を決め、四、五町で組合を作るように指示した。

### 目安の威力

五つは、目安の活用である。帰国早々設置した「諫箱」には多くの目安が寄せられた。「諫箱」は本丸中の段の御書院「槙の間」の前と内堀に掛かる内下馬門の橋の脇に置かれた。前者は藩の政庁に置かれたもので主に家臣用、後者は本丸への大手口にあたり主に領民用であった。一四年間に目安は一五四二通。年度別には、承応三年（一六五四）が三四七通、明暦元年（一六五五）が三八八通で、この両年で四七・七％が投じられたことになる。ただし後の一二年間でも八〇七通を数え、一年に平均六七通が入れられたことになる。箱別には、内下馬門のものが一三七七通で、八九・三％を占めている。「諫箱」が主に領民からの藩政への意見や不満を吸収する機能を果たしたことが分かる（内池英樹「「諫箱」に見える承応～寛文期の岡山藩」）。

先にもふれたように、光政はそのすべてに目を通し記録をとるとともに、一一月一〇日にそれを担当の郡奉行に渡した。そして、直接に事情を聞き出し、「下ニてせんさく」するよう申し付けた。

その同じ日に、備中担当の郡奉行上田所左衛門《しょざえもん》から、大庄屋を存続させたいとの意見が出された。備中分の領地は他領と入り組みの所なので、郡奉行が知らないことや分からないことも少なくない。他領と紛争になった時など、大庄屋が「下ニて」済ますこともままある。だから備中分については大庄屋をそのまま存続させてほしいというのである。光政としては思うところがあっただろうが、特に何の措置もとらなかった。一二月一二日、加奉行を廃して元の体制に戻し、新たに郡奉行一一人を任命した。上田所左衛門は、引き続き備中の郡奉行に留まった。

翌承応四年（一六五五）正月一六日、光政は熊沢蕃山を備中に遣わし、「諫箱」に入った目安に基づいて、ひそかに様子をうかがうように命じた。次いで二一日には、備中領分の村々より上田所左衛門についての目安が多く上がっているので、「せんさく」を遂げる間、「閉門」するよう申し渡した。代わりの郡奉行には都志《つし》源右衛門が任命された。「諫箱」の目安が具体的に効力を発揮した。

目安に基づいて庄屋の不正が糺《ただ》され、「正路なる者」への交替が進められた。磯田道史はこれを「庄屋惣替え」政策と評しているが、これも目安の威力であった（同前）。

## 寄特者の褒賞

六つは、この「改革」期から寄特者《きとく》の褒賞が始まったことである。最初の事例は、承応三年（一六五四）一一月一一日に町方で捨子養育に力を尽くした者二、三人を褒賞したもので、銀一枚ずつが遣わされた。次いで一三日には、「母孝行」の備中国浅口郡中大島村甚介、米麦粟など持ち合わせの穀物を供出して小百姓を救った備中国下道郡箭田《やた》村庄屋、正直無欲の行いや母に孝行を尽くした和気郡寒河《そうご》村喜十郎の三人を賞し、米などを遣わした。さらに一二月八日には、飢人に粥を食べさせた邑久郡鶴海《つるみ》村の庄屋や同郡乙子《おとご》村の「しうとに孝行なる女」など、郡中寄特人に一斉に褒美を遣わし、一三日には「平性慈悲」の行いが篤くこの度も「乞食」に施行を行った同郡福岡村実教寺の僧を褒賞している。褒賞は寄特者を手本として領民の間に「慈悲」や「孝行」の行いを広めようとするものであったが、洪水・飢饉という状況のなかだけに、持ち高が少なくても自力で成立《なりたち》を計る者や弱者救済に尽力する者の褒賞が目立つ。

しかし、以上のようなさまざまな努力にもかかわらず、飢人が流浪する状況は年内には解消しなかった。一二月二五日には郡奉行一人につき銀三〇貫目ずつを渡し、あらゆる工夫をして飢人を救うよう改めて命じている。また二八日には町奉行二人に銀一〇貫目ずつを渡し、同じように飢人救いを命じた。「かつゑ《（飢）》こゞゑ《（凍）》死候」者が一人でも出たら、奉行どもの「越度《おちど》」だと叱咤《しった》した。

また、郡奉行の在出《ざいで》制にあわせて、各郡に一人ずつ計一〇人の郡医者を遣わし、病人・飢人の療治にあたらせることとした。郡医者には扶持が与えられ、屋敷は一五間四方、近くの山林で自由に薪を取ることも許された。特に飢人が集中する城下町には一〇人の町医者が置かれた。療治がおぼつかない者があれば、入れ替えるように指示している。

### 天樹院拝借銀

洪水飢饉という非常事態に、家中や領民を救済するためには多額の資金が必要であった。この時光政を助けたのは天樹院であった。光政は以前にも天樹院から借銀したことがあった。寛永一二年（一六三五）の御手伝普請のために金一万六〇〇〇両、島原天草一揆の出陣準備のために金四〇〇〇両を借りていたのである。今回光政は鴻池など大坂商人からの借銀を嫌い、天樹院を通じて四万両の資金を調達した（田中誠二「藩政確立期の諸問題」）。内訳は、天樹院の手持ち銀二万両、天樹院の拝領金の先払い分一万両、天樹院名義の幕府城銀からの拝借銀が一万両であった。光政はこれを早速家中の困窮人への貸付や飢人の救恤金などにつぎ込んだ。

しかも天樹院借銀は無利子長年期返済であった。天樹院が亡くなる寛文六年（一六六六）までに以上の合計六万両の内三万二〇〇〇両は返済したが、残る二万八〇〇〇両はその死によって帳消しになった。天樹院が光政と岡山藩を救ったと言っても過言ではない。

### 「士共迷惑ハ百姓ノならざる故」

明けて承応四年（一六五五）正月二日、東照宮・国清寺などを参詣した後、家老以下重立った家臣一三〇人余りを召してじきじきに訓示した。

家中士《さむらい》たちのなかには、光政が「百姓計《ばかり》ヲ大切ニ仕、士共ヲハ有なしに仕候」と批判する者がいる。なんとも「愚知千万なる義」ではないか。「去年当年士共迷惑仕候ハ、百姓のならざる故とハ不知候哉」。「米ノ出来て、君臣町人ともニやしなハる、ハ、民が蔵なる事を不存候や」。その上、「民ノごときハみす〱餓死候」ものであるのに、「士ハかつ（飢）ゆると云事ハなき物にて候」。にもかかわらず「民ハくつろぎ候」などと、見もしないで「あな《（穴）》のさき《（先）》目《もく》ろミ」（狭い料簡）に言う者がいる。言語道断だ。「如此民ニ力ヲ尽スハ、当暮より士共ニ物成能とらせ、町人もうり《（売）》者をしてすぎ《（過）》、飢ふち《（扶持）》をやめ可申ためニて候」。百姓が作る米によって侍も町人も養われている。だから百姓が成り立たなければ士も町人も成り立たないのであり、いま百姓を救うのは士や町人のことを思ってのことだ。しかも民はすぐに餓死するが、侍が飢えるということはいまだかつてないことだと言葉厳しく説諭したのである。

あわせてこの日には、家中の者の倹約や借銀返済などについて知行高ごとに細かく指示している。家中も百姓もともに成り立つようにするというのが光政の立場であり、そのため今は百姓救いを優先させ、家中は倹約により凌いでいこうというのである。その基本的立場を新年にあたり改めて説いたのだ。翌三日には、平士四七〇人を集めて同じ訓辞を行った。

**「郡中法令留」**　ついで正月二一日、「郡中法令留」一四カ条を郡奉行に申し渡した。これは、洪水以来の措置を精査し当面する対策を総合的に指示したものであった。その内容は次の通りである。

①入国以来借り物の質に取っていた田畠は、売り主へただで返すこと。
②借銀・借米は今日切りに速やかに用捨すること。
③当年より横役《よこやく》はなしにすること。

④救恤目的などの奉公に出た者の切米《きりまい》（賃米）は、未進の差し継ぎにせずに（年貢未納分と相殺せずに）本人へ手渡すこと。
⑤庄屋給は村高や公役に応じて遣わすので、その内で万事始末すること。
⑥郡奉行・代官が村廻りする時の諸費用は自分賄いとし、横役として百姓から取り立てないこと。
⑦郡奉行・代官が在郷する建物が出来るまでは、庄屋宅に木賃《きちん》（燃料代ほどの宿泊料）を払って泊まること。
⑧公儀の役で交通するのに必要な費用は、所々に留め置いて庄屋・頭百姓が差配すること。
⑨今後田地の売買は三年切りにする。三年で受け返し出来ないときは、もう三年延長し、その後は売り主へただで返すこと。
⑩惣百姓がいやがるような庄屋は替え、入札などをして村中が好む者に申し付けること。
⑪免定《めんじょう》（年貢割付状）に記された出し米についてはありのままに小百姓に申し聞かせること。
⑫国中の麦相《むぎあい》（畠に対する加徴年貢で、高の一～七％が課せられていた）は免除する。
⑬在々借し物の利は、米は月一分半（一・五％）、金は一分（一％）とする。
⑭譜代の奉公人は、男は三〇歳、女は二五歳で暇を出すこと。今抱えている奉公人は、一五歳以下で抱えた者は一五年、一五歳以上で抱えた者は一〇年で暇を遣わすこと。

村方が困窮している状況に配慮し、百姓成立《なりたち》を考えたきめ細かな対策が指示されていると評価できるだろう。まず最初に、質物田畑の返還（①）と借銀米の返済免除（②）を、次いで横役の廃止（③）を指示している。横役というのは、村方の諸用に当てるため年貢に付加されるもので、大庄屋・庄屋による恣意的な徴収の禁止（⑥⑦⑧⑪）とともに百姓からの目安でも告発されていたものであった（磯田前掲論文）。奉公人切米の未進差し継ぎ（④）も庄屋の恣意に類することである。横役廃止の替わりに庄屋給米を村高や公役に応じて出すことにしている（⑤）。さらに、質入れ地の請け戻し（⑨）や借物の利の制限（⑬）・譜代の奉公人の「解放」（⑭）などは、庄屋などの土豪的百姓による村落支配を掣肘《せいちゅう》し、百姓家の減少をくい止めることで村方の再生を図ろうとするものであった。

以上のように領内仕置の基本路線が固められた。三月一四日、五四人いた代官が元の二七人体制に戻され、改めて二七人の代官が任命された。

### 「仁政行ハ一ッとしてなく候」

承応四年（一六五五）四月一二日、光政は参勤のため江戸に向かう。その前の一〇日に、飢人救いの実績を『日記』に書き付けた。家中士と武家奉公人を除いた国中人数は二五万九六人。昨年七月から今年四月までの死人は三六八四人。飢扶持を遣わした人数は、当年の四カ月だけで二〇万六七五二人であった。承応三年度の直高《なおしだか》に対する平シ《なら》免は一ッ六分（一六％）余にとどまった。表6に明らかなように、同年と翌年の低さは際立っている。なお、この表は、のちのちも参照する。

参勤の途中の四月一五日、光政は京都で板倉重宗に会っている。重宗は、洪水後の備前の仕置はうまくいっているようだと光政の労をねぎらった。それにしても「心学」のせいでこのような難儀が降

表6　平シ免の推移

| 年　代 | 西暦 | 平シ免 |
|---|---|---|
| 承応3年 | 1654 | 1.647000 |
| 明暦元年 | 1655 | 2.984000 |
| 2年 | 1656 | 3.633000 |
| 3年 | 1657 | 3.579000 |
| 万治元年 | 1658 | 3.613000 |
| 2年 | 1659 | 3.672000 |
| 3年 | 1660 | 3.353800 |
| 寛文元年 | 1661 | 3.758000 |
| 2年 | 1662 | 3.593000 |
| 3年 | 1663 | 3.492000 |
| 4年 | 1664 | 4.046000 |
| 5年 | 1665 | 4.034000 |
| 6年 | 1666 | 3.896500 |
| 7年 | 1667 | 4.130600 |
| 8年 | 1668 | 3.650800 |
| 9年 | 1669 | 4.130000 |
| 10年 | 1670 | 4.290200 |
| 11年 | 1671 | 4.276920 |
| 12年 | 1672 | 4.175200 |
| 延宝元年 | 1673 | 3.577900 |
| 2年 | 1674 | 3.363000 |
| 3年 | 1675 | 3.564310 |
| 4年 | 1676 | 3.853200 |
| 5年 | 1677 | 3.961470 |
| 6年 | 1678 | 3.868955 |
| 7年 | 1679 | 3.582088 |
| 8年 | 1680 | 3.304360 |
| 天和元年 | 1681 | 3.488360 |
| 2年 | 1682 | 3.826300 |

(註)各年度の「備陽国史類編」「留帳」(池田家文庫)より作成。

り掛かったのだと非難する者がいるが、実におかしな言い分だと光政の肩を持った。これに対して光政は、「其そしりハ実なる事と存候」と返事した。怪訝に思った重宗がどうしてそのように言うのかと問うたのに対して、光政は次のように答えた。

自分が「学問者」であるということは、天下にかくれもないことである。にも関わらず「仁政行ハ一ツとしてなく候へバ、名過《なすぎ》候、此天罰ハのがれさる所ニて候」。だからそのような非難は「そしりのやうニ候へ共、一段能《よき》教ニて候」。こう答えたのである。いかにも学問者として自己反省を忘れないという光政らしい発言だ。

これを聞いた重宗はますます感心し、「心学」が良い学問であることはよく分かった。ただし酒井忠勝は「御きらい」なので、当分は「無用」にするようにと制しているのだと、昨年と同じ忠告を繰り返した。光政は幕閣の意見より、国本の様子のほうが気になった。

## 2 「改革」と「心学者」たち

### 学問から実践へ

板倉重宗の誠意ある忠告は光政も身にしみていた。だから承応「改革」を始めるにあたっても、八月一九日に家老たちに次のように注意していた。

光政の度重なる勧めによって家老たちが蕃山の所へ学問を聞きに行くようになったのは、大変喜ばしいことだ。しかし、皆々が聞くということで「おど《（踊）》りのか丶りたる様ニ家中浮気ニ」なっているのは、好ましいことではない。それでは実はなく、逆に害になる。しかし、だからといって無用にしろというのではない。自分のためになると思う者は無用にする必要はない。こう注意したのである。

この時には横井養元も同席していたのだが、改めて八月二三日に養元を呼び出して叱った。養元が仕置職を退いた池田出羽と一緒になって光政の「悪口」を言いふらしていたようなのだ。加えて蕃山の「心学」についても「悪口」を言っていたようだ。そこで次のように叱ったのだ。

学問が「悪事」と思うならば、たって異見をし、それを主人が用いない時には是非もなくそしらずにいるものだ。それを自分が先頭になって主人の「悪口」を他国にまで言いふらす。これを主人を侮っていると言わずに何と言うのだ。これに限らず養元には主人を侮った行為が数多くある。物事は「りくつ」ではいかないものだ。よく自分のことを反省してみよ、と。

このほか光政が悪風であり仕置の妨げになるとして処罰した「男色」を人に勧めたことも、自分を軽んずることだと激怒している。「男色」をめぐっても光政と養元との武士観の違いが鮮明になった。そして「うつけヲ中者哉、今迄さへあるに、今より先ハ中〳〵堪忍ハ仕まじく候」と御前を去らせた。「心学」学習の意義は少しも後退していないが、非常時にはその実践が優先されるべきだ。そうした状況のなかで、古いタイプの学者である養元は最終的に退場する。

### 男色と武士

ところで、戦国時代から江戸時代初期にかけては、「男色」を「衆道」と呼び、武士道の華とする気風が広く存在していた（氏家幹人『武士道とエロス』）。しかし、光政は「男色」を「大不義」として一貫して否定している。特に「男色」のもつれから斬り合いになることも多く、「かぶき者」対策とあわせて厳しく処罰した。後のことになるが、万治元年（一六五八）には光政の留守中に「衆道」をはやらせたとして、四人の家臣が一挙に処罰され、その組頭の者も管理責任を問われて厳しく咎められている。「男色」執心の者は「私心ヲとげ可申為に」に男子を「遊女などのごとく取なし」たり、「まへガミ《前髪》おとさせまじき」と元服を阻止しようとするなど、「家」と「孝」を中心に武士の心懸けを考える光政にとっては、まさに「天理ニ背」く「大不義」の者であった。

翌年にも、あちこちで児小姓《こごしょう》に「男色」を仕掛けたとして大小姓の津田半大夫が切腹を申し付けられている。光政にとって「男色」は、単なる風俗ではなく、武家社会のあり方に関わる重要問題であった。のちに述べるように、蕃山は「男色」に対しては勧めはしないが黙認という態度であった。そのためか養元のように積極的に「男色」趣好を擁護することはなかったようで、この当時は「男色」

をめぐって光政と蕃山の間に亀裂が生じたようには見られない。ただし、晩年に光政は蕃山の「男色」に対する無原則な態度を非難するようになる。

### 蕃山の活躍

話を承応「改革」にもどそう。仕置の場で蕃山の意見を活用しようという考えは洪水の直前頃から光政のなかにあった。それが洪水後の仕置のなかで実現される。

　承応四年（一六五五）正月二日に光政は、激しい言葉で家中の士に訓示した。その後正月一三日に仕置の進め方について、家老の若狭・伊賀と相談している。

　これまで国中の仕置について種々申し付けてきたけれども、「万事我が思ふニいきたらず候」。なかなか思い通りにはいかない。光政自身が廻村するか、家老のうち一人でも廻したいと思うが、今はそれも叶わない。ついては蕃山を人知れず廻して、下々から細かなことを聞き取らせ、その場で済むことは蕃山に済まさせ、済まないことは光政の所に言ってくるようにさせようと思うがどうだろうか。

　これに対して家老両人は、「御心ニ不叶者」を遣わしたのでは「せんもなき事」だが、蕃山であれば「一段御尤」と返事した。そこで蕃山に銀子を渡して廻村させ、救い漏れの者があればそれも救うようにと申し含めて送り込むことになった。

　特に備中領分については「諫箱」の目安に基づいて蕃山が「せんさく」した結果、郡奉行の上田所左衛門が解任された。替わりに郡奉行となった都志《つし》源右衛門は、光政の「名代」として蕃山が廻村しているから、万事蕃山の指図通りに申し付けるよう光政から直接に指示されている。都志は寛永一九年（一六四二）の第一の「改革」以来代官を務め、慶安二年（一六四九）からは上道郡の郡奉行などを歴任していた(『家中諸士家譜五音寄』)。光政の覚え目出度《めでた》く、第三の「改革」期には代官頭として活躍することになる。

さらに四月朔日には、光政留守中の領内仕置について、家老で分からないことについては蕃山を廻村させて、蕃山に済まさせるよう指示した。四月一〇日には在方仕置についての四カ条の書付を蕃山が提出し、家老・郡奉行・代官で検討した結果、いずれも尤もということで、そのまま申し付けられることになった。

この時期藩の在方仕置は蕃山を中心に動いており、このような蕃山の位置を田中誠二は「事実上の郡代」と評している(「寛文期の岡山藩政」)。表7に慶安四年(一六五一)から明暦三年(一六五七)までの蕃山組の構成を示した。承応「改革」期を通じて蕃山組が拡張され、藩政の前線で活躍する様子がうかがえるだろう。

### 中江派の取り立て

承応「改革」では蕃山とともに中江藤樹の弟子たちも活躍した。

『有斐録』は光政が中江藤樹を尊敬し、江戸参勤の往来に大津辺りに出てまみえたり、旅館に招いて饗応閑話したとの逸話を記している。先にふれた光政と蕃山の出会いからすれば、蕃山が三〇〇石の近習に取り立てられる正保四年(一六四七)二月一四日以前に光政が藤樹の学問を理解していたとは考えにくい。藤樹は慶安元年(一六四八)八月二五日に亡くなっている。この逸話が事実とすれば、正保四年三月に江戸に向かう途中か、慶安元年六月に帰国するときのことと思われる。藤樹没後も光政はかれの学問を尊崇した。とくに『孝経』を通じて「孝」をすべての徳目の

表7　熊沢蕃山組の構成

| 慶安4年（1651） | | 承応4年（1655） | | 明暦3年（1657） | | |
|---|---|---|---|---|---|---|
| 熊沢助右衛門 | 3000石 | 熊沢助右衛門 | 3000石 | 熊沢助右衛門 | 3000石 | 八之丞 |
| | | 岩井九郎左衛門 | 500石 | 岩井九郎右衛門 | 500石 | |
| | | 西村孫之進 | 50人扶持 | | | |
| | | | | 先山武右衛門 | 400石 | 新組頭 |
| | | | | 川村平太兵衛 | 300石 | 新与頭 |
| 岩根源左衛門 | 450石 | 岩根源左衛門 | 450石 | 岩根源左衛門 | 450石 | |
| | | 山本茂左衛門 | 450石 | 山本茂左衛門 | 450石 | |
| | | 国府兵左衛門 | 400石 | | | |
| | | | | 香西九郎右衛門 | 350石 | |
| 石黒藤兵衛 | 300石 | | | | | |
| 西村源五郎 | 300石 | 西村源五郎 | 300石 | 西村源五郎 | 300石 | 郡奉行 |
| | | 大野十兵衛 | 300石 | | | |
| | | 雀部六左衛門 | 300石 | 雀部六左衛門 | 300石 | |
| | | | | 雀部次郎兵衛 | 250石 | 郡奉行 |
| 熊沢権八 | 200石 | 熊沢権八 | 200石 | 熊沢権八 | 200石 | |
| 藤岡八郎兵衛 | 200石 | 藤岡八郎兵衛 | 200石 | 藤岡八郎兵衛 | 200石 | |
| | | 丹羽又四郎 | 200石 | | | |
| 安藤九郎左衛門 | 200石 | 安藤徳兵衛 | 200石 | 安東徳兵衛 | 200石 | 無与小姓へ入 |
| 田路助之進 | 200石 | 田路助之進 | 200石 | 田路助之進 | 200石 | |
| | | 坂田権兵衛 | 200石 | 坂田権兵衛 | 200石 | |
| | | 伊藤左五右衛門 | 200石 | 伊藤左五右衛門 | 200石 | |
| | | 森本与三兵衛 | 200石 | 森本与三兵衛 | 200石 | 小姓ニ入 |
| | | | | 山田弥左衛門 | 200石 | |
| | | | | 香川又右衛門 | 200石 | |
| | | 安井六郎左衛門 | 170石 | 安井六郎左衛門 | 170石 | 樋奉行 |
| | | 三好久左衛門 | 160石 | 三好久左衛門 | 160石 | |
| 青木善大夫 | 150石 | | | | | |
| 安積七郎兵衛 | 150石 | | | | | |
| | | 渡部伝兵衛 | 150石 | 渡部伝兵衛 | 150石 | |
| | | 斎木七右衛門 | 150石 | 斎木四郎左衛門 | 150石 | 郡奉行 |
| 古田半兵衛 | 50俵 | 古田源介 | 50俵 | 古田源助 | 50俵 | |
| 吉崎甚兵衛 | 50俵 | | | 吉崎甚兵衛 | 50俵 | 郡奉行 |
| 国枝平助 | 50俵 | 国枝平助 | 50俵 | 国枝平助 | 50俵 | |

（註）各年度の「士帳」（池田家文庫）より作成。アミカケの人物は一貫して蕃山組の者。明暦3年の備考は同年の「士帳」に書き込まれているもの。

根元におく思想を共有した。これは蕃山にも共通している。

藤樹の死を契機にしてであろう、光政は藤樹門下の儒者たちを家臣に登用するようになる。慶安元年（一六四八）秋に加世《かせ》八兵衛が召し抱えられたのが早い例で、次いで慶安二年（一六四九）春に中村又之丞、慶安三年（一六五〇）夏に中川権左衛門が抱えられた。彼らは同じ頃に召し抱えられた藤樹長男の中江太右衛門とともに花畠に居住し、「心学」流行のもう一つの中心になった。太右衛門が亡くなると次男の中江虎之介が慶安四年（一六五一）二月二一日に召し抱えられ、この虎之介のもとに中江派が形成されるようになる。先にふれたように蕃山を嫌った池田出羽は中川権左衛門に近付いており、蕃山と中江派とは同じ花畠にありながら最初から距離を置いていたようだ。

中川権左衛門について『有斐録』は次のような逸話を記している。あるとき光政が家老たちに、自分に誤りがあれば必ず諫めるようにと説諭した。これを聞いていた中川が末席から光政を諫めた。「公は威厳有て、殊に聡明におはします。又疱瘡のあと有て、たまく怒らせ給ふ時は、一目とも見られずと、人々皆申候」。このようなことでは、だれも怖がって諫言できません。まず公が「柔和」になって諫める者を賞されれば、「言路開て、御益有べき」と直言した。退席した後で加世八兵衛が「余りな事」と中川をたしなめた。中川は「国家の為に無礼を忘れたり」と言った、というのである。加世が協調的であるのに、中川はいかにも剛直な性格だったようだ。どこか蕃山に似ている。

慶安三年には蕃山実弟の泉八右衛門（仲愛《ちゅうあい》）も召し出されている。初め肥前平戸藩に仕えたが致仕をしてやはり中江藤樹に学んだ。『有斐録』は、評定に出る八右衛門は何事も言わないが、逆に誰もかれの前では虚妄のことを言えない、という逸話を紹介し、その篤実な人柄を光政が重んじたと記す。こうした人柄ゆえに、八右衛門は蕃山と中江派を仲介するような位置にあった。また、その学識と人柄を買われて、承応元年（一六五二）には五〇〇石の児小姓頭として嫡男綱政に付けられている。

さて、再び承応「改革」に話をもどそう。蕃山に廻村を命じた前日の承応四年（一六五五）正月一二日、光政は、町の末々に非人が増えているので、銀子五貫目を中江虎之介方に遣わして、救い漏れの者があれば救うように申し渡した。さらに正月二七日には、中小姓・馬廻《うままわり》・士《さむらい》鉄砲・歩《かち》之者とともに虎之介方にいる牢人にも一人に銀子一〇〇目ずつを持たせ、村々をよく調べて救い落としの飢人がいれば、少しずつでも銀子を遣わすように申し渡している。

このように中江派の者たちも在方仕置の最前線に投入されたのである。

## 蕃山と中江派との不和

承応四年は四月一三日に改元されて明暦元年となる。江戸に参勤した光政は、国本の事が気になって仕方がなかっただろう。八月、光政のもとに蕃山と中江派の三人の者とが不和になっているとの報が届いた。三人とは中川・加世・中村のことだと思われる（田中誠二「藩政確立期の諸問題」）。光政は弟の泉八右衛門に、三人と「成《なる》ほどハ和スルやうに」と蕃山を説得するよう命じた。どうしても和することができないのなら、それは仕方ない事だが、だからといって三人を他国へ追放することもできない。何とか備前にいても障りがないようにしたいと光政は思案した。田中は両者の不和の原因は「男色」に対する態度の違いであったという。それもあったかも知れないが、当面する状況からすれば、飢人救済をめぐる対応の違いが表面化したのではないだろうか。蕃山が飢人の徹底した救済を行おうとしたのに対して、三人は救いの条件を厳しくし百姓に厳格に対処しようとしたのではないだろうか。

光政は蕃山の「やまい」は、「物ヲ聞入、善と知テハすゝむ所きハど二候、事ノ上誤ハ皆此はげしき所より出来候か」と述べている。出羽が嫌ったのも、こうした蕃山の直情一途な激しい性格のせいだろう。とくに剛直な中川とは角突き合わせたに違いない。

同年一二月八日、中川・加世・中村の三人は二〇〇石を与えられ馬廻に取り立てられた。翌明暦二年（一六五六）閏四月、加世と中村は津高郡紙工《しとり》村に在郷することになる。光政は、中江派と蕃山を引き離すことで、両者の対立を緩和しようとしたのだろう。中川は翌々明暦三年（一六五七）八月に和気郡大田原村に引っ越し、さらに同年一二月には加世・中村らのいる紙工村へ在郷するよう命じられている。同じ頃中江虎之介の弟二人も五〇俵五人扶持で召し抱えられた。

こうしたなかで藩内での蕃山に対する風当たりが強くなった。蕃山は隠退の意向をほのめかしたようだが、明暦二年閏四月二三日光政は「無用ノ事」とその動きを押しとどめた。

## 明暦二年の蕃山

明暦二年五月八日光政は江戸を発足し、二五日岡山に帰城する。二九日当年の土《ど》免《めん》が知らされ、大方三ツ八分（三八％）の少し上に置かれていた。明暦元年の平《なら》シ免は三ツ（三〇％）を切ったが、この年は例年並みが見込めそうで、光政も少し安心した。在方も少し落ち着きを取り戻していたようだ。

しかし、家中には光政の仕置に対する不満が根強く残っていた。六月一八日出羽が言上したいことがあるというので対面した。出羽は、「去々年ノ洪水ニ御家中之者かんなん（艱難）仕致迷惑候ニ、御あハれ（憐）ミの御意ハ無之」、「民へハ御すくい被成、士をバ御しかり被成候」と光政を批判した。光政は、「百姓すくいの事、さやうに急《きつ》とめ（目）にみえ利ヲ遣候ハ悪事と聞及候、百姓も不知様ニ成立候様ニ仕候が上手ノ仕置ニて候」と応えている。端からも百姓をはっきりと利していると見えるのはよくない。百姓自身も知らないうちに成り立つようにするのが上手な仕置だというのである。

七月二八日、郡奉行に百姓の分家禁止を指示した。分家・分地によって経営基盤が弱くなり百姓が潰れるのを防ごうとするもので、谷口澄夫は当時在方仕置にあたっていた蕃山の考えによるものではないかと推定している（『岡山藩政史の研究』）。

在方仕置の重点は飢人の救済から経営基盤の整備へと移っていた。郡奉行たちは、用水の整備や新田開発など土木工事に取り組むようになる。八月二六日鷹狩りのついでに児島郡を巡見した光政は、郡内に多くの溜池を築造した郡奉行の石川善右衛門を褒賞した。一一月一五日には、先山武右衛門に一五〇石を加増し士鉄砲頭《さむらいてっぽうがしら》とした。武右衛門の父百右衛門は大坂の陣のとき利隆に召し出された人物で、武右衛門はその家督二五〇石を元和四年（一六一八）に相続している。その後代官役などを歴任して、地方支配には習熟していた（『家中諸士家譜五音寄』）。この先山組は蕃山に預けられ、「郡普請之事」を担当することとなった。郡の土木事業が蕃山の指揮のもとに行われることになったのである。

一二月二五日蕃山は光政の三男である八之丞（のちの輝録《てるとし》）を養嗣に貰い請けたいと願い出た。八之丞は譜代の重臣である若原監物《けんもつ》の養子となっていたが、監物に実子が生まれたため申し出たのであった。自分は「御取立」の身であるから実子が出来ても知行を渡す積もりはなく、名字も池田として知行を八之丞に嗣がせたいという。こうした蕃山の申し出に対して監物は、「迷惑」とは存じながら、「余人申候ハヾ達而御理《ことわり》可申候へ共、助右衛門義ニて候へバ、御そだち定而能可有御座候」と応えた。他の者であれば断るところだが、蕃山であれば八之丞も立派に育つに違いないと喜んだのである。翌二六日光政は監物を召して、これまでの八之丞養育の労をねぎらうとともに、後々の事を考えて八之丞は蕃山に預ける事にした、と申し聞かせた。

これより先の明暦二年（一六五六）に和気郡木谷《きたに》村で狩をしていた蕃山は、山口から倒れ落ちて手足を痛めていた。これが原因で隠退を考え始めたとのことだが、八之丞

## 蕃山の隠退

養嗣のことも隠退に向けての準備だったのだろう。

明くる明暦三年（一六五七）一月九日、蕃山は「病者」であるので去年のように方々に出かけて郡々日用《ひよう》普請を申し付ける事が出来ないため、半弥（小堀半弥か）が替わってその役を務めることになった。一一日には蕃山から当年の日用普請は五〇〇〇石にしたいとの申し出があった。

一二日蕃山は「病者ニ罷成候条、組中之事きも入不相成候間、召上られ可被下、左なく候ハヾ信ノ如ニ被仰付可被下候」と申し出た。信濃は光政の次男政言《まさつぐ》のこと。はじめ家臣の番和泉の養子になっていたが、その後一族の池田信濃政信の跡を嗣いで五〇〇〇石の番頭として家臣に列し、池田信濃を名乗っていた。光政は「信ノ如ニ仕可申付」と返答しており、三〇〇〇石番頭の家を八之丞が相続し、蕃山は隠居することになった。また、蕃山が「万事かまハず二三年も養生仕、一度御奉公仕度」と申

したのに対して、光政は「ずいぶん養生可仕」とのみ返答している。蕃山としては暫く様子を見ようということだったかもしれない。しかし、前年に比べて光政には強く慰留する気配が感じられない。藩内での蕃山に対する圧力がそれだけ強まっていたのだろうか。隠退した蕃山は給地であった和気郡寺口村《てらくち》（蕃山村《しげやま》）に在郷し、八月二日には八之丞も岡山城を出て、蕃山のもとに移った。このとき八之丞は九歳であった。

### その後の蕃山と中江派

その後蕃山は蕃山村に居住して八之丞の養育にあたった。ただし、藩政の前線では蕃山の息の掛かった藩士が活躍しており、藩政に対する隠然たる影響は残った。また、万治三年（一六六〇）から四年（一六六一）にかけては豊後岡藩におもむき、藩政改革を指導している。これは岡藩主中川山城守久清が酒井忠清と光政とに相談し、「先年備前洪水の時、助右衛門ニ申付、下民かんなんヲすくハせ申候故、飢人もなく候、左様事ニハえ《(得)》申物ニて候」ということで遣わされることになったものであった。承応「改革」での蕃山の活躍が広く知れ渡り民政が得意だという評判が広がっていた。光政も蕃山への信頼を失っていないようだ。しかし、それが一段落した寛文元年（一六六一）中に蕃山は岡山を離れて京都に移住し、上御霊《かみごりょう》に住むことになる。

他方、紙工村に在郷した中江派の三人は、城内で「四季御忌日御祭」が行われる時には光政の命で岡山に出て、祭祀の御用を勤めた。万治元年（一六五八）夏に、中心になっていた中川権左衛門が亡くなった。中江派も少しは穏やかになっただろう。加世八兵衛と中村又之丞の二人は、万治二年（一六五九）一二月末に祖廟の役儀を仰せ付けられ、翌年には岡山城下に移り住んで、毎日交替で祖廟の見廻りと「諸事見及び」を命じられた。

光政は両者を引き離しつつ、それぞれの得手な仕事をさせるように配慮したが、両者が和解することはなかった。

なお、泉八右衛門も万治二年（一六五九）四月二四日に綱政付きを解かれ、在郷を許された。「八右衛門ヲバ学者と皆人目ヲ付候故、悪事ハ申なし、能事ハ不申、諸人めをつけ候」ということであった。家中では蕃山派などの学問者に対する風当たりが引き続き強かった。八右衛門は「並ノ足軽大将」として「在郷鉄砲（士鉄砲）廿丁」を預けられ、「祭ノ時ハ罷出、祝《はふり》ノ役可仕」と命じられた。ただし、綱政も親しく頼りにしているので、ときどきは綱政のもとに伺候するようにとも申し聞かせた。

## 3 仕置の模索

### 明暦の大火

明暦二年（一六五六）度の平シ免は結局三ツ六分（三六％）余にとどまったが、ほぼ例年並みを確保した（一〇〇頁、表6）。ところが明暦三年（一六五七）には新たな災難が岡山藩を襲う。

この年正月一八日から一九日にかけて、江戸であいついで火事が起こり、市街の大半が焼失した。いわゆる明暦の大火である。岡山藩の江戸屋敷もことごとく焼失した。火事の報は二六日に岡山に届いた。光政は、翌二七日に仕置家老の日置若狭を江戸作事のために急遽派遣することにした。

二月二三日、家老の出羽と伊賀が、火事のため何かと物入りなので、物成のうち免二分通り（年貢率二％分）を三年間献上したいと申し出た。光政は家中の忠義に感謝するとともに、二分通りのことは家臣から四、五年と申し出たものを、こちらから三年と申し付けるのが「家中之ため」にも「我等為」にもなり、また「世間」の受けもよいだろうと答えた。ただし、近年は何かと家中に苦労をかけていることでもあり、当面は借銀でしのぎ、どうしてもできないときに改めて申し出るようにと申し付けた。

翌二四・二五日には、町中および郡々より作事のために金銀材木はじめ畳・瓦・釘などを献上したいとの申し出があった。船や人足を提供したいと申し出る郡もあった。これに対して光政は、志は寄《き》特《とく》に感じるが、この度は藩の費用で作事はととのうので無用であること、それよりも「常々こうさく（耕作）ニ情ヲ入、御年貢油断不仕段、何より之可為御奉公候《ごほうこうたるべく》」と答えた。このことは二八日に伊賀の屋敷に町年寄や庄屋たちを集めて、伊賀より申し聞かされた。

藩主が困ったときに家中や領民が援助を申し出るのは、日頃の「仁政」に対する「報恩」の行いであり、藩主はそれを感謝して辞退することでさらに「仁政」を確認する。こうした「仁政」をめぐる政治的パフォーマンスが透けて見えるが、両者はそれを真面目に演じている。災害は、多かれ少なかれ、「仁政」の現実が問われる場であった。常に治者らしく振る舞おうとする光政の姿が印象的だ。

「百姓と云物ハ」

三月二日、郡奉行を呼び出して、一人一人から「百姓之けいき（景気）」について報告させた。承応の洪水以来光政が続けていることである。そのあとで、最近の郡奉行の心得は間違っているとして、次のように諭した。

誰もが「百姓と云物ハ、米ヲバくわぬもの、ぬか（糠）・はしか（芒）なる食物ニする物ニて候」と思っているが、そうではない。「惣《そうじ》テ百姓も人ニて候へバ、米ヲ食するはづニて候へ共、えくわざるやうニ此方より仕置仕故、近年ハくい不申候」。百姓はもともと米を食わないのではなく、こちらから「えくわざるやうニ」、食べることが出来ないように仕置しているので食べないだけだ。つまり、上からの仕置次第でどうにでもなるものだというのである。だから、「面々がおこたらず心ニ入さへ仕候ハヾ、いかやうの事も出来可申候」と仕置の役割について郡奉行が自覚するよう諭したのだ。

次いで、自国の民が一人の「うへ（餓）かつへ（飢）人」もなく「国富さかへる」ことが、家臣は自分への奉公、自分は上様への奉公と「安民治国奉公」論を述べたうえで、だからといって「たゞ慈悲と計《ばかり》がてん（合点）仕」は誤りだ。「其者一人の覚悟ニ仍テ、諸人習悪成候か、国ノ為ニ不成者ハ、不便《ふびん》ながら百人なりとも成敗可仕候」と厳しい措置を命じている。

このように郡奉行を説諭したのには、光政なりの危機意識があった。「火事ニ付、一両年などニきゝん参候共、百姓救候事罷成まじく候」という財政危機である。ここで飢饉にでもなれば「一国之民うへこゞゑ、亡所ニ成」。そうなれば「上様より御改易ニ被仰付候ハでハ不叶事ニ候」というのである。池田の「家」の存亡に関わるというわけだ。洪水からの復興はなったものの、引き続き気を許せない状況が続いていた。

五月一五日、郡奉行の提案によって畝麦《せむぎ》が行われることになった。畝麦とは、畑方の麦はすべて、田方は一反につき二升ずつを庄屋の手元に集め置き、飢饉に備えようという制度である。貯穀する倉を畝麦倉《せみぐら》といい、管理は村方にまかされた。洪水飢饉の経験から生み出された制度で、岡山藩では江戸時代を通じて維持された。

明暦三年の六月から八月にかけては、和気郡友延《とものぶ》新田、上東郡の「竹嶋前金岡までノ新田」、上道郡の「中川前ノ新田」、「邑久ノ新田所」の見分があいついで行われた。財政基盤拡大のための新田開発が本格化する。

## 万治年間の光政

翌万治元年（一六五八）は全国的に不作であった。米価高騰・諸国困窮のため酒造半減令が幕府から出された。光政も来年は飢饉になるかもしれないと心配で、年末の閏一二月二二日には、来年は正月の餅もおせちの振舞も無用であると百姓に命じるよう仕置家老に指示した。万治二年（一六五九）三月七日、参勤出船を前に惣代官を召し上げて、「当年ハ一入《ひとしお》大事ノ年也、急度《きっと》情ヲ出し可申」と説諭した。とても「こまかに」支配する自信がない者は、自分から「ことハり可申」とも申し付けている。光政の督励のかいあってか、この年も平シ免は前年に続いて三ツ六分（三六％）代を確保した（一〇〇頁、表6）。

万治三年（一六六〇）二月二一日、在江戸中の光政のもとに、家老の池田出羽から逼塞《ひっそく》の願いが出された。借銀がかさんで財政不如意のため、格式の礼儀が勤められないというのである。先年よりたびたびのことなので、これが最後だと厳しく言い含めて許した。洪水以来年貢収入が伸び悩み、家中の「すりきり」（窮乏）が進んでいた。光政のやり方への不満もくすぶっていた。

同年六月六日岡山着船。すぐに御廟に参詣した。七月朔日、番頭・旗頭・鑓《やり》奉行・新組頭に欠員ができたので、家老・番頭たちに入札させることにした。目安や入札は、不満を解消し合意を調達するために光政がよくとる手法である。二〇人からの入札を光政はすべて『日記』に書き取った。番頭には札の多かった池田藤右衛門と草加兵部（宇右衛門）を抜擢した。藤右衛門は一〇〇〇石加増の一五〇〇石、兵部は父とは別に新知二〇〇〇石を与えられた。このとき、津田左源太（重二郎永忠の父）が信濃組の組頭に抜擢されている。池田藤右衛門の跡役であった。

万治四年（一六六一）正月二〇日、江戸で再び大火が起こった。岡山藩の江戸屋敷はまたも焼失した。この報は二七日に岡山に届いている。このたびも家中から献納の申し出があった。度重なることなので、光政も今回は受けることにした。町々からは「やね（屋根）竹くぎ（釘）三百俵」の申し出があり、受けた。郡々からは一郡につき「たゝミ（畳）ノ床五百づゝ」との申し出があったが、半分を受けることにした。藩財政の逼迫が進んでいたのだろう。

三月朔日、郡奉行を呼び集めて、当年は「あたハぬ免」（不適当に高い年貢率）を申し付けないよう注意した。このところ年貢収納が悪く、おまけに今年は火事もあった。確かに万治三年の平シ免は三ツ三分（三三％）余に落ち込んでいる（表6）。家中には「年々百姓すくい候へ共、免も上り不申」という不満があり、「去暮ニハ百姓共町方ニて調《ととのえ》物じゆんたく（潤沢）ニ仕候」などと言う者もいる。一国中がそうであるならば「一段満足」なのだが、「をしなべて左様ニハ有まじく候」。例えば一村に困窮者が二人いたとしても、それを全領の「七百八十村」にあててみれば、「おびたゞしき事」になる。それも分からずに、「わきより《脇》」の意見に押されて「あたハざる高免」を申し付けるようなことがないよう、念を押したのだ。もちろん「むざと免もやす《安》く仕候へ」と言うのではない。「つまる所ハ百姓つよく成、こうさく《耕作》ニ情ヲ入させ候より外ハなく候」と、光政の信念を繰り返した。

『日記』万治四年四月一八日にちょっと興味深い記事がある。この日光政は児島郡の日比《ひび》（現玉野市）へ鯛網見学に出かけた。自らも海上に出て、船の備えも見た。「首尾一段能候事」と感想を記している。光政は参勤の節に、大坂と岡山の間はほとんど船で往復している。船に乗るのは好みであったようだ。この日は「鯛一あミ三千」ばかりが捕れた。そのうち千枚ほどをととのえさせて、「家中不残、中小性・小々性・隠居まで」遣わした。祝儀としての鯛網の例である。光政としては、このところの家中の労をねぎらったつもりだろう。

この年正月一五日には京都でも大火があり、禁裏が炎上した。四月二五日改元して寛文となった。閏八月九日、光政は雨と風のなかを出船、江戸に参勤した。

## 4　郡奉行・村代官と「こまかな」支配

### 郡奉行のスクリーニング

明暦・万治期は、まさに仕置の模索期であった。そのなかから次第に一つのかたちが見えてくる。

先にもふれたように（九一頁）、洪水後の非常時にとられた郡奉行二〇人体制は、承応三年（一六五四）一二月一二日に解消され、あらたに郡奉行一一人が任命されていた（図3）。うち五人（川村・都志・野間・雀部《ささべ》・上田）は継続、残る六人のうち安藤を除く五人（尾関・西村・吉崎・波多野・石川）は郡奉行・代官・検見役人の経験者であった。

洪水後の「改革」では、郡奉行は在出《ざいで》制となり、郡に打ちはまって仕置するよう命じられ、蕃山や横目が郡々を廻ってその正路・不正路を「せんさく」し、逐一光政に報告した。こうして実践のなかで郡奉行がスクリーニング（ふるい分け）されていく。その最初のやり玉にあがったのは備中郡奉行の上田所左衛門で、郡からの目安に基づく蕃山の調査によって閉門となったことは先にふれた（九四頁）。これは不正路な例だが、優秀な例としては溜池造成に尽力した児島郡の石川善右衛門が挙げられる。かれが光政によって直接褒賞されたことも先にふれている（一〇九頁）。

もう一人、西村源五郎を取り上げてみよう。西村は河内国の出身で、二二歳のとき大坂町奉行久貝因幡守に召し抱えられ、正保元年・二年（一六四四・四五）とそのもとにあった。慶安三年（一六五〇）岡山藩に召し出され、九月朔日に光政に御目見《おめみえ》している（『家中諸士家譜五音寄』）。ちょうど中江派が召し抱えられている時期であり、父が熊沢蕃山を推挙した京極氏に仕えていたこともあるから、蕃山の息の掛かった者であったと思われる。慶安四年（一六五一）一月一五日には三〇〇石の折紙を与えられ、蕃山組となった。承応「改革」が始まると、八月一四日に国中検見の者六〇人が任じられたうちの一人に選ばれており、一〇月一八日に代官が五四人に増員されたときにも、その一人になっている。そして、一二月一二日には一一人の郡奉行の一人に抜擢され、尾関与二右衛門《おぜきよじえもん》とともに邑久郡を

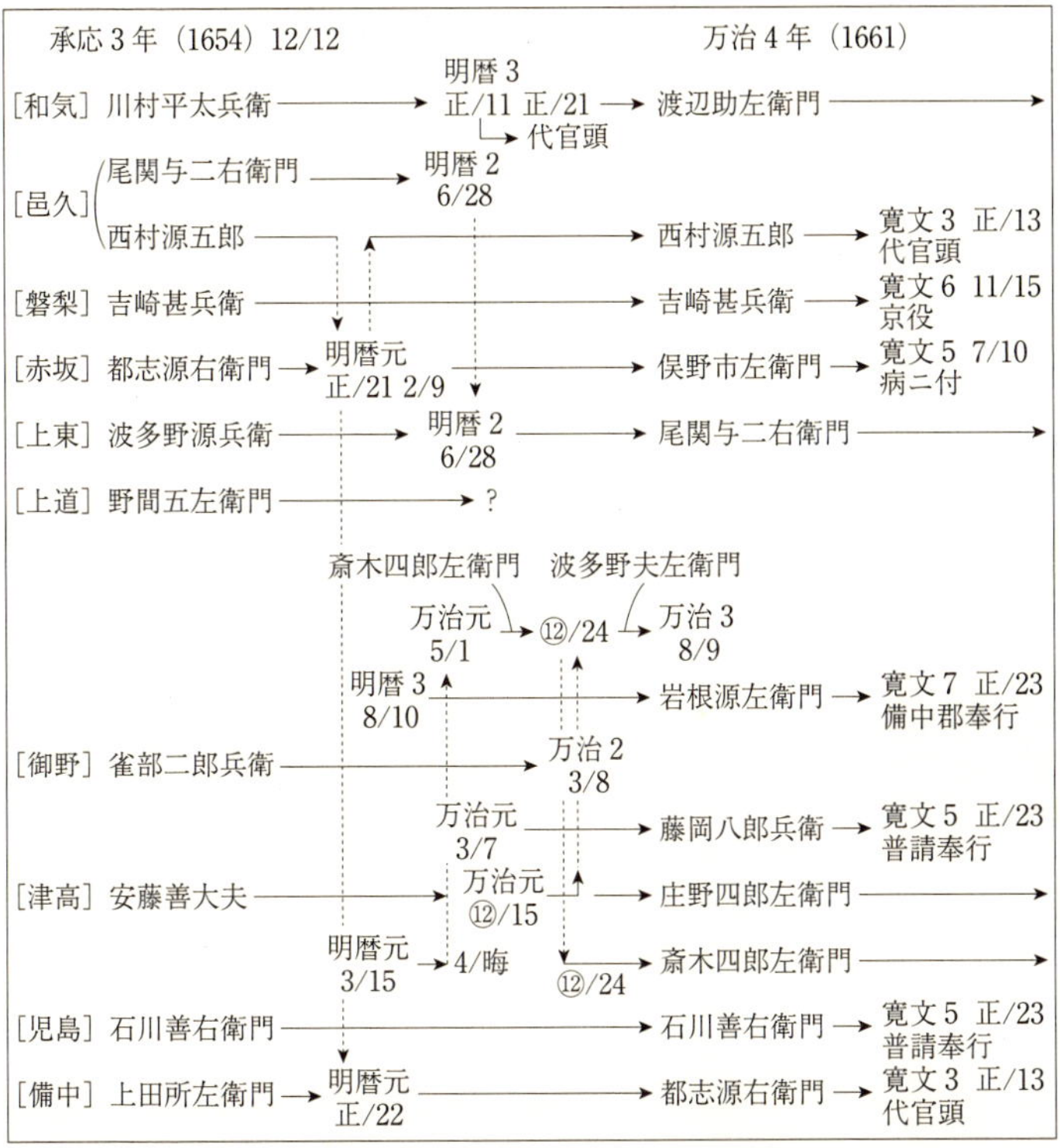
承応3年（1654）12/12
万治4年（1661）
［和気］川村平太兵衛
明暦3
正/11 正/21
代官頭
渡辺助左衛門
［邑久］
尾関与二右衛門
明暦2
6/28
西村源五郎
西村源五郎
寛文3　正/13
代官頭
［磐梨］吉崎甚兵衛
吉崎甚兵衛
寛文6　11/15
京役
［赤坂］都志源右衛門
明暦元
正/21 2/9
保野市左衛門
寛文5　7/10
病ニ付
［上東］波多野源兵衛
明暦2
6/28
尾関与二右衛門
［上道］野間五左衛門
？
斎木四郎左衛門
波多野夫左衛門
万治元
5/1
⑫/24
万治3
8/9
明暦3
8/10
岩根源左衛門
寛文7　正/23
備中郡奉行
［御野］雀部二郎兵衛
万治2
3/8
万治元
3/7
藤岡八郎兵衛
寛文5　正/23
普請奉行
［津高］安藤善大夫
万治元
⑫/15
庄野四郎左衛門
明暦元
3/15
4/晦
斎木四郎左衛門
⑫/24
［児島］石川善右衛門
石川善右衛門
寛文5　正/23
普請奉行
［備中］上田所左衛門
明暦元
正/22
都志源右衛門
寛文3　正/13
代官頭

**図3　承応〜万治期の郡奉行の変遷**

（註）○付の月は閏月を指す。

担当した。

翌承応四年（一六五五）正月二一日、上田解任の跡へ都志源右衛門が転任すると、西村は都志の跡の赤坂郡へ移るよう命じられた。すると邑久郡から目安が五通も上げられる。「邑久郡ノ百姓共おや（親）ニはなれ（離）候ごとくなき（泣）かなし（悲）ミ候」ということであった。邑久は「大郡」だということもあり、結局西村は邑久郡に帰されることになった。邑久郡からは「悦《よろこび》ノ書付」が目安で上がった。

明暦二年（一六五六）六月二八日に尾関が上東郡に転じると、西村は一人で邑久郡を担当する。この間邑久郡は村代官の導入など光政が推進する「こまかな」支配のモデル郡になり、寛文三年（一六六三）正月一三日西村は川村平太兵衛・都志源右衛門とともに代官頭に任じられた。これらについてはのちに述べる。寛文七年（一六六七）代官頭と四〇〇石の職知を返上し、この年から延宝六年（一六七八）まで寺社奉行を務める。天和二年（一六八二）光政が亡くなると大坂で「立退《たちのき》」（退去）、「趣意不見」（理由不明）となっている。まさに光政一代限りの家臣であった。

もう一つ例として津高郡・上道郡の場合を見てみよう。この両郡の郡奉行は複雑な交替をしている。洪水後の一二月に任命された郡奉行は、津高郡は安藤善大夫、上道郡は野間五左衛門であった。野間は承応二年（一六五三）一月二二日から郡奉行を務めていた。承応四年（一六五五）三月一五日斎木《さいき》四郎左衛門が津高郡奉行に任じられ、安藤と二人制になった。斎木は洪水後に津高郡の代官を務めていた。郡内の評判もよかったのだろう。明暦三年（一六五七）八月一〇日野間に替わって岩根源左衛門が上道郡奉行になる。明暦四年（一六五八）五月朔日斎木四郎左衛門が上道郡奉行に転じ、岩根との二人制になる。この時期上道郡地先《ちさき》の児島湾で新田開発が計画されており、そのために体制を強化したのだろう。同年閏一二月一五日津高郡奉行の安藤が信濃（政言）の「家老」に任じられた。信濃は光政の次男だが、一族の池田信濃の家を継いでいた。安藤に対する光政の信任が篤かったのだろう。百姓から上がった目安にも「洪水此方種々御恵候」とあり、郡奉行としても正路であったに違いない。跡には波多野夫左衛門が任じられた。波多野も洪水後に備中浅口郡の代官を務めており、それなりに優秀であったのだろう。これに対して閏一二月二四日に津高郡の庄屋三八人が連名で安藤の交替を「迷惑」とする目安を上げた。それには、「木ニはなれ（離）候さる（猿）ノ如ニ存候」とあった。庄屋たちは、斎木は津高郡の様子をよく知っているので、替わりに斎木を戻してくれるように願った。その結果、斎木が津高郡に戻り、波多野は上道郡の担当となった。これに対して今度は上道郡の百姓たちが斎木に留まって欲しいと歎願した。正路な役人は地元からの信任も篤い。しかし、この願いは認められなかった。

結果的に、この人事は失敗であった。万治三年（一六六〇）八月九日波多野は松崎前新田をめぐる不正が発覚し、改易になった。手代の市右衛門にそそのかされたようで、市右衛門とその仲間の国府市場村三郎兵衛とが「はり付」、そのほかの咎人《とがにん》は追放や「ゆびきり（指切）」に処せられた。その後松崎前新田は岩根のもとで完成され、翌万治四年（一六六一）正月一三日に岩根による見分が行われた。

郡奉行のスクリーニングはほぼ万治年間で終了する。これによって光政の眼鏡にかなった役人集団が形成された。

## 郡奉行と郡絵図

池田家文庫に万治四年＝寛文元年頃に作成された郡絵図が残されている（表8）。これらの絵図は様式がバラバラで、藩が統一的に作成したものではない。光政が作成を指示したとしても、内容まで指示したものではない。基本は郡奉行が自らの郡方支配のために作成した絵図であり、彼らの関心の有り様が反映されたものである。郡絵図に共通する特徴としては次のようなことが指摘できる。

(1)治水への関心が高い。井堰・水路・堤・溜池などの施設について形状や規模が把握されている。

(2)交通への関心も高い。道（かち道・馬道）・橋（板はし・土はし・石はし）・川渡り（かち・舟）など。川の幅と深さ、川中の堰や舟道の広さなど。一里塚や辻堂を描くものもある。

(3)耕地については「ふけ田」（深田）を特に注記するものがあり、山については草山・柴山・林山を描き分けているものがある。塩浜や湊についての情報も注目される。

(4)別紙貼り付けや書き込みの形で郡内のヒトに関する情報が集められている。ヒトといっても十村《とむら》肝煎《きもいり》（大庄屋に替わって置かれた）・庄屋・頭百姓・富者およびその家族で、頼るべき上層農民の家が重視されている。例えば、上道郡では村ごとに「御用も可調《ととのうべき》者」を書き上げ、それぞれに「才知成《さいちなる》者」「実体成《じっていなる》者」「強気成《つよきなる》者」などの評価が加えられている。邑久郡では、やはり村ごとに「名有《なある》者」「富有《とみある》者」を書き上げ、例えば「牛窓村庄屋那須次郎大夫歳五十二、三、知も慈直も少々有、勝手も吉、倅壱人三平今庄屋、強気ニ才覚有」などと評価が書かれている。

このうち(4)のヒトに関する情報は別紙の書付を貼り付けたものがいくつかあり、のちに光政の指示

表8　万治4年（寛文元年〔1661〕）の郡絵図

| 名　称 | 年月日 | 端　裏 | 書込・貼紙など |
|---|---|---|---|
| 上道郡図 | 万治4年2月16日 | 「上道」 | （書込）村ごとに庄屋・頭百姓などとその家族，岩根源右衛門 |
| 和気郡図 | 万治4年4月21日 | 「和気」 | （貼紙）正路・身持能者の名歳 |
| 児島郡図 | 万治4年5月12日 | 「児嶋」 | （貼紙）「児嶋人書付　石川善右衛門」 |
| 岩生郡図 | 寛文元年5月18日 | | （貼紙）村ごとに人数・畝数・蔵入給地の別・庄屋名歳と家族 |
| 津高郡図 | | 「津高、四郎左衛門 三郎左衛門」 | （貼紙）村ごとに十村肝煎・庄屋と家族の名歳 |
| 邑久郡図 | | 「邑久、源五郎」 | （書込）「名有者・富有者」 |
| 上東郡図 | | 「上東」 | （書込）「御用も可調者」 |
| 三野郡図 | | 「三野」 | |
| 赤坂郡図 | | | |

（註）いずれも岡山大学附属図書館所蔵池田家文庫。

で提出が求められ、貼付されたのではないかと思われる。

さらに注目すべきは現在赤坂郡図が入れられている袋である。この袋の裏には万治四年当時の各郡の郡奉行名が書き付けられており、表には「児嶋郡人書付有」との書き込みもある。いずれも光政自筆とおぼしき筆跡である。「児嶋人書付」は児島郡図に貼り付けてある。また、郡絵図端裏の郡名や人名には光政直筆かと思われるものがいくつかある。こうしたことから、これらの郡絵図は光政の手元に集められ、彼が郡奉行から郡方仕置について説明を受ける際に参考にしたのではないかと推測される。

光政は自ら郡々を廻って在方の実情を把握しようと努めた。そうしたときにも郡絵図は活用されたに違いない。このように光政は在

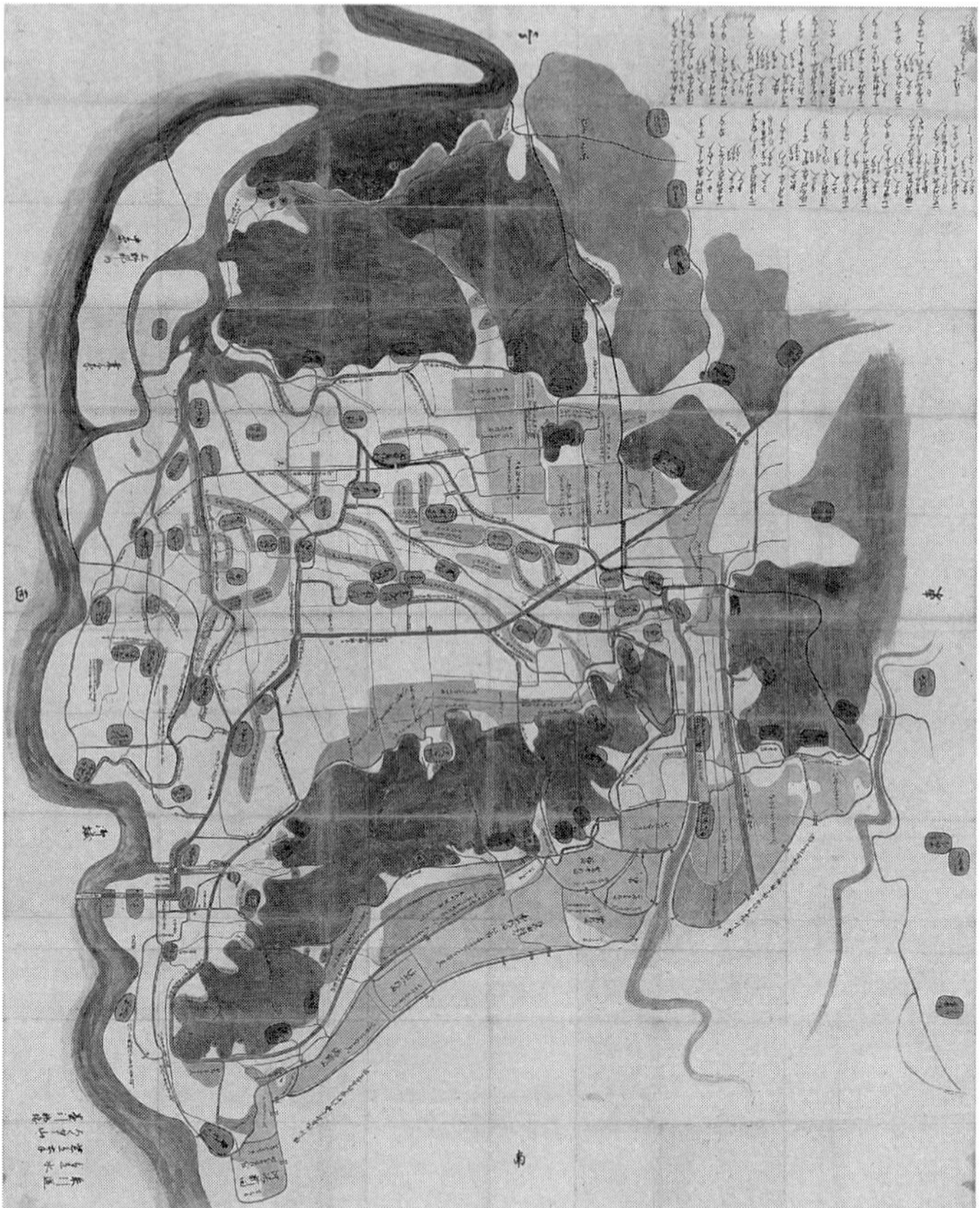

上道郡図
（池田家文庫・岡山大学附属図書館提供）

地の状況を直接に把握しようとした。そこに治者としての光政の徹底性があった。

この時期、郡奉行のスクリーニングに対応した動きとして代官制度の改変が行われた。田中誠二が明らかにした村代官制の採用である（「寛文期の岡山藩政」）。以下述べる経緯からすれば、熊沢蕃山の発案によるものと思われる。

## 村代官の登場

代官は洪水の後一時五四人に倍増され、一人一万石程度を管轄することになっていたが、承応四年（一六五五）三月一四日にもとの二七人体制にもどされた。この体制では一郡に二人から四人が置かれ、一人で一万五〇〇〇石から二万石を担当するという状況であった。

村代官の名称が『池田光政日記』に現れるのは明暦二年（一六五六）八月一三日のことで、備中浅口郡占見《うらみ》村に士鉄砲《さむらいてっぽう》の者が村代官として置かれている。同じ記事には「今在之《いまこれある》村代官五人」とあり、既に備中に村代官五人が置かれていたことが分かる。士鉄砲は、足軽鉄砲とは違って徒格《かち》ではあるが、在郷して鉄砲を習うことになっていた。洪水前の承応元年（一六五二）に二〇人が蕃山に付けられたのが最初で、「新組」と呼ばれた。明暦二年一一月一五日に先山武右衛門が蕃山組の士鉄砲頭に任じられ、郡普請に投入されことになったことは先にふれている（一〇九頁）。

明暦三年（一六五七）正月一一日、新組のうち老練な者を和気郡の村代官に申し付けたいとの提案が蕃山から出され、光政はそうするよう仕置家老に指示した。和気郡は蕃山の給地の多い郡である。翌一二日の蕃山隠居の願いでは、「八之丞家内ノ事」を川村平太兵衛に申し付けることになったが、あわせて村代官のことも川村に申し付けられることになった。これによって川村は六〇石加増されて三〇〇石となった。川村は慶安二年（一六四九）以来検見役人などを歴任し、承応二年（一六五三）から は和気郡の郡奉行を務めていた。先山の新組のうちから士鉄砲が川村に預けられ、このうちから村 代官を任じることになった。この時点では、備中に六人、和気に六人の村代官が置かれることになっ たと思われる。同時に川村自身も蕃山組に繰り入れられた（一〇五頁、表7）。

同年五月一五日、光政は川村と邑久郡奉行の西村源五郎に来春より邑久郡のうち四万石に村代官を置くよう命じた。そのため、和気郡から出張するのに便利な村を選び分け、今からその村々に入り込んで様子をうかがい、代官が在出《ざいで》するための家作《かさく》も行うよう指示している。蕃山の人脈を通じて村代官が広がっていく様子がうかがえる。川村が邑久郡の村代官八人を指図したというのは、このことを指しているのだろう（『家中諸士家譜五音寄』）。

## 村代官制による「こまかな」支配

万治二年（一六五九）三月七日、御野郡はことのほかくたびれているということで、藤岡八郎兵衛に郡奉行を仰せ付けることになった。藤岡は上東郡の代官を務めていたが、「申付様つよく候へ共、百姓殊之外した（慕）い候」ことを聞いて光政が感心し、「有ていニ正路故と存候、ずいぶん情ヲ入候へ」と仰せ付けたものであった。藤岡も当初から蕃山組に属している（表7）。あわせて先山武右衛門預かりの新組のうちから士鉄砲一〇人を五〇〇〇石割にして村代官に申し付けることになった。

万治三年（一六六〇）、藤岡の仕置を批判する目安が御野郡から上げられた。調査をしたが「悪事」は見付からなかった。特定の村のことが書かれているので、その村から出たものと推測されたが、あまり強く取り調べると今後下から目安が出なくなるので、詳しく穿鑿することはやめた。御野郡の庄屋からは、藤岡を支持し、批判の目安が上がるのは迷惑とする書付も三、四通横目のもとに投げ込まれた。この頃御野郡の村代官は一六人に増員されていたようで、かなり「こまかな」支配が行われるようになっていた。

万治四年（一六六一）二月二二日、邑久郡の林与左衛門をはじめ代官六人が更迭された。林が担当していた二万石分については村代官に置き換えられることになり、御野郡から四人が振り替えられた。御野郡の村代官は一二人になった。

この時点で村代官は、備中六人、和気六人、邑久一二人、御野一二人の計三六人となり、これを川村が指図することになった。そしてこの頃までに郡奉行のスクリーニングも終わったことは先にふれた。

寛文三年（一六六三）正月一三日、川村・西村・都志の三人が代官頭に任じられた。いずれも蕃山の薫陶を受け光政の眼鏡にかなった地方《じかた》支配のスペシャリストであった。あわせて岡山藩の全郡に村代官が置かれることになった。寛文元年に三ツ七分（三七％）余ともりかえした平《なら》シ免も、寛文二年には三ツ六分（三六％）にとどいていなかった（一〇〇頁、表6）。領内仕置のより一層の充実が求められたのである。代官頭は「郡代役」と位置付けられ、二〇〇石加増、足軽五人ずつが遣わされた。これまでの経緯から、川村が赤坂・津高・岩生、西村が邑久・和気・上道・上東、都志が備中・児島・御野をそれぞれ分担した（「備陽国史類編」）。

この村代官制の特徴は次の三つである。

一つは、村代官の総数が七三人で、従来の代官の三倍もあったこと。これは一人あたりの担当を五〇〇〇石程度にした結果であった。頭別では、川村組が二五人、西村組が二八人、都志組が二〇人であった。

二つは、引き続き在出《ざいで》制としたこと。管轄区域が小さくなったこともあいまって、「こまかな」支配が目指された。村代官の役目は寛文七年（一六六七）二月に、年貢収納、キリシタン改め、善事書き上げ、の三項目とされた。

三つは、川村・西村が八之丞組、都志が信濃組であったように、光政―蕃山の息の掛かったヒトによって担われていたこと。これを田中誠二は「直轄行政組織を〝身内〟で固めた」と評している（「寛文期の岡山藩政」）。

以上のような二度目の「改革」およびその後の光政の仕置を振り返ってみると、光政が徹底してヒトのつながりを重視した仕置を目指したことが見えてくる。しかも、そのヒトはそれぞれが現場に打ちはまり、「正路」でなければならなかった。家中と領民を貫く「正路」なヒトの連鎖。その先頭にあるのが「働く藩主」としての光政自身であった。

# 第五章　最後の「改革」と光政の蹉跌

## 1　民衆的宗教世界の破壊

### 備前の不受不施派

寛文四年・五年（一六六四・六五）と、それまで三ツ（三〇％）代であった直高《なおしだか》に対する平シ免《なら》は一挙に四ツ（四〇％）代に上昇する（一〇〇頁、表6）。承応「改革」以来の百姓成立《なりたち》のための諸政策と寛文三年の村代官制移行による「こまかな」支配の成果であった。それを受けて光政は、寛文六年（一六六六）から三度目の「改革」に取り組むことになる。それは「廃仏興儒」を目標とし、人びとの「こころ」のなかに土足で踏み込むようなものであったが、光政にとってはそれなりの必然性のあるものであった（倉地克直『近世の民衆と支配思想』）。それは宗教的な環境の改変から始まる。

この地域で中世以来勢力があったのは、顕密仏教の主流である天台宗・真言宗の寺院で、これが民間での神仏習合の信仰のうえに栄えていた。そこへ鎌倉時代末期以降法華宗の信仰が広まるようになり、室町時代後期には国人層の外護《げご》を受けて顕密仏教に対抗するほどの勢力を持つようになった。

法華宗（日蓮宗）では、中世以来の正統的な宗義として、他宗派信者の布施は受けず、他宗派の僧寺には施さない、という不受不施義《ふじゅふせぎ》が唱えられていた。これは法華経に対する信仰がすべてに優越するという「正法為本《しょうぼういほん》」の立場であり、この宗義のもとに信徒集団は固く結束した。こうした性格は一向宗やキリシタンにも共通するものであり、統一権力によって禁圧の対象とされるものであった。法華宗に対しても織田信長の「安土宗論《あづちしゅうろん》」以来「王法為本《おうぼういほん》」が強制され、宗派の主流は他宗派信者からの布施は受容する受不施へと傾斜していった（藤井学『法華文化の展開』）。

こうした流れに不受不施義を守る立場から抵抗したのが京都妙覚寺《みょうかくじ》の日奥《にちおう》たちであった。日奥は豊臣秀吉の千僧供養に参加することを拒否して流罪となって以来、たびたび江戸幕府と対立した。備前国の法華宗寺院はその六割が妙覚寺の末寺であったから、不受不施を宗義とする強固な信仰集団が在地に形成されていた。寛文元年（一六六一）閏八月、幕府は日蓮宗寺院からの不受不施僧の追放を命じた。これに対して備前国では、金川の妙圀寺《みょうこくじ》がその末寺九九カ寺とともに「本末異体同心《ほんまついたいどうしん》」の起請文をかわして不受不施義を守る決意を示した。こうした動きは光政にしてみれば「公儀」に敵対する「徒党」「一揆」同前であった。キリシタンが蜂起した島原天草一揆のことも想起されただろう。

幕府のキリシタン禁令に基づいて、岡山藩でもキリシタンの摘発が行われていた。藩の記録によれば寛永二〇年（一六四三）から慶安四年（一六五一）の間に三〇人が摘発されている（妻鹿淳子「民衆と宗教」）。こうしたキリシタンの存在は孤立的・散発的なものであったのに対して、不受不施派の動きは集団的で公然としたものであっただけに、目に余ったに違いない。

寛文四年（一六六四）一一月幕府は宗門改めの毎年実施と専門役人の設置を全国に命じた。翌寛文五年（一六六五）七月には諸宗寺院法度が出される。これに前後して全国寺院の寺領朱印状の書き換えが行われたが、その際幕府は、寺領は将軍の「供養《くよう》」であることを認めるよう強要した。しかしこれを「供養」として受け取れば不受不施義に反することになる。将軍は他宗派（浄土宗）の信者であるからだ。不受不施派は朱印改めを拒否した。これを理由に不受不施僧は流罪となり、その寺院は寺請け禁止となった。これを寛文法難というが、その影響は直ちに岡山藩にもおよんだ。光政はこれを機会に在地の宗教的環境を改変しようと決意する。

光政もかつては仏教による先祖供養を行っており、「廃仏」一辺倒であったわけではない。光政直筆の経典も、寛永一五年（一六三八）に父利隆の追福のために国清寺に奉納した『法華経』（白地墨筆）八巻一部、慶安元年（一六四八）台徳院（秀忠）一七回忌に台崇寺に奉納した『浄土三部経』（紺地金泥）四巻一部、母福照院に献じた『細字三部経』一部などが知られている（『池田光政公伝』）。のちに儒教式の先祖祭祀を始めて以降も国清寺への参詣は続けており、「廃仏」に楫《かじ》を切るのは寛文五年（一六六五）以降のことと思われる。

### 神社淘汰

さて、寛文「改革」で最初に手が付けられたのは、淫祠《いんし》の淘汰であった。寛文六年（一六六六）四月二六日に江戸を発足した光政は、五月一〇日岡山に着船する。五月一八日、三人の代官頭から国中在々にある「わけもなき小社共」（由緒不明のいかがわしい小社。淫祠のこと）を五〇〇〇石を目途に一カ所に集めるとの提案がなされた。大社や「所之おふすな《（産土）》」（その土地の鎮守社）は残し、他の祠《ほこら》は「吉田殿」に申して封じ込めるというのである。五〇〇〇石を目途にというのは、村代官一人につき一カ所ということである。光政は直ちにこれを命じた。この結果、領内一万一一二八社のうち六〇一社が残され、他の一万五二七社が七一の寄宮《よせみや》に統合された。

祠が破却された小社の神体は、神道家の松岡市大夫（市之進）によって京都の吉田神社に持ち込まれて封じ込められた。吉田家は寛文五年に諸宗寺院法度と同時に幕府が定めた諸社禰宜《ねぎ》法度によって、諸国神職の本所と位置付けられていた。松岡市大夫は尾張熱田社の神官で、吉田家ともつながりがあり、神書に詳しいという理由で光政に招かれ岡山にいた（別府信吾「岡山藩の神社政策と吉田家」）。吉田家では、新たに七二の正印を松岡に下賜した。この正印が七一の寄宮とその本社ともいうべき上道郡大多羅《おおたら》村の句々廼馳《くぐのち》神社に納められたと思われる（同前）。

光政やその意を受けた代官頭によって「わけもなき」とされた祠も民衆にとってはかけがえのない信仰の対象であった。例えば、邑久郡牛窓村綾浦《あやのうら》の御霊社《ごりょうしゃ》はこの頃に本村の牛窓神社の境内に合祀されたが、その後綾浦では火難病難や狐付きがあいつぎ難儀迷惑した。そのため村人たちは再び村内で御霊社を祀ることができるようたびたび願い出ている（牛窓神社文書）。このように神社淘汰は民衆の日常的な信仰秩序の乱暴な破壊であったのだ。

## 寺院淘汰とキリシタン神職請

次いで七月頃からは寺院淘汰が本格化する。この動きは、受不施派の訴えに基づく不受不施派僧侶の追放、不受不施派寺院の寺請け禁止から始まった。かつては不受不施派の拠点であった京都妙覚寺も当時は受不施派に転じていた。この妙覚寺から、不受不施僧からも帰伏《きぶく》の書物を取るべきとの指示が蓮昌寺日登《れんじょうじにっと》に送られた。日登は本末の寺僧を改めたうえ、帰伏の書物を拒否した不受不施僧を岡山藩に訴えたのである（「刑罰書抜」）。藩の側でも「惣而当国不受之僧数多有之、邪法令混乱、国政之障ニも罷成候間、内々追放仕度存候」矢先であったので、これを「幸と存」、弾圧に踏み切った。不受不施派を「邪法」と呼び「国政之障」と断じている。手始めに蓮昌寺先住日相《にっしょう》・津島妙善寺住持日精《にっしょう》および妙興寺・石井寺の住持が追放となる。八月三日「仏法ヲ捨、神道・儒道を尊候」者は「吉利支丹改之証拠」のために「生所神《うぶすな》或ハ信仰仕所之宮之神主を以請人と可仕」と命じられた（「留帳」）。いわゆるキリシタン神職請《しんしょくうけ》である。僧侶に代わって神職がキリシタンでないことを保障することにしたのである。

この時まで岡山藩の宗門改は、村方に残された帳面類による限り、次のような三段階を経ている（倉地克直「岡山藩における宗門改について」）。最初は明暦元年（一六五五）頃に始まり、各村の庄屋に毎月請判《うけはん》（確認の押印）させる形式で、寺院による宗旨手形の提出は義務付けられていなかった。次の段階は万治三年（一六六〇）頃に始まり、村中の戸主が毎月請判する形式になる。あわせて、奉公人については寺請手形の提出が義務付けられるようになった。さらに寛文五年（一六六五）からは、家ごとに家族全員を書き上げ、その檀那寺を記し、檀家分をまとめて寺僧が請判するという、いわゆる

「宗門人別改帳」が作成されるようになる。これは幕府が寛文四年（一六六四）に出した法令を忠実に受容したもので、その実施のために寛文五年一月には小姓頭の安藤杢《もく》と伊木頼母《たのも》が宗門改奉行に任じられている。これが翌年には神職請に切り替えられることになったのである。

寛文六年（一六六六）八月四日、光政は「儒ニ志申者ノきりしたん請状之仕様」を代官頭・郡奉行に示し、翌五日には「請状之うつし」を幕府老中久世大和・板倉内膳のもとへ遣わした。請状は「儒道ニ存付《ぞんじつき》、神道を学び、当何月幾日より仏法を捨、儒道之祭祀を仕、生所神を信じ申候」者が自主的に提出するという形式をとっている。光政は、「国中儒ニ志申候者おびたゞしく候」と説明しているが、事実は、これまで宗旨請けをしていた寺院が廃寺となり、これを機に神職請への移行が強制されたのである。

八月二三日光政は老中・番頭・物頭・諸役人を集めて、九カ条の申渡を行った（「備陽国史類編」）。そこで「廃仏」の理由を次のように述べている。

一つは、坊主は「無欲無我」であるべきなのに、実際は「有欲有我にして、けんどん（慳貪）邪見」である。加えて自分の「不律破戒」の言訳に、「各我等ごときの凡夫は善行をなすことならず、欲悪ながらあミだを頼ミて極楽に生ず、題目だにとなふれバ成仏す」などと言う。これは「人に悪を教」えることだという批判。

二つは、一夫が耕さざれば国中が飢え、一婦が織らざれば寒さを凌ぐことができない。比丘《びく》や比丘尼《びくに》が多すぎるのは、国民が飢寒に陥る本であるということ。僧尼は役に立たない遊民だという批判。

三つは、寺院で堂塔を新築するために、国中の山林が荒れて材木や薪が不自由になっているということ。

いずれも儒者によくある「廃仏」論をなぞったもので、とくに新味はない。光政の意のままにならない「かた《（堅）》法華」（不受不施派）が「国政之障」だというのが本音のところだろう。

### 恵海の抵抗

九カ条の申渡では、法華宗と並んで一向宗が悪を教えるものとして批判されていた。

これに対して、城下の中心地にある一向宗光清寺の僧恵海《えかい》が、談義の席でこれに激しく反論した（「刑罰書抜」）。談義の聴衆のなかに、近習の家臣がいた。一一月二四日恵海は寺社奉行水野三郎右衛門の取調を受けた。儒者の三宅可三《かぞう》・泉八右衛門が同席した。結局恵海は誤りを認める。しかし、「君（光政）御機嫌悪敷候」ということで閉門を仰せ付けられた。

ところが翌寛文七年（一六六七）閏二月中旬に恵海が上下二冊の諫言の書物を著して水野に提出した。水野が儒者の富田玄真に見せたところ、「君ヲ誹《そし》り、奉行誹り、儒仏ヲ合テ妄言ヲ尽ス」というものであった。水野は再び恵海を呼び出し「国政ヲ妨、民之心ヲ惑シ、悪口仕候」と追放を申し渡したところ、「九ヶ条之教は偽也」と「声ヲ怒シ、不礼ヲ尽シ」たので、ついに籠舎に処せられた。一宗の者および檀那たちも不届きと咎められ、光清寺は廃寺となった。ただし、西本願寺門跡の要請により寛文八年（一六六八）に光清寺は再興が許され、城下西南に移転させられた（『池田家履歴略記』）。

こうした抵抗は、宗派を問わず領内各地で行われたものと思われる。

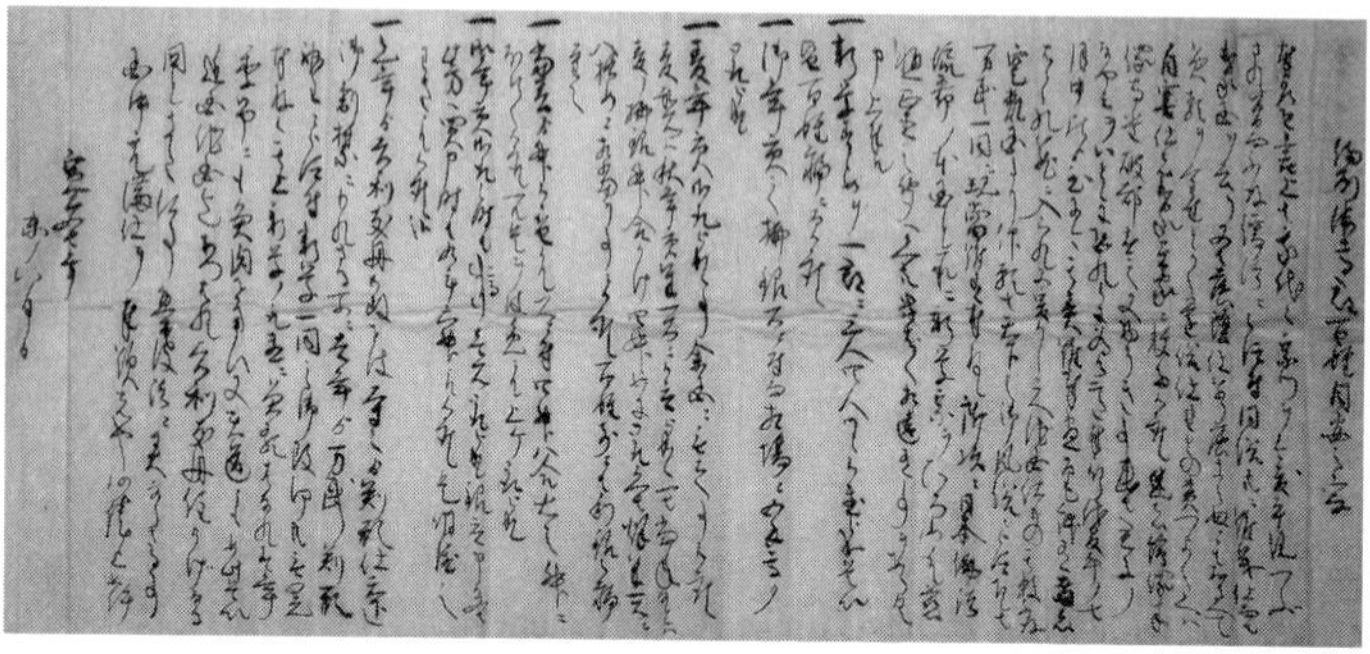

備前津高郡百姓目安之写（国廻り上ルめやす）
（池田家文庫・岡山大学附属図書館提供）

## 津高郡百姓の目安

寛文七年（一六六七）八月幕府から稲葉清右衛門・徳永頼母・市橋三四郎の三人が巡見使として派遣された。三人は領民に対して神職請の実態についても質問したが、表だった批判は聞かれなかった（『池田家履歴略記』）。しかし、この巡見使に対して領民から四通の目安が提出された（「国廻リ上ルめやす」）。うち二通は「上蓮寺ノ内坊主」および津高郡の僧行好の目安で、寺院淘汰や還俗強制を批判し、「天下ノ御風儀」に戻るよう訴えている。行好は岩生郡矢田部村や津高郡建部上村での弾圧を告発した。矢田部村には蓮昌寺日相の弟子であった日閑《にっかん》が帰郷しており、かれを中心に村人たちが他宗での寺請けを拒否し、不受不施義を守り抜こうとした。奉行・代官は「御法を背」「徒党同前」として村人を捕らえた。取調の結果、日閑および百姓五人が処刑、残る信徒一〇人とその家族一八人が追放になっている（「備陽国史日録」）。

残りの二通は津高郡の百姓が上げたもので、「我代々宗門ヲ今度平儀つぶされ、曾て不存儒法ニ被仰付、同俗共ニ難義仕」と訴え、「出家国ヲ去り又ハ落堕《らくだ》仕、若《も》落さらぬニは、おさへて魚類ヲくわせ、とかく還俗仕れとの責つよく候」と村代官のやり口を告発している。キリシタン神職請についても、神主による「新学一同之御改」は「何共無心元《こころもとなく》」、「新学ノ取置」では「魚類はなれ（離）ず、年季節ニも魚肉を用ひ」、「惣て彼法ニ異ならざる事、国中ニ充満」しており、「近国他国」では備前国は「あつぱれ吉利支丹仕よげなる国」と評判になっていると批判している。

あわせて百姓たちは、年貢銀納値段が高い、麦年貢が負担である、京升に改めたことを理由に差額の間銀《あいぎん》をとる、貸米に利を取る、など村代官による細々とした年貢収奪についても訴えている。そして、こうした増徴のための姑息な操作を、「明徳之わざニて御座候哉《や》」と皮肉る。光政の教化主義の「虚構」を見抜いていると言えるだろう。

### 河原毛村庄屋の抵抗

しばらく後の延宝三年（一六七五）のこと。赤坂郡河原毛《かわらけ》村の庄屋惣兵衛と弟市郎右衛門が、年貢未進と不受不施僧覚乗院をかくまった罪で断罪に処せられた（「御留帳評定書」）。同郡西中村の覚乗院は改宗を拒んだために寛文九年（一六六九）に村預けとなったが、翌日逃亡した。このため同村の庄屋は二〇日間の入牢ののち役儀取り上げになった。覚乗院は、その後河原毛村の惣兵衛らにかくまわれた。惣兵衛らは表向きは神職請になりながら、屋敷の天井裏に仏壇を置き不受不施信仰を守った。

延宝三年になって惣兵衛と市郎右衛門の年貢未進が問題になった。未進分は惣兵衛が一石八斗八升四合、市郎右衛門が七石七升一合であった。代官の取調に二人は、これ以上年貢に出すべき米は一俵

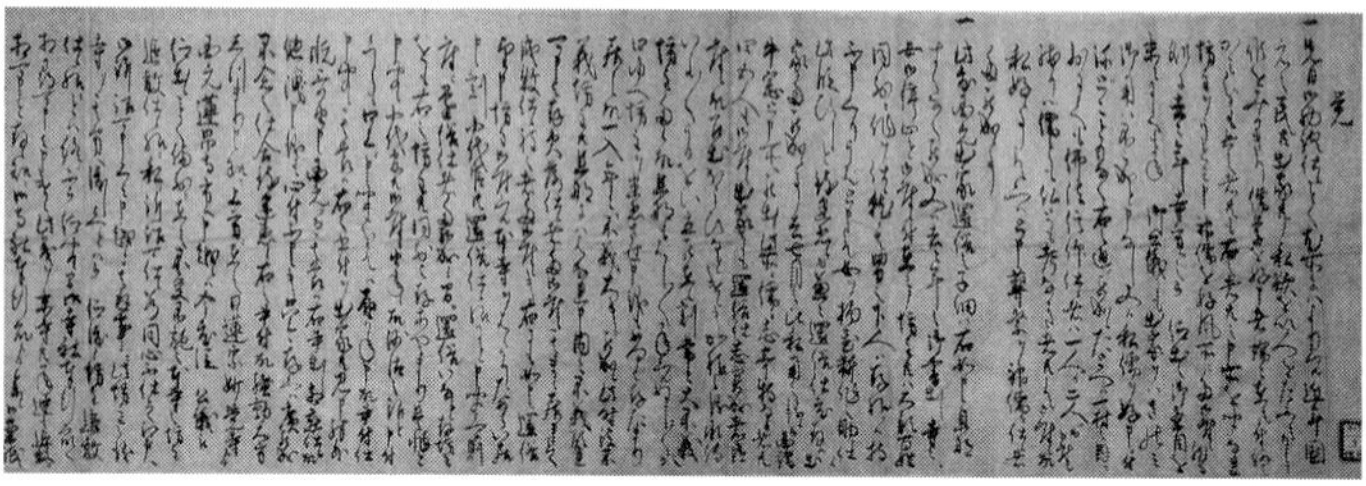

（池田家文庫・岡山大学附属図書館提供）

もないと答えた。代官が家捜しをしたところ、天井裏に仏壇があり、それに米八斗九合・籾一石九斗六升四合・銀四一匁が供えられていることが発覚した。市郎右衛門の家でも、米一石三斗六升八合が天井裏に隠されていた。

代官にしてみれば、不受不施信仰が年貢徴収の妨げになっていると確信したに違いない。百姓にとっても藩にとっても年貢増徴と宗教問題は切り離せないものであった。

こうした双方ぎりぎりの状況のなかで、民衆の抵抗を排して寺院淘汰や神職請が強引に進められた。

### 宗教政策の行方

寛文七年（一六六七）、光政の覚え目出度《めでた》い蕃山派の西村源五郎が代官頭から寺社奉行に転じる。

同年三月一六日、光政は江戸に向け岡山を出船、一九日大坂町奉行彦坂重治と対談している。岡山藩で寺僧が動揺している様子が上方に伝わっており、光政は国本の様子を詳しく説明した。それに対して彦坂は「備前之様ニこそ不成共、諸国にも左様ニ仕度候」と賛意を表した。四月二日江戸に参着した光政は、その晩すぐに酒井雅楽《うた》・久世大和・板倉内膳に挨拶した。「国本出家そうどう」の様子は江戸にも伝

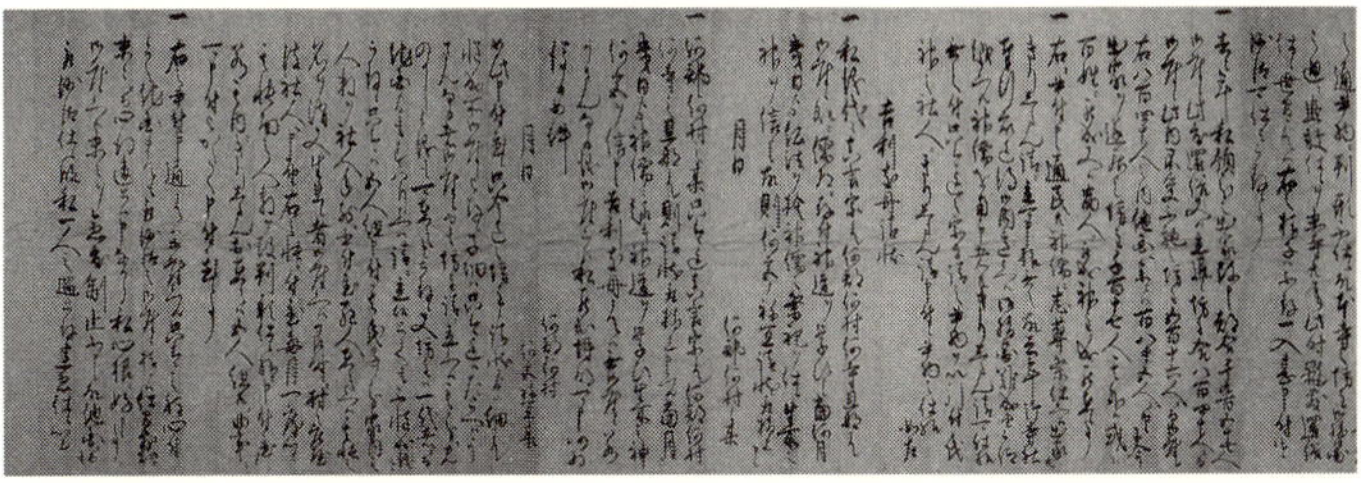

御老中に懸御目候書付

わっていた。一六日酒井の所へ行き、「わき〳〵ニてハ壱人もなきやうニさた仕」けれども、「只今も出家千百人余も在之」と書付をもって弁明した。

この書付によれば、寺数一〇四四、坊主数一九五七人のうち、「不受不施宗門先年追放」が三一三カ寺・五八五人、「天台真言立退還俗或ハ追放」が二五〇カ寺・二六二人となっている（「備陽国史類編」）。立退・還俗・追放になった僧は全僧数の四三・三％、そのうち不受不施僧は六九・一％を占めた。淘汰された寺院は全体の五三・九％、うち不受不施寺院は五五・六％を占めている。予想よりは多く寺僧が残っているという感想だったのだろうか。酒井らの意向は、「とかく甚《はなはだしく》なきがよく候ハん」ということであった。とにかく極端なのはよくないというのである。

四月晦日、光政は改めて酒井雅楽に書付（上図参照）を送った（同前）。そこで光政は、神職請を強制していることはないと弁明している。「国元之民共、出家共之私欲を以人をたぶらかし候を見かぎり、儒学を好申者端々在之ニ付、何之かミ分《わけ》も無之者共も、右之者共之申所ヲ聞馴《ききなれ》、坊主をうとミ申候、神儒を好風《このむふう》、所ニ多御座候」。領民たちは自主的に僧を見限って神儒になびいているというのだ。また、「一村之内ニ少ニ而も仏法信仰仕候者ハ、一人か二人にて御座候、残りハ儒とも仏とも考なき者ニ而御座候故、私好候事ニ而候得バと申、葬祭ヲ神儒ニ仕候者多罷成候」とも述べている。民衆の多くは「何之かミ分も無之者」(分別もない者)「考なき者」だと光政は言う。こうした民衆観のうえに、上の徳風に下はなびく、という教化主義が展開する。村のなかで仏法を信仰している者は一人か二人にすぎない。残りの者は、光政が好まれるのならばと皆神儒になっている。こう光政は強弁しているのだ。

五月一〇日酒井から幕閣の意見が伝えられた。なかには「後生をおそれ候てこそ、きりしたんにも成まじき」との意見もあった。これに対して光政は、「私ノ申付候様ハ、仏よりハこまかに御ざ候」と反論した。光政が「別ニ可仕も無之候間、弥々此分ニ可仕」と強く主張すると、酒井も「其分可然」と了承せざるをえなかった。

## 金山寺訴訟

しかし、問題はこれで終わらなかった。六月二日になって岡山の金山寺《きんざんじ》遍照院から本寺である上野寛永寺に訴状が提出され、それが輪王寺宮《りんのうじのみや》から幕府寺社奉行に伝わった(圭室文雄「備前国金山寺の上訴について」)。これに対して光政は金山寺の末寺の実態を調査して報告するよう国本に指示、その報告を受けて輪王寺との交渉を行った。

輪王寺宮は、仏法が邪法だとは家康も言っておらず、山門・日光山・東叡山を差し上げてでも訴訟すると譲らなかった。光政も前年の九カ条の書付では、「権現様之御意に、神儒仏ともニ御用被成との儀也、神道は正直にして清浄なるを本とし、儒道は誠ニして仁愛なるを尊び、仏道ハ無欲無我にし

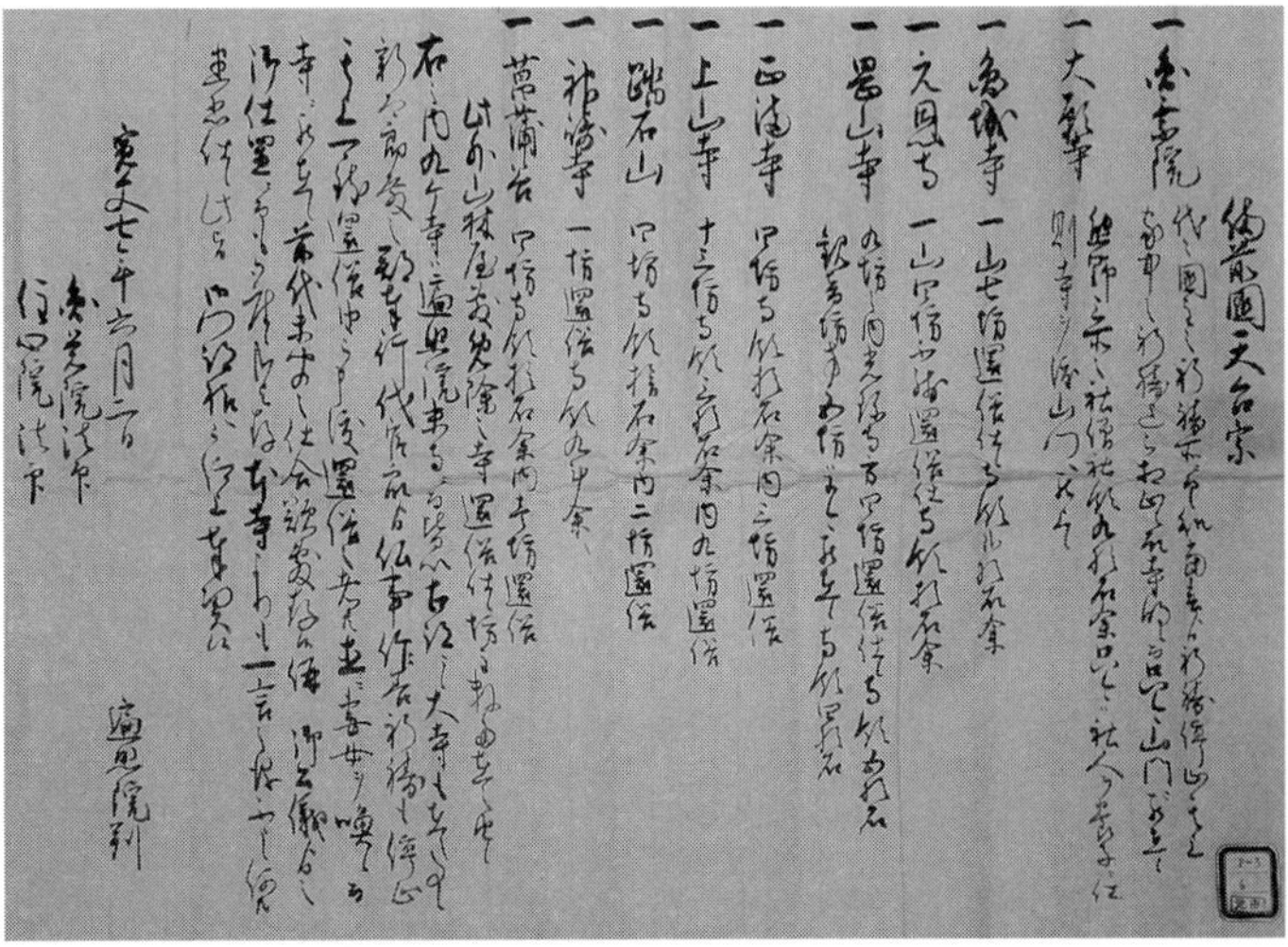

金山寺遍照院訴状写
（池田家文庫・岡山大学附属図書館提供）

て忍辱慈悲を行とす、三教とも二如斯《かくのごとく》ならバ、たとへ教ハ品々有とも、世に害有べからず」と仏教の存在意義は認めていた。にもかかわらず寺僧の粛正を行うのは、今の僧が「有欲有我」「けんどん邪見」「不律破戒」で「悪を教」えるものだという理由からであった。「今の仏法の教ハ、権現様の御用ひ被成候御意の仏法にハあらず、今のごとくならバ必破却可被成候」というのである。しかし、この強弁は国本で通用しても、江戸の宮門跡《みやもんぜき》にはさすがに通用しない。光政も「御門跡御心次第可被仰付」「御公儀次第如何様共可被申付」と折れざるをえなかった。

　最終的には幕府の裁許により、淘汰の対象となった天台宗寺院のうち備前国の三五カ寺が金山寺に戻され、備中国の一九カ寺が鴨方《かもがた》明王院に渡され、僧の帰寺が認められた。一二月一七日輪王寺門跡が光政に礼に訪れ、光政も返礼に参って、この件は落着した。宮門跡の権威に光政の強気も後退せざるをえなかった。

### 「正路」のジレンマ

こうした挫折はあったものの、国本では郡奉行・村代官が遮二無二強制することによって、寺僧の還俗と神職請への移行が進んだ。この結果、寛文九年(一六六九)の調査では、全領でほぼ一〇〇%の神職請が実現された(表9)。また、淘汰された寺院はこれまでに全領で五八%、郡別では御野郡・津高郡・磐梨《いわなし》(岩生)郡の高さが目立っている。これらはいずれも不受不施派の影響力が強い地域である。日蓮宗寺院は全淘汰寺院の五八・二%を占め、同宗における淘汰率は八七・七%にもなる。その多くは不受不施派であった。

表9　神職請・寺院淘汰の郡別状況

| | 神職請となった者の比率 | 淘汰された寺院の比率 |
|---|---|---|
| 岡山町中 | 98.0% | 12.5% |
| 御野郡 | 98.2 | 83.2 |
| 津高郡 | 100.0 | 91.0 |
| 赤坂郡 | 100.0 | 47.3 |
| 磐梨郡 | 100.0 | 92.3 |
| 和気郡 | 99.4 | 40.2 |
| 邑久郡 | 100.0 | 62.4 |
| 上道郡 | 100.0 | 30.5 |
| 児島郡 | 83.1 | 39.7 |
| 備中山北南 | 98.8 | 76.9 |
| 備中浅口郡 | 100.0 | ^ |
| 全体 | 97.9% | 57.7% |

(註)「備陽国史類編」(池田家文庫)より作成。

神職請になった者には、日常の葬祭も神儒式で行うよう指示された。もともと村の神社は、百姓が俗神主《ぞくかんぬし》として管理し、祭礼は僧も参加して神仏習合で行われていた。これを神儒式に改めようとしても、確かな神職の数は圧倒的に不足していた。光政は松岡市大夫に屋敷地を与え「国中神職ニ神道ヲ教候」ように命じ、松岡は教授した者の神職免許を吉田家に取り次いだ。さらに寛文一〇年（一六七〇）には吉川惟足《これたり》の弟子である野田道直を召し抱え、神儒一致の立場による神職教育を行わせた。しかし、このような付け焼き刃の対策で人びとの信仰生活を改変することは不可能であった。表向きは神職請になりながら、隠れて寺参りをしたり、表向きは神主《しんしゅ》（儒葬の霊牌）を置きながら内証では位牌を置いたり、在家に本尊を祀って法要を行うなど、表裏背離の信仰が横行していた。

上からの強制によって面従腹背が広がるとすれば、それは「民に偽を教」えることになる。光政は当初からそのことを危惧していた（『備陽国史類編』）。「我は儒を好候ハ、偽なく内外なく、正路に成候様ニとの事に候、偽なく正路にして影ひなたなく候得バ、神儒仏何れも不苦候、何れにても偽て正路ならず、内外有は悪人にて候」という。本来の目的は「正路」な人を作ることであり、そのためには儒仏神のいずれであっても構わない。ただ光政自身は儒教が最も適していると考えているのだが、その「正路」なヒトの連鎖を作り出すための「廃仏興儒」政策が、「内外」で信仰が異なる「正路」でないヒトを作ってしまう。そのジレンマに光政は気づいていた。それを避けるためには、民衆の「心次第」にまかせるか、民衆がみずから進んで神儒におもむくようにするしかない。しかし、もう後戻りはできない。村代官も神職請にひた走っている。民衆への教化を強め神儒におもむくようにするしか進むべき道はない。

## 2　教化政策の展開

先にふれたように（一二九頁）、寛文四年・五年（一六六四・六五）は平《なら》シ免四ツ以上の高収奪が実現されていた。しかし実際にはその両年も「秋ノ取実《とりみ》スクナク」、「国中くたびれ」が進んでいた。寛文六年（一六六六）も麦は不作で、この上に秋に米が不作となれば「きゝん《（飢饉）》眼前」と思われた。五月一〇日に岡山に帰った光政は、一六日に代官頭・郡奉行に対して「自国之仕置専一」との幕府老中の意向を伝え、改めて「安民治国奉公」の立場を教諭した。あわせて「公義ノうハさ《（噂）》」として「上様御　政《まつりごと》　万事直《じき》ニ被仰付候といへ共、いまだ民へ之御仕置御手くだらざると被思召《おぼしめされ》、老中も此所ニつよく御心付」と述べる。将軍家綱を中心とした「公儀」は、いまだおぼつかないのである。だからこそ「猶々以自国之仕置専一之事ニて候」というのである。こうした自覚が翌年の大老酒井忠清への直言につながるのだが、それはまた後にふれる（一六七頁）。神社・寺院の淘汰などの宗教政策は、こうした光政自身の自覚と「きゝん眼前」という緊迫した状況のなかで始められた。

### 寛文六年の大寄合

五月二一日、以前から命じていた「善事書上」の奥に「国ノ万《よろず》仕置ノ思寄《おぼしより》」を書いて提出するように指示する。そして提出された「存《ぞんじ》より共書付」を自ら書き写して八月一五日に「何もへよミきかせ、せんぎ《（詮議）》仕」ように命じた。これに基づいて翌一六日から二八日まで、仕置家老をはじめ諸役人

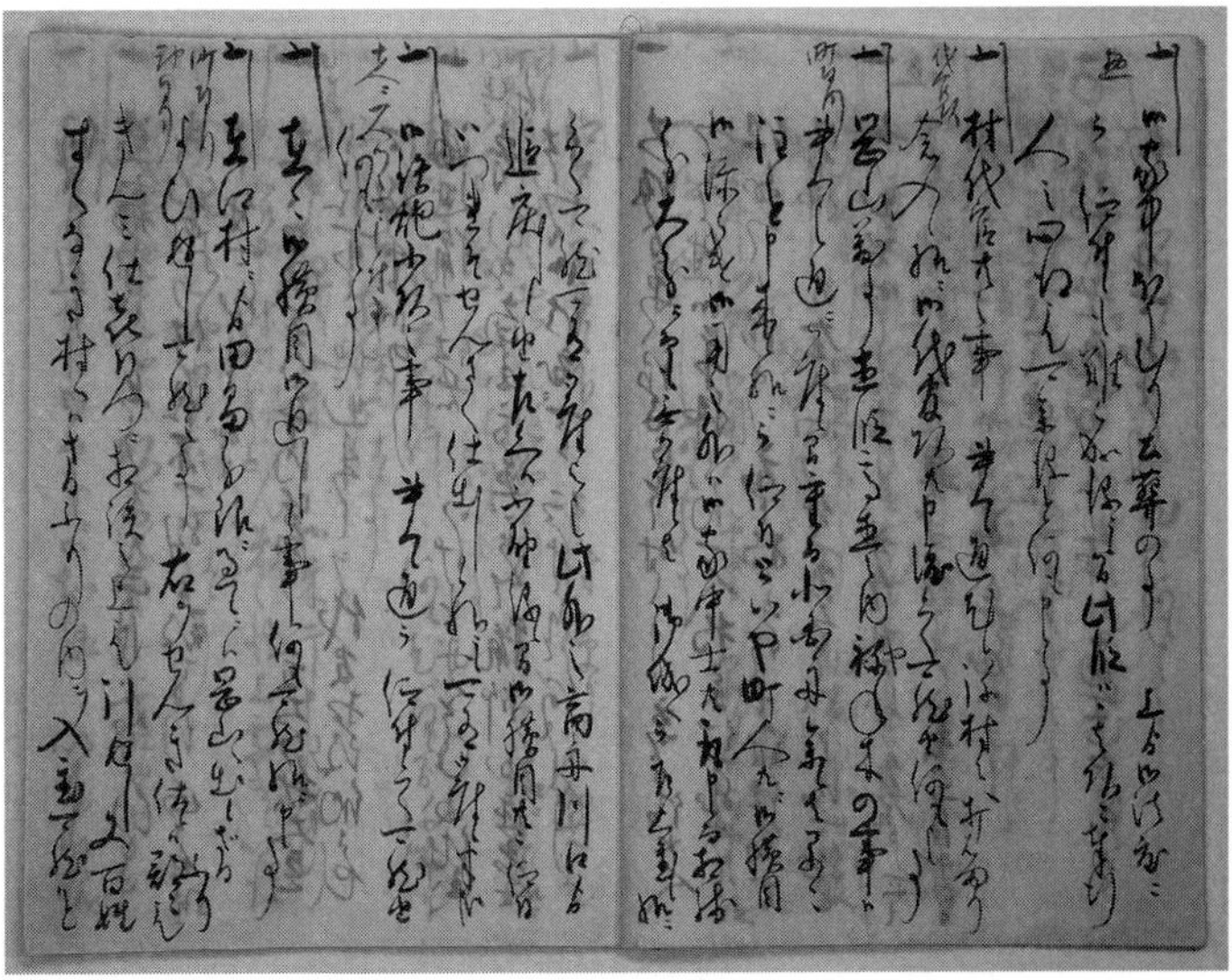

**大寄合之書付**

（池田家文庫・岡山大学附属図書館提供）

を集めて大寄合が行われた。そこでは光政の指示に基づいて従来の政策の精査が行われ、百姓成立《なりたち》と年貢確保をいかに両立させるかが「一揆」への備えを含めて議論された（田中誠二「寛文期の岡山藩政」）。

それをふまえて九月七日には、三三カ条の法令が出される（「備陽国史類編」）。その第一条には、平シ免が三ツ五分（三五%）以上の年には一分（一%）通りを郡中の用米にあて、三ツ九分（三九%）以上の年には一分以上有り次第を用米にすると決められている。郡中用米は、百姓成立の基盤整備のために使われる費用である。家中への物成を保障しつつ用米を確保するためには、最低三ツ五分以上できれば三ツ九分以上の免を実現することが望ましい。第二条から四条までは身躰《しんてい》成らざる侍（財政不如意の給人）の在郷（給地への逼塞）や衣類倹約のことが続く。第九条では、郡々普請所については郡奉行と普請奉行が相談で行うことを確認する。第一二条では、田畠が多く百姓が少ない所へ、城下に出ている「ざるふり」（行商人）や奉公人を呼び返すように指示。百姓の減少と奉公人の増加は、この時期に一貫して問題とされていた。第一七条では、それまで全く禁止されていた商人が村々に入り込むことについて、やむを得ない場合は郡奉行の判断で認めることにした。第一九条では年内の年貢皆済を認め、第二五条では何事につけ五人組による相互扶助を強調している。また、キリシタン神職請に関わっては、第二四条で今後葬《とむら》いは土葬にするよう指示した。このほか、細々とした規制を指示している。

こうした百姓成立と年貢増徴を両立させる政策を行い、しかも宗教政策を貫徹するためには、治者集団の今一段のレベルアップとそれを受けとめる村の指導者の養成が不可欠である。つまりはヒトである。そのため、今回の「改革」では村方への教化政策が重視された。

### 褒賞制度の展開

その一つが褒賞制度である。寄特《きとく》なる領民の褒賞は承応「改革」の時に始められたものだが、この時期にはそれがさらに大規模に展開される。手本になる領民の褒賞という政治手法は、ヒトに注目する光政に特有のものと言ってよい。妻鹿淳子によれば、光政による褒賞事例のうち年代の分かるものは九八例あるが、そのうち四一・八％にあたる四一例が寛文六年（一六六六）に行われている（『近世の家族と女性』）。その特徴は、一つは光政自身が巡回して直接賞賜していることである。このことが領民を神職請に移行させるうえで大きな契機になった。もう一つは、賞賜の理由は「孝」が圧倒的に多いのだが、あわせて儒学への志や儒式の葬祭の執行などの理由で褒賞された者が半数近くにのぼることである。

なかでも、今回の褒賞のきっかけとなった牛窓村での出会いは光政にある種の確信を与えたようで、翌年江戸で酒井に弁明する際にも、「去七月之頃、私用之儀候而国端牛窓と申所江罷出候、此所ニ儒ニ志奇特なる者共四、五人も御座候、出家ニも還俗仕、志実成者御座候故、召出ほうびなど遣候キ、加様之儀承伝、弥《いよいよ》うるをひ立罷在候」と披露している（「備陽国史類編」）。牛窓での中心人物である医者末広生安は、若い頃に土佐で野中兼山の学風に触れ、岡山では「花畑（畠）之学者」と語らい、ともに切磋した人物であった。牛窓八幡宮祠官の井上与左衛門は社僧新蔵坊の弟子であったが、末広の話を聞いて還俗した。庄屋の三平も日頃から学を好み、廉直に村を治めた。村人のなかには、大工の伝三郎と材木商の小左衛門の兄弟のように、仏を廃して儒礼を用いる者も少なくなかったという（『池田家履歴略記』）。

このほか、和気郡和気村では「日蓮不受不施之法ヲ尊」ぶ者が多いにもかかわらず、「独《ひとり》久敷《ひさしく》志《こころざし》ヲ不変、窃《ひそ》かニ（神儒式の）祭祀ヲ執行」していたとして同村庄屋の九郎大夫が表彰されたのも注目される。この年の褒賞は、儒学興隆・神職請推進の目的が露骨であった。

### 郡々講釈師から手習所へ

もう一つは「郡々講釈師」の派遣である。これは大寄合で、郡ごとに一名ずつの派遣が決められたもので（第二六条）、「読書之師」とも呼ばれた。講釈師には牢人の儒者などが雇われ、廃寺となった寺院跡などに居住して、村役人などに儒学を講釈した。配置につい

表10　寛文年間郡々講釈師・手習所の推移

| | A | B | C | D | E |
|---|---|---|---|---|---|
| | 寛文七年末・寛文八年初　郡々読書之師 | 寛文一〇年一二月合力米被下郡々手習所師匠（物）物読師匠、（手）手習師匠 | 寛文一一年一～二月手習所入用米積 | 「小子之記」の手習所数 | 延宝二年統合されたのちの手習所 |
| 御野郡 | 三好琉也 | 上中野・三谷武助（手） | 1（上中野） | 6 | 上中野 |
| 口津高郡 | 畑用三 | 今岡・畑弥助（物）伊木清助（手） | 1今岡 | 6 | 今岡 |
| 奥津高郡 | | 紙工・横山甚助（物）内藤庄左衛門（手） | 1紙工 | 1 | 紙工 |
| 口上道郡 | 大西立賢 | | 1八幡 | 11 | 八幡 |
| 奥上道郡 | 関松陰（金岡） | 久保・関松陰（物）野崎半内（手） | 1（久保） | 6 | 久保 |
| 赤坂郡 | 河本源六、広岡文也 | | 6 | 8 | 上仁保 |
| 磐梨郡 | 岩崎儀右衛門（宗堂） | 物堂・岩崎儀右衛門（物）三木安兵衛（手） | 1（物堂） | 11 | 物堂 |
| 邑久郡 | 前嶋清蔵、神慶琢 | 尾張・前嶋清蔵（物）神慶琢（手）<br>鹿忍・野村九郎左衛門（物）中村平助（手）<br>牛窓・岡宗春（物）奥村市右衛門（手） | 3（尾張・鹿忍・牛窓） | 5 | 尾張・鹿忍・牛窓 |
| 和気郡 | 小畑村・大橋駭庵 | | 5香登、和気、苦木、三石、片上 | 12 | 片上 |
| 児島郡 | 氏家正賢 | | 1北浦 | 12 | 北浦 |
| 備中山北南 | 柳村・沢田慶庵 | ？（物）（手） | 1 | 44 | 軽部 |
| 備中浅口郡 | | | 1 | 1 | 鴨方 |

（註）A・B欄は「備陽国史類編」（池田家文庫），C・D・E欄は「郡々手習所幷小子之記」（同前）より作成。

ては表10A欄にうかがえる。津高郡百姓が幕府巡見使へ出した目安でも「新学すゝめヲ一郡ニ三人四人ヅヽ御置被成、是以皆百姓痛《いたみ》ニて御座候」と訴えられている。講釈への参加が村代官によって強制されたり、講釈を通じて仏教を捨て神道請になるよう教唆されたに違いない。

この郡々講釈師の派遣が手習所の設置へと発展する。ただし、最初に手習所の設置が決められたのは城下町であった。寛文七年（一六六七）三月三日に一向宗の僧恵海が処罰された光清寺跡地に町の手習所を取り立てることになった。この時の町奉行は、中江派の「心学者」である加世八兵衛であった。次いで同年一二月三日に学校奉行泉八右衛門・津田重二郎（永忠）の提案を受けて郡々手習所の取り立てが命じられた。表10のA欄とB欄とを比べれば分かるように、郡々講釈師がそのまま手習所師匠になっている。表10には現れないが、赤坂郡の手習所は講釈師の河本源六の居宅がそのまま使われている（「備陽国史類編」）。

郡々手習所は一挙に出来上がったわけではない。一郡一カ所から徐々に拡大が図られたようで、寛文一一年（一六七一）初めに入用米銀を下賜された手習所は、全領で一二三カ所であった（表10C欄）。それが同年中に急速に拡大したようで、「郡々手習所幷《ならびに》小子之記」には全領で一二三カ所が書き上げられている（表10D欄）。

津田重二郎は、手習所は次のようなものだと説明している（『池田光政公伝』）。

(1)手習所では「手習・算用」を基本として「文字読」は希望者に教える。年に一、二回は村役人や上層農民を集めて「講釈」を行う。

(2)師匠は元庄屋や庄屋の子弟か隠居した上層農民が勤めることとし、「文字読」および「講釈師」は学校から差配する。

(3)庄屋・村役人の子どもは成人すれば皆「公用」を勤める者だから、望まなくても手習所に来させるべきだ。もちろん小百姓でも望みの者は子どもを手習所へ出してもよい。

(4)手習所の費用は本来子どもを遣わしている親たちが賄うべきだが、当面、百姓たちが自ら進んで手習所に出るようになるまでは、藩から入用米を支給する。

## 郡々手習所の目的

ここで津田が明確に述べているように、手習所は将来「治」の末端を担うべき村役人を養成することを目的としたものであった。一二三カ所の手習所に通う子ども数を村数で割ってみると、一村平均五・〇人になる。これは、ほぼ各村の村役人の子どもたちと考えてよいだろう。別のところで津田は光政の意図を次のように説明している。手習・算用を学び、四書・小学の文義をも理解すれば、親に孝行、国法を背かず、一類和睦し、上を重んじ、奉行・代官・庄屋の申付を用い、家職の耕作に精を出すはずである。こうした者が一村に一人でも二人でもあれば、在々の風俗の益になるものである、と(「御留帳評定書」)。寄特者褒賞と同じように、手習所が「正路」なるヒトの連鎖を作り出す政策であったことがよく分かる。

あわせて津田は次のようにも言う。以前は、子どもたちは寺に通って手習・算用などを学び、大人は坊主の説教を聞いていた。しかし村に寺院がなくなり僧もいなくなったので、頼りがなくなってしまった。それを光政が「不便《ふびん》」に思って、手習・算用も仕習い、講釈の一句も聴き、人倫の教えも受けられるようにと手習所を設けられたのだ、と（同前）。手習所は寺院淘汰の代償だというのだが、本末が転倒した弁解だといわざるをえない。本音が「新学すゝめ」（「廃仏興儒」）にあることは津高郡百姓の目安が指摘する通りであった。

なお、備中浅口郡の手習所には一時市浦清七郎（毅斎）がいて、小子の教育にあたっていた。清七郎は一五歳のときに光政に見出され、京都の三宅道乙《どういつ》・可三《かぞう》のもとで儒学を学ぶことを許された。後に致仕したが、泉八右衛門・津田重二郎の招きで在郷するようになり、手習所の師匠になったのである。寛文九年（一六六九）からは和意谷・閑谷の御用を勤めるようになり、光政が致仕、さらには死去した後にも、学校の存続に力を尽くすことになる（「市浦清七郎奉公書」、財団法人特別史跡旧閑谷学校顕彰保存会編『閑谷学校ゆかりの人々』）。

ここで、光政第三の「改革」期に活躍を始める津田重二郎について触れておきたい。柴田一『岡山藩郡代津田永忠』が詳しい。

**津田重二郎永忠**

重二郎の曾祖父の津田左京は三河吉田（現豊橋市）以来池田輝政に仕え、祖父の弥次右衛門も輝政に仕えて関ヶ原の戦いなどに戦功を挙げた（「津田静衛奉公書」）。父の左源太は輝政・利隆・光政・綱政の四代に仕えている。特に光政の信任が厚く、光政次男の池田信濃組の組頭に任じられたことは先にもふれている（第四章一一六頁）。

重二郎は寛永一七年（一六四〇）岡山に生まれ、承応二年（一六五三）一四歳で児小姓《こごしょう》として召し出された。三〇俵四人扶持、この年光政に初めて御目見して御側《おそば》児小姓に仰せ付けられた。万治三年（一六六〇）新知一五〇石を与えられ元服した。二一歳であった。寛文二年（一六六二）歩行頭《かちがしら》に仰せ付けられ、一〇〇石加増。寛文四年（一六六四）には大横目を命じられ、さらに五〇石加増されて都合三〇〇石になった。同年一〇月二一日からは評定所への出座も命じられている。この年重二郎は二五歳。光政による大抜擢と言ってよい。評定の場では仕置家老に対して歯に衣着せぬ口振りであった。光政は「余が視る所にたがはざりき、思ふ事憚《はばかり》なくいはん者なりと思ひたりしに果たして然《しかる》なり」と評したという（「率章録」）。「道理を主張してやまない剛直さ」（柴田一前掲書）はどこか蕃山を思わせる。側児小姓であった重二郎は蕃山から多くを学んだに違いない。蕃山も明暦三年（一六五七）の詩草で永忠のことを「輔仁《ほじん》之良友」と評している（『蕃山全集』第六冊）。互いに励まし助けて人格を高め合う良い友だというのである。この時永忠は蕃山より二一歳下の一八歳。いささかオーバーな物言いだが、蕃山も永忠に一目置いていたことを示すエピソードだろう。

翌寛文五年（一六六五）二月二五日、重二郎は光政から「御祖考様御改葬之地」の見立てを命じられる。これ以降光政から直接に指示されて第三の「改革」に関わる諸事業に携わることになる。そうしたことについては以下述べるだろう。さらに、光政を継いだ綱政のもとでも永忠はますます重用される。天和二年（一六八二）には郡代に任じられて農政改革に取り組み、元禄期には沖新田開発・百《ひゃっ》間《けん》川の開削・後楽園の築造といった一連の上道郡地域総合開発プロジェクトを推進する。

しかし、のちの蕃山はこうした永忠の農政に批判的で、貞享二年（一六八五）八月の綱政宛覚書で、「士民共におしなべてにくみ候重二郎を御用ひ、一国の事を御預け被成候へば、殿様共に諸人そむき可申候」と危惧を述べ、「重二郎気根つよく気がさ者、座敷にては非を是と申なをし候へ共、是も実は知なき者の由申候事」と酷評している（『蕃山全集』第六冊）。この頃には光政は亡くなっているのだが、生きていればどちらに与《くみ》しただろうか。蕃山は寛文「改革」の行方に次第に批判的になっていく。どちらかと言えば、承応「改革」の精神を保守していたのは蕃山のほうだろう。

## 3　藩学校と閑谷学問所

### 仮学校取り立て

寛文「改革」の推進にあたって光政は家臣に対して再び「学文」を強調する。先にふれたように「改革」のためには治者集団の一段のレベルアップが必要だと感じたからである。寛文六年（一六六六）七月九日、光政は池田伊賀（長明）・日置猪右衛門《いえもん》（忠治）の両仕置家老を呼び出し、「両人ヲ始近習者共、一人も志有者なし、他家にハはし〳〵有之候、此段迷惑かぎりなく候」と批判し、「八右衛門・八兵へなど折々よび、ぎろん可有事ニ候」と、泉八右衛門や加世八兵衛と議論するよう命じた。そして翌一〇日には、両家老に評定所において「我等今迄うか〳〵と仕、学文志なき事誤と存候、何ほども心得ちがい可在之候、御用承候上ハ、学文なくてハ不叶事《かなわざる》と存候、何も御近習と云、御用達仁と云、学文志なくてハ不叶事と存候」と説諭させた。藩主から御用を命じられているからは、学問がなくては叶わないというのである。

光政は「学校ノ事、我等数年ノ願ニて候」と述べており、以前から学校取り立ての考えを持っていたようだが、寛文「改革」の諸政策との関連で一挙に実現が図られたものと思われる。寛文六年（一六六六）一〇月七日、泉八右衛門・津田重二郎に城内の松平五郎八の旧宅を修繕して仮学校を取り立てるよう命じ、早くも一一月二八日に開校式が行われた。入学の式では、京都から招かれた三宅可三が『孝経』巻頭を講じ、生徒たちが同声で『小学』を読誦した。

開校時には、小子《しょうし》一七人、授読者《じゅどくしゃ》三人、小侍者《しょうじしゃ》三人であった。小子はいわゆる生徒で、家老の子弟である日置三内・土倉登之助《とうのすけ》、蕃山派・中江派である西村源五郎・都志源右衛門・加世八兵衛の子、児小姓頭（尾関源次郎）・大小姓頭（安藤杢）・祐筆頭（加藤甚右衛門）など側近グループの子などであった。授読者は、自らも学校で講習を受けながら小子の読書の指導も行う者で、三人のうちには泉八右衛門・加世八兵衛の子弟が含まれていた。小侍者は、民間の子弟で学校に寄宿して諸用を勤めながら学習する者で、三人のうち二人は儒学尊崇の理由で褒賞された和気郡片上村庄屋六郎兵衛・日笠村庄屋八郎兵衛の子であった。このように仮学校は、光政の「心学」を支持するシンパグループから寄せ集めてとりあえず発足させたものであった。開校時に定められた「掟」では、「家中宗子（嫡子）」のうち八歳から二〇歳までの希望者が入学することになっており、二〇歳以上の者や「庶子」「庶人」でも理由によっては入学を許された。また、学校では「文武之両芸」を学ぶことになっていたが、武芸は希望者のみが個別に師に就いて習うもので、射・馬・太刀・槍などが教えられた。

## 藩学校の設立

その後光政による度重なる督励と「廃仏興儒」政策の進展によって、学問への関心が家中に広がったのだろう。小子の数が急激に増加し、仮学校では手狭になった。寛文八年（一六六八）一二月二四日に三の外曲輪《そとくるわ》の御祈禱所円乗院跡地に新学校を建設することが命じられた。開校式は翌寛文九年（一六六九）七月二五日に行われた。学校の中心にある中室の龕《がん》（厨子）の中には、中江藤樹真筆の「至聖文宣王」の書軸が掲げられ、当時明石に移住していた熊沢蕃山が来岡して式を主催した。やはり三宅可三が『孝経』を講じている。これより先の七月一〇日には、学校財政の基礎となる学校領二〇〇〇石が設定された。この年寛文九年に小子の数はこの時期で最高の一四一人を記録している（表11）。

**表11　岡山藩学校生徒数の推移**

| | 小子（諸生） | 小侍者 |
|---|---|---|
| 寛文6年 | 17人 | 3人 |
| 7年 | 65 | |
| 8年 | 81 | 25 |
| 9年 | 141 | 48 |
| 10年 | | |
| 11年 | 120 | 56 |
| 12年 | 113 | 61 |
| 延宝元年 | 83 | 67 |
| 2年 | 83 | 63 |
| 3年 | 68 | 63 |
| 4年 | 49 | 12 |
| 5年 | 35 | 12 |
| 6年 | 30 | |
| 7年 | 22 | 12 |
| 8年 | 17 | 11 |

（註）「備陽国学記録」（池田家文庫）より作成。

小侍者の数も急速に増加した。寛文一一年（一六七一）四月、小侍者のための規定三五カ条が定められる（「備陽国学記録」）。それによれば、小侍者の学習は学校の開講時間（午前一〇時～午後二時）の前（午前九時～一〇時）と後（午後三時～五時）に行われ、読書が中心で、月三度ずつは「会」と講習が行われた。この学習時間以外は、詰番・掃除・給仕・寝番

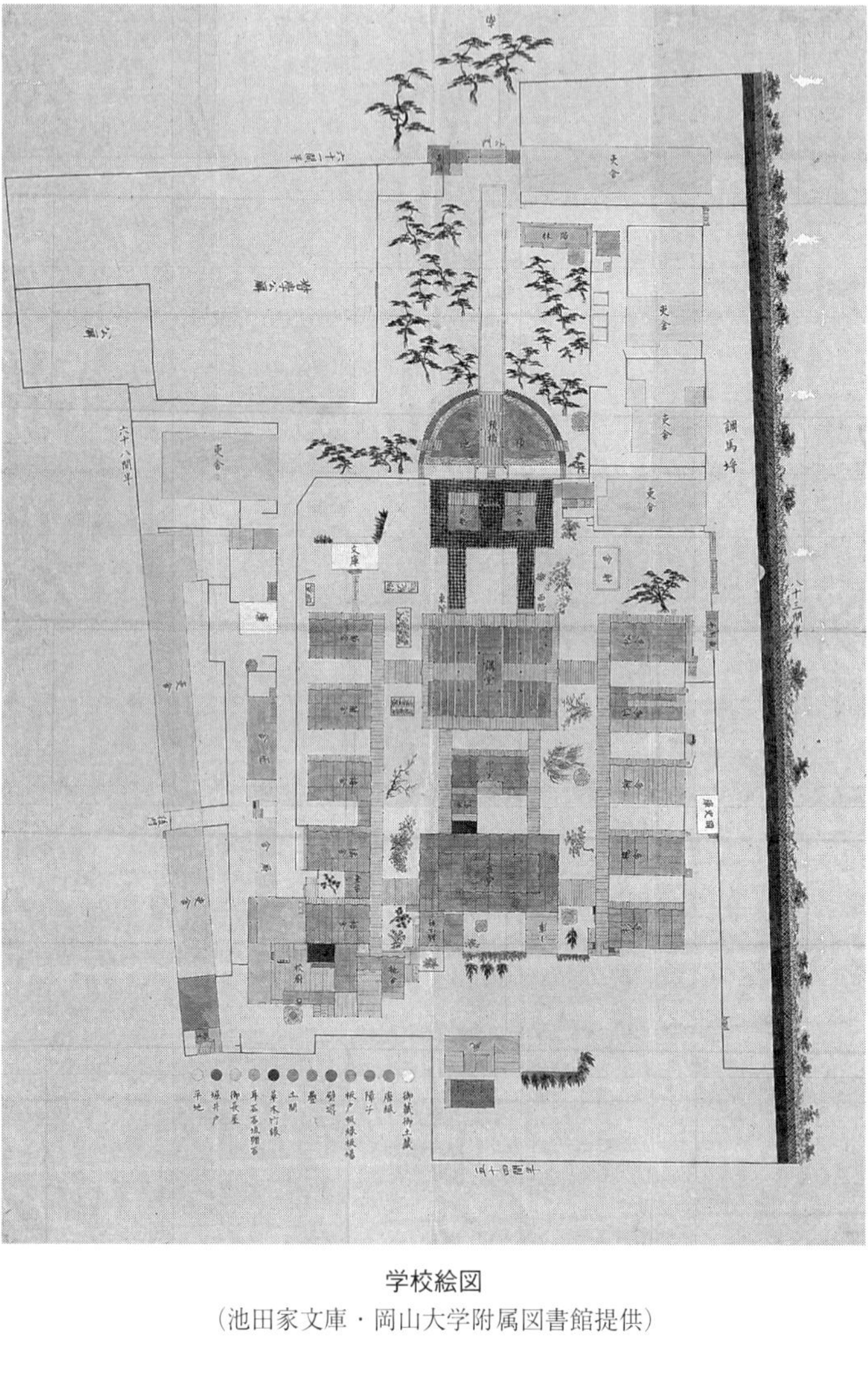


学校絵図
（池田家文庫・岡山大学附属図書館提供）

など学校内の諸用を勤めることになっており、衣服・入浴・文通・外出などの生活面についても細かく規制されていた。また、この時より小侍者の在校年限が五年と定められた。

しかし、六〇人を超える小侍者は、学校での諸用に必要とされる人数をはるかに超えている。このことは家中子弟の教育と並んで、民間子弟の教育が学校の目的であったことを示している。ある程度の学習を終えた小侍者のなかには、手習所の師匠などになる者も少なくなかった。小侍者は百姓の子であっても「国学」に詰めているうちは「太刀」を指すことになっていた。治者に連なるという自覚が求められたのである。

### 閑谷学問所

寛文六年（一六六六）一〇月、光政は津田重二郎の案内で池田家の先祖を改葬する地を見分するために和気郡を巡廻した。改葬地は「脇谷之山《わきだに》」（のちの和意谷敦土山《わいだにあつちやま》）に決まったが、その際に「木谷之山《きたに》奥ハ往々《ゆくゆく》学校に可被仰付」との内意であった（「津田静衛奉公書」）。その後郡々手習所が設置された時に木谷村にも手習所が設けられた。その時には、それを「じねんニヶ様々々ニ可申付」とのことであった。まず手習所を設け、それを徐々に学校に仕立てていこうというのが光政の考えであったというのである。寛文一一年（一六七一）の「小子之記」によれば、この木谷村手習所は師匠一人・小子一六人で近隣の一〇カ村から小子が集まる他と変わらない普通の手習所であった。ところが寛文一二年（一六七二）になると各地の手習所は衰えてしまう。木谷村手習所もこのままでは「最初より之御主意」に反して「無益事」となってしまうのではないか。そこで、この時から津田重二郎が学校としての整備に本腰を入れることになる。

閑谷学校講堂（備前市教育委員会提供）

寛文一二年飲室と学房が出来、翌延宝元年（一六七三）に講堂、同二年（一六七四）には聖堂（孔子廟）が完成した。同年四月朔日には木谷村二七九石余がすべて閑谷学問所料とされ、同日校則ともいうべき「定」（壁書）が決められた。当時光政はすでに隠居していたが、その意向を受けて津田が努力した結果であった。九月一一日光政は閑谷を訪れて聖位（孔子の霊牌）を拝している。

同年一〇月一一日付けで蕃山が弟子の国枝平助にあてた書状によれば、国枝が郡奉行を務める備中浅口郡から「手習子共之師」を勤めながら自らも学習する「子共五人」が閑谷に派遣されている（『蕃山全集』第六冊）。閑谷学問所がかつての手習所とは異なり、全領の「郷学」となっていることが分かる。

他方、手習所のほうは同二年一二月に一郡一カ所の計一四カ所に統合され、さらに翌延宝三年（一六七五）九月九日にはすべて廃止された。手習所の典籍や器具などは閑谷に移され、閑谷学問所のみが庶民子弟の教育機関として残されることになった。

## 4　和意谷墓所の造営

### 祖廟祭祀と『孝経』への傾倒

中江藤樹も熊沢蕃山も道徳の根本は「孝」にあると説いた。蕃山は「天・地・人・万物、みな孝より生ぜり、春夏秋冬、風雷雨露、孝にあらざるはなし、仁義礼智は孝の条理なり、五典十義は孝の時なり、神理の含蓄のところを孝とす」（『集義和書』）と述べ、「孝」が自然・社会・人間を貫く根元的なものだと述べている。この「孝」の強調も、光政が蕃山や藤樹に惹かれた理由であった。子の親を思う素朴な心情から出発して、それを社会のあらゆる面におよぼすこと。それが光政の「治」であった。「孝」を実践する正路なヒトを褒賞したのも、そのためであった。

承応三年（一六五四）正月元日、光政は「御影《みえい》三ふく」と「格物《かくぶつ》」に焼香、続いて『孝経』一部を読誦《とくしょう》した。以後、これが元旦の恒例行事となる。「御影」三幅は祖父輝政と父利隆および輝政の妻で利隆の母にあたる中川氏（大儀院）の画像、「格物」は儒教の四書の最初におかれる『大学』にある言葉。朱子学では「物に格《いた》る」とよみ、陽明学では「物を格《ただ》す」とよむ。光政が掲げたのは藤樹の直筆で「格物」と書かれた軸である。この後、書初《かきぞめ》を行い、「天下泰平儒道興行」の八字を書いたという（『有斐録』）。『日記』で元旦書初の記事は明暦二年（一六五六）から確認できるが、当時どんな文字を書いていたかは『日記』では分からない。

翌承応四年（一六五五）二月一五日に光政は城中御書院に祖先の神位（儒式の霊牌）を祀り、「祖考祭」を行った。いわゆる儒式の先祖祭祀である。これも以後恒例となる。率先垂範は光政のモットーだが、「孝」の実践についてもまず自ら模範を示した。この「孝」の強調が承応「改革」を前後して始まることも注目される。ただしこの時期には仏式の先祖供養も行っており、輝政や利隆の命日などに国清寺へ参詣している。

万治二年（一六五九）城内石山に新たに祖廟を建築し、二月朔日城中にあった先祖の神位を移した。二月二日に「祖考祭」が行われ、以後この祖廟で春秋両度の祭祀が行われることになった。先にふれたように（第四章一一一頁）、これを機に津高郡紙工《しとり》村に在郷していた中江派の加世八兵衛と中村又之丞が城下に移住し、祖廟祭を執行することになった。『池田光政公伝』はこの年から「儒道興隆天下泰平」の元旦試筆が始まるという。この八文字を書いた自筆の書軸は現在数点確認されているが、年記の明らかなものはいずれも延宝年間（一六七三～八一）のものである（浅利尚民「池田光政の元旦試筆」）。

寛文元年（一六六一）二月一九日、祖廟祭が無事済んだ後で光政は、家老をはじめとした重臣たちに「国ノ大事二つ有、一つハ軍陣、一つハ祭ニて候」と説いている。この年は倹約中であるためにその大事な「祭」（祖考の祭祀）も簡略にせざるをえなかった。こうしたことがないよう仕置に専念することを教諭したのである。

## 妙心寺護国院のこと

護国院は光政の曾祖父である池田恒興（信輝、勝入）の法号である。恒興は、嫡男の之助《ゆきすけ》とともに長久手の戦いに戦死した。恒興の母である養徳院（「大御ち」）は、文禄年中に妙心寺に寺地を購入し、子の追福のために一寺を建立した。これが護国院である。以後、この寺が池田家の菩提所となり、輝政や利隆の遺骸なども納められた。

ところが、慶安元年（一六四八）護国院は失火のため焼失してしまう。このとき安置してあった池田家代々の位牌も焼けてしまった。後に位牌だけは再造され、妙心寺の塔中桂昌院に預けられた。その後、護国院住僧の大用からたびたび再興の願いが出されたため、鳥取池田家と相談の上、承応三年（一六五四）三月に失火の始終について調査させた。その結果、火事の当日は住僧の大用はじめ寺内の者が残らず打ち連れて遊山《ゆさん》に出かけ、その隙に出火したことが判明した。これを聞いた光政は激怒し、大用を追放するとともに、再興の件も停止させた。この事件は光政が僧侶に不信感を持つ大きな契機になった。

寛文六年（一六六六）護国院の観首座が岡山に来て再興を願った。「廃仏興儒」の方向に大きく楫《かじ》を切っていた光政はこれを認めなかった。そのため寺僧側は自力で再興を始めた。ちょうどそのころ先祖の改葬を考えていた光政は、これを機に同寺に納めてある先祖の遺骸を回収することにした。

この時に遺骸の回収をめぐって光政が鳥取藩主の光仲と遣《や》り取りした史料がある（「妙心寺ノ事因州へ申遣書付」次頁）。そこには次のような光政の墓地についての考えが示されている。

一つは、国主の墓地はその領国にこそあるべきだという考え。光政は、いったん領地を拝領した国主に対しては、たとえ国替えがあったとしても領民は後々もその国主の墓を疎かにしないものだと述べている。ここには、領主と領民とを親子のように考える光政の治政観が反映しているのだが、それ

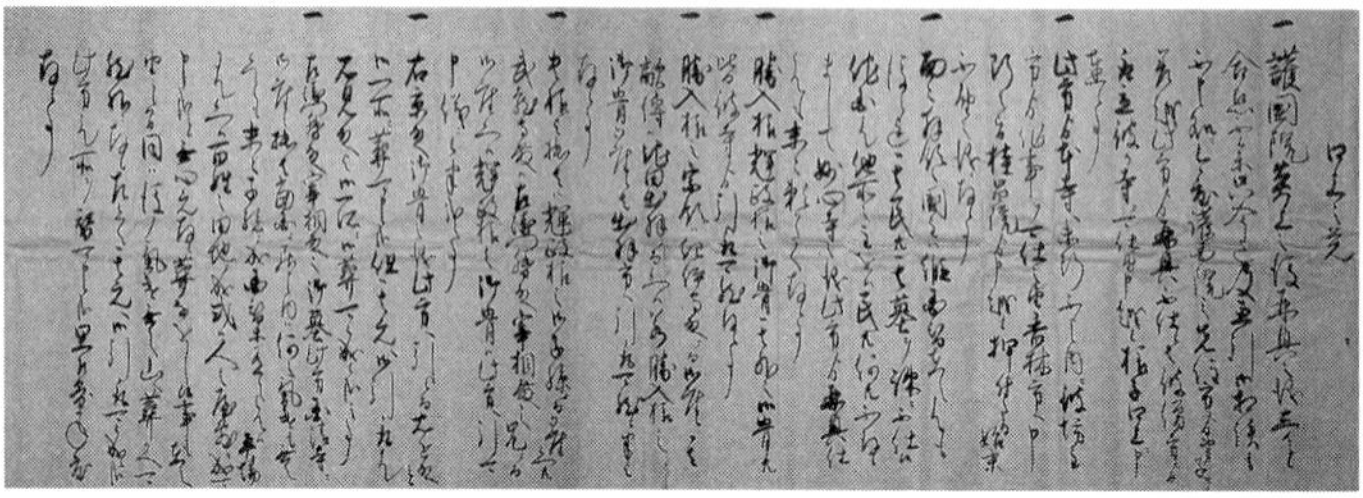

妙心寺ノ事因州へ申遣書付
（池田家文庫・岡山大学附属図書館提供）

に比べれば、京都の寺院などは頼りにならないものだと言う。国主の墓は領地にこそあるべきだ。それが和意谷《わいだに》墓所を築く理由の一つであった。

もう一つは、岡山の国清寺にある池田忠継と忠雄の墓に関することなのだが、この両人の墓は光政が岡山にいる間は何の気遣いもないが、もし子孫の代になって国替えにでもなった場合には、どうなるか分からない。国清寺は「平場《ひらば》」なので、百姓の田地になるか屋敷地になるかもしれない。だから、この際、山にでも改葬してはどうかと勧めていること。「平場」は耕地や屋敷として有効利用すべきで、それを寺院が占有するのはけしからん、ということだろう。今まさに寺院淘汰を進めている光政の寺院観が透けて見えるのだが、墓は山にあるべきだという墓地観もうかがえる。これも和意谷に墓所を造営する理由であったろう（倉地克直「池田光政の「妙心寺ノ事因州へ申遣書付」について」）。

## 和意谷敦土山墓所

領内に儒教式の墓所を建造することを光政がいつ頃から考え始めたかはよく分からない。津田重二郎は、寛文五年（一六六五）二月二五日に光政から祖考改葬の地を見分するよう命じられたと「奉公書」に記している。津田は四月二三日から領内の山々を巡見し候補地を探した。翌寛文六年（一六六六）一〇月二七日光政は津田の案内で改葬地の見分に出張する。二八日には木谷村の山を見分。この地にはゆくゆくは学校を作るようにとの内意を伝えた。二九日には脇谷村の山を見学。この地に墓所を造営することになった。

一二月三日光政は池田美作《みまさか》と稲川十郎右衛門を京都に遣わした。両人はまず京都所司代牧野親成《ちかしげ》のもとにおもむき、護国院から遺骸を引き取ることについて許可を得ている。その後妙心寺へ行き、桂昌院に引き続き位牌の管理を依頼するとともに、妙心寺方丈に護国院の寺地の返納と寺号停止を申し入れた。次いで墓所を開き、骨壺にそれぞれ印を付け、輝政と利隆のものを一つの櫃に、残りを一つの櫃に納め、石塔・卵塔も残らず引き取った。櫃などとともに両人は一二月二〇日京都を出発、二七日片上に着船する。遺骸は翌日八木山の宮（現備前市鏡石神社）に仮に納められた。

寛文七年（一六六七）正月七日、津田は和意谷山改葬地普請の諸事を奉行するよう光政から直々に命じられた。二月二三日と閏二月一三日の両度にわたって祖考遺骸が八木山から和意谷へ改葬される。三月一二日津田重二郎と泉八右衛門が和意谷奉行に命じられた。津田は和意谷山全体を墓所として整備する大土木工事に取り掛かる。墓碑・玉垣・石垣などの石造工事は、津田の土木工事で活躍する石工の河内屋治兵衛が担当した（柴田一『岡山藩郡代津田永忠』）。輝政は「一之御山」に、利隆は「二之御山」に祀られた。

寛文九年（一六六九）三月一三日光政は初めて和意谷に参詣し、儒教式の墓前祭が営まれる。この墓前祭は以後毎年三月に執行された。延宝二年（一六七四）四月朔日、和意谷村五三石三斗一升五合が墓所領とされた。同日閑谷学問所料が設定されたことは先にふれている。和意谷墓所料の設定も、同じように墓所の管理運営費を確保するための措置であった。

### 井田と社倉法

この時期の光政の事業として、井田《せいでん》と社倉《しゃそう》法についてもふれておこう。

井田は、儒教で理想とされた周の時代に行われた土地制度で、耕地を九等分して真ん中の部分を公田として八戸の百姓が共同耕作して収穫物を納めさせ、残りの耕地は八戸がそれぞれ耕作して作り取りにするというものであった。光政がこの井田法を実施したのは和気郡の友延新田で、津田がその田地割を命じられたのは寛文一〇年（一六七〇）一二月一一日のことであった。しかし延宝元年・二年（一六七三・七四）と続いた洪水・飢饉のために光政の「理想」を維持することは困難となり、延宝三年（一六七五）九月に通常の年貢地と同じ扱いとされることになった。

社倉法は津田の提言を受けて寛文一一年（一六七一）に実施された（同前）。社倉は中国の朱子が提唱した救恤法で、儒者の山崎闇斎によって日本に紹介され、会津藩の保科正之が最初に採用している。古代に国衙《こくが》が管理した義倉《ぎそう》と区別され、民間の出資により民間が管理するものであったが、会津藩でも岡山藩でも実際には藩が主導する官営であった。光政は娘の奈阿子の湯沐料《とうもくりょう》銀一〇〇〇貫目を借り受け、これを低利で貸し付けてその利銀を救恤にあてた。やはり光政晩年の儒教主義による政策であるが、次第に新田開発などの藩営事業に援用されるようになった。

井田航空写真（備前市教育委員会提供）

## 5　光政病む

### 心労による腹病

寛文七年（一六六七）三月一六日、光政は岡山を出船し、四月二日江戸に着いた。江戸では幕閣の間で光政の宗教政策が問題になっており、光政が弁明に努めたことは先にふれた（一三八頁）。こうした緊張した状況のなかで光政は体調を崩す。五月五日の定例登城を「腹中気」のため不参したのだ。このため、医者の井上玄徹の施薬を受けたが、回復ははかばかしくなかった。その後も、キリシタン神職請について幕府の宗門改奉行である北条安房守氏長・保田若狭守宗雪と交渉したり、京都での公家衆とのつながりが問題となった熊沢蕃山の去就についても、酒井忠清・板倉重矩などとの遣り取りに追われた。輪王寺門跡による訴えにも苦労した。

八月に「湯治御暇」を願い出て許され、伊豆に湯治に出かける。半月ほど入湯したが、気色は思わしくなかった。田中誠二は、光政の腹病を「神経性」と推測している（「寛文期の岡山藩政」）。七月に願い出ていた「四方髪」（総髪）が一一月になって許された。

これより先、八月九日に光政は鳥取の池田光仲とともに芝から麻布までの江戸城の堀普請を命じられた。一二日、惣奉行の日置猪右衛門をはじめ諸役人を定め、日置は準備のためにいったん国本に帰る。

明けて寛文八年（一六六八）正月二日、例年の通り年頭の御礼を勤めたが、「病中」のため老中以外へは不参した。光政の体調はまだ本調子ではなかった。この頃から堀普請の諸役人が江戸に集結し始める。ところが、正月晦日・二月四日と続いた江戸大火によって、綱政が居住していた下谷《したや》の下屋敷が焼失する。翌五日、登城した光政と光仲に御前において直《じき》に堀普請の延期が申し渡された。一五日には、再び御前において「此度火事ニ付、何もけんやく《倹約》可守、国々末々ニてきかん《飢寒》不仕様」との上意があった。

## 酒井雅楽への直言

　このあとの在江戸中のことだろう。光政が大老の酒井雅楽頭《うたのかみ》忠清に直言したと思われる史料が残されている（「うた様へ被進之御仰書」次頁）。これは光政直筆の「下書」で津田重二郎の手元に伝えられたと思われる（倉地克直「池田光政と狩猟」）。和意谷墓所の造営に掛かり切りであった津田も寛文八年正月から四月までは、堀普請のために光政に呼び出されて江戸にいた。

　この「仰書《おおせがき》」では「天下乱」に対する光政の強い危機感が示されている。その原因の第一は、「上様」（将軍家綱）が「下の事」（民の実情や民政のこと）をよくご存じなく、万事老中任せになっていることである。そのため「御威光うすく乱の本」だという。こういう時に、「執権の人」（大老）が「奢」って「邪の威」を振り回せば、それこそ「天下乱」である。まさに「今の時節」は「貴様御一人」に「天下の安否」が掛かっているというのである。

　もう一つは、大名の「勝手」（財政）がよくなると「悪き心」が生まれるものだから「すり《摺》きり《切》」（窮乏）になるように仕置するのがよいという考えが老中のなかにあることだ。しかし「勝手」が成

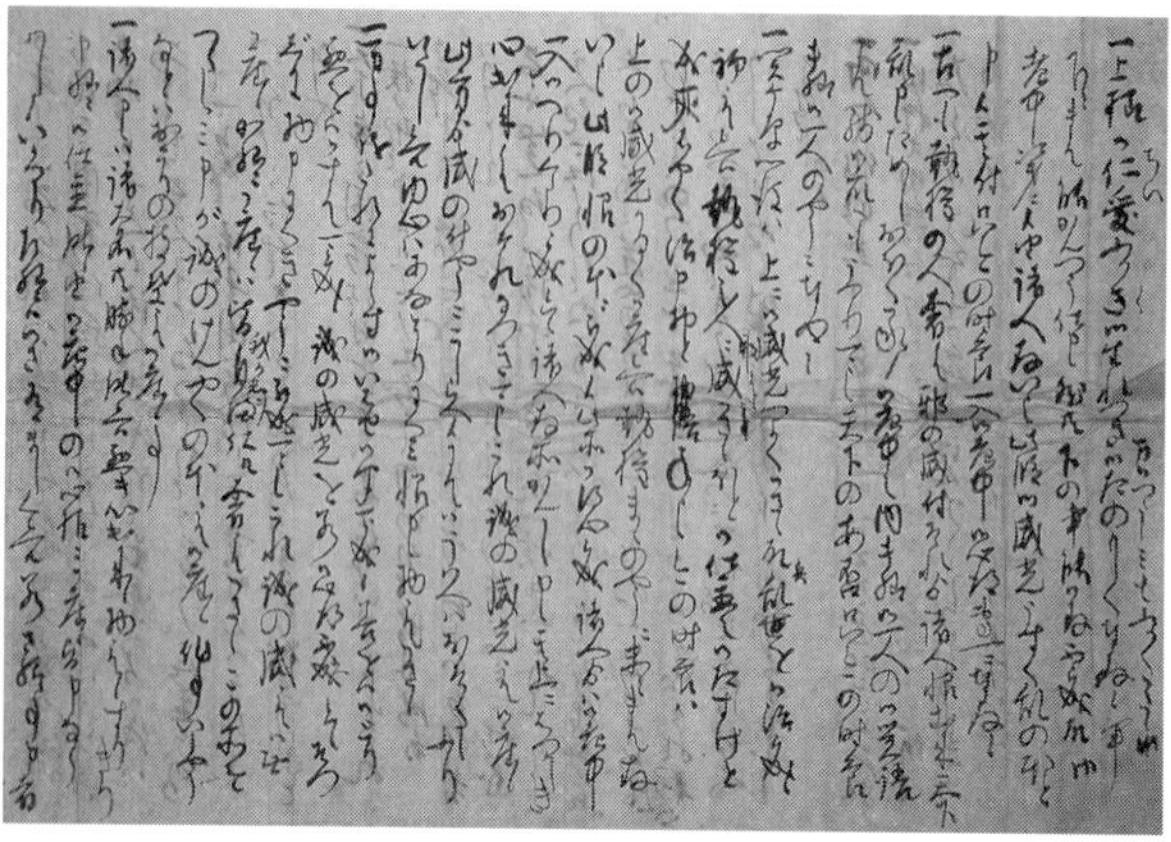

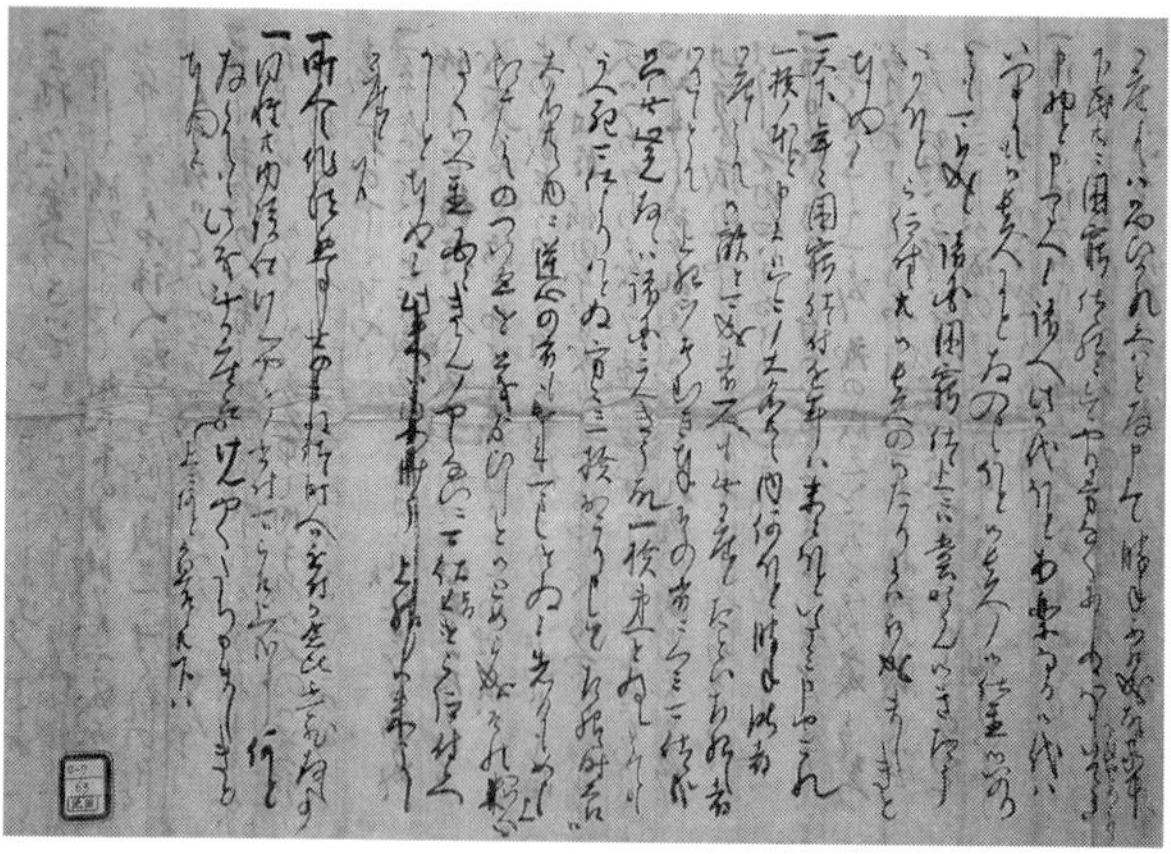

うた様へ被進之御仰書
（上：表，下：裏）
（池田家文庫・岡山大学附属図書館提供）

り立たなければ「下民」から「せめ取る」のは必然である。これによって「末々」が痛めば「一揆」が起きる。そして方々で「一揆」が起きれば、大名のなかには「逆心の者」や「御敵と可成者」も出てくるだろう。それこそ「天下乱」である。しかも近年は「天下年々困窮」し「末々ほどいたミ（痛）申」という状況であり、「一揆」が起きるのではないかと心配で堪らないというのである。

前年の秋、岡山藩領では幕府巡見使に宗教政策と増徴政策とを一体のものとして告発する目安が出されていた。「一揆」への危惧は人ごとではなかった。

なおこの「仰書」を光政の大老酒井忠清への批判とするのが従来の理解だが、福田千鶴は「信頼し期待する忠清」だからこその「諫言」であると評価する（福田千鶴『酒井忠清』）。福田の言うように光政にとって酒井は「取次《とりつぎ》」的存在であったことは確かだが、この時点で両者の関係が、険悪であったと言わないまでも、良好であったとはやはり見えない。酒井忠清が「学文きらい」だという光政の評価はその後も変わらない（第六章一八六頁）。政治のあり方について思い切って「諫言」せざるをえないという光政の気持ちははっきりしていた。

## 仕置は綱渡り

寛文八年（一六六八）四月二一日に江戸を出立した光政は、五月七日岡山に帰国する。御暇にあたって幕閣から「きりしたん改」および「けんやく」について油断なく取り締まるよう指示されていた光政は、岡山に帰着した翌五月八日に老中・番頭・物頭・組はずれなどの大身《たいしん》の家臣を集めて、両件について厳しく取り組むよう命じた。あわせて、「御きげんよく候」とも述べている。光政の体調を気遣う家中への配慮だろう。

ところが、同月一四日には「四季祭」を行った後、居所を西丸の綱政の屋敷に移す。明らかに隠退を意識した行動だ。以後光政は亡くなるまで岡山では西丸を居所とする。もちろん綱政が本丸に住むわけにもいかないので、別に綱政の屋敷を造作している。

他方、領内仕置は一進一退であった。寛文六年（一六六六）の危機は大寄合後の措置によって何とか回避され、この年の物成は三ツ九歩（三九％）を確保した（一〇〇頁、表6）。寛文七年（一六六七）も春先に救恤を行い、夏には麦成《むぎなり》（麦年貢）を半免したため、物成は四ツ一歩（四一％）に上昇した（同前）。

寛文八年（一六六八）は諸国大旱であった。岡山藩でも旱魃は五月末から八月まで続き、秋作は不作となった。『仰止録』は次のような逸話を載せている。郡奉行らの意見では、旱魃のために池懸かりや天水の所は旱損が多いが、井手懸かりの所は例年より作柄のよい分もある。だから、全村で土免を破り惣毛見を行えば、七、八〇〇〇石余の増収になるだろうというのである。それを聞いた光政は、それでは「民の信を破り可申候」と述べて反対した。そのため、例年通りに毛見を望む者にだけ株切り毛見を行い、不作の所は免を切り捨て、良作の所は土免のままにしたというのである。結果、平シ《なら》物成は三ツ六分（三六％）になり、前年に比べて二万四四八八石余の減収になった（同前）。それでも郡中用米を出す基準の三ツ五分（三五％）は超えた。土免制の恣意的な運用を避け、光政が民との「信頼」関係を重んじたという逸話なのだが、その裏には、酒井への「直言」でも述べているような、不作にもかかわらず高収奪を維持しようとすれば「一揆」が起こるかもしれないという危惧があったのではないか。光政としては、宗教政策をめぐって幕閣との軋轢が高まっているなかで、領内不穏の状況だけは何としても避けたかったに違いない。

## 半田山大鹿狩

明けて寛文九年（一六六九）。この年、光政は厄年（六一歳）であった。そのため一月一五日に綱政（在江戸中）の発願により酒折宮《さかおれのみや》で祈禱が行われている。二月二日、半田山《はんだやま》で光政主催の大規模な鹿狩が挙行された（倉地克直「池田光政と狩猟」）。

半田山は城下町の北方に位置する藩の御林山である。この日未明、光政は御野郡北方村の四日市樋の上に本陣を定めた。責子《せこ》（勢子）衆は四組に編成され、家老格の池田主水《もんど》・池田大学・池田隼人・日置猪右衛門が大将を務めた。総勢は一万六〇〇八人。内、侍七二八人、歩行《かち》九三人、足軽三九〇人、下人四四三一人、船頭・鷹師など八〇人、他に百姓・町人一万二八六人が動員された。藩をあげての一大イベントであった。

狩は晩方にまで及び、鹿六二頭、狐八疋、兎二一疋、雉八羽が打ち取られた。光政は手ずから鹿七頭を射止めたという。光政は常に武芸の修練を怠らなかったが、なかでも射術は最も得意とするところであった。

この鹿狩は「余り仰山《ぎょうさん》」であったために、やはり江戸の幕閣の間で問題にされたようだ。光政が参勤した折りに、「御遠慮も可有」と老中から注意されたという。これに対して光政は、次のように返答した。太平の世で大勢の軍勢を動かす訓練は鹿狩しかない。「治にも乱を忘れず」。各々も試してみるべきだ。逆にこうたしなめたというのである。以上は、『有斐録』が伝える逸話であって、どこまで事実かは定かでないが、半田山の狩が酒井忠清への直言と連動した動きであることをうかがわせる記事だろう。この狩はまさしく、「一揆」など領内での不穏な動きを想定しながら、家中の引き締めを図り、あわせて領民に「武威」を誇示するものであったに違いない。

### 光政と狩猟

光政が行った狩猟は表12の通りである。このうち寛文二年（一六六二）と寛文一〇年（一六七〇）は綱政が行ったもので、光政は在江戸中で関わっていない。光政の狩猟は二つの時期に分かれている。一つは明暦元年（一六五五）から万治二年（一六五九）までで、もう一つが寛文九年（一六六九）以降である。

最初の時期では明暦元年（一六五五）から三年（一六五七）にかけて半田山で鹿狩が行われている。この時期は承応三年（一六五四）に起きた大洪水からの復興のために「改革」が行われている時期である。動員数は寛文九年の三分の一程度で規模は大きくないが、それでも三、四〇〇〇人規模の百姓の動員が行われたはずだ。一方でくたびれた百姓の救恤に力を入れつつ、他方では「武威」を示して引き締めを図る。いかにも光政らしい態度だ。仕置には「威と恩との二つ」が必要というのは、光政の揺らぐことのない信念であった。

この時期には、放鷹や鷹狩が行われているのも特徴である。光政がいつ頃から鷹狩を始めたかはよく分からないが、寛永一六年（一六三九）には将軍家から下総国和泉に鷹野場を賜り、五月から八月にかけて鷹を遣わしている。鷹狩を好んだ家光の影響であることは間違いない。こちらは、藩をあげてのイベントというよりは、藩主の個人的な嗜みという色合いが強い。あわせて、鷹狩が民情視察の

表12　光政の狩猟

| 年 | | 月 | 日 | 場所 | 勢子大将など | 人数 | 備考 |
|---|---|---|---|---|---|---|---|
| 正保3年 | 1646 | 10 | 10～11 | 鹿久居島 | 池田出羽・池田伊賀 | | |
| 承応2年 | 1653 | 2 | 28 | | | | 鷹狩 |
| 明暦元年 | 1655 | 2 | 18 | 半田山 | 池田下総・土倉淡路 | | 鹿狩 |
| | | 3 | 28 | 半田山 | 池田伊賀・池田信濃・土肥飛騨 | 5,000 | 鹿狩 |
| 2年 | 1656 | 7 | 2 | 邑久郡福岡 | | | 放鷹 |
| | | 8 | 22 | 児嶋 | | | 放鷹 |
| 3年 | 1657 | 1 | 18 | 半田山 | 伊木長門・土倉淡路・日置若狭 | 6,000 | 鹿狩 |
| 万治2年 | 1659 | 1 | 14 | 津島山 | | | 鷹狩 |
| | | 1 | 23 | 津島山 | | | 鷹狩 |
| | | 3 | 2 | 津島山 | | 1,652 | 鷹狩 |
| 寛文2年 | 1662 | 3 | — | 金川 | | | 綱政 |
| 9年 | 1669 | 2 | 2 | 半田山 | 池田大学・日置猪右衛門，ほか | 16,008 | |
| 10年 | 1670 | 2 | 30 | 牟佐山 | 伊木勘解由・土倉隼人，ほか | | 綱政 |
| 延宝2年 | 1674 | 2 | 18 | 半田山 | | 10,088 | 綱政·光政·信濃 |
| 4年 | 1676 | 1 | 21 | 半田山 | | 14,265 | 綱政·光政·信濃 |
| 5年 | 1677 | 3 | 7 | 半田山 | 日置左門・池田隼人・土倉四郎兵衛 | 12,092 | 光政·丹波 |
| | | ⑫ | 10 | 半田山 | 池田隼人・日置左門 | 2,032 | 綱政·光政·信濃 |
| 6年 | 1678 | 3 | 11～12 | 鹿久居島 | | | 鹿狩，綱政·光政·信濃 |
| 7年 | 1679 | 2 | 10～11 | 鹿久居島 | | 1,000 | 鹿狩，光政 |
| 8年 | 1680 | 1 | 27 | 牟佐山 | 池田隼人・池田三郎左衛門 | 18,774 | 綱政·光政·信濃 |
| | | 2 | 18 | 金川山 | | 3,279 | 綱政·光政·信濃 |
| | | 2 | 29 | 鹿久居島 | 津田重二郎・服部与三右衛門 | 4,552 | 綱政·光政·信濃 |
| | | 3 | 1 | 和意谷山 | 池田三郎左衛門，津田重二郎，ほか | 9,710 | 綱政·光政·信濃 |
| | | 11 | 14 | 半田山 | | 7,037 | 鹿狩，光政 |
| | | 12 | 4 | 熊山 | 池田三郎左衛門，津田重二郎 | | 鹿狩，光政 |
| | | 12 | 5 | 麻字那春日山 | 池田三郎左衛門，津田重二郎 | | 光政 |
| 天和2年 | 1682 | 3 | 3 | 和気郡天神山 | 池田大学 | 2,540 | 綱政·光政·信濃 |

（註）『池田家履歴略記』『池田光政日記』より作成。『吉備温故秘録』巻67・山狩も参照した。

意味を持っていたこともよく知られている。なお、岡山藩領内で狩猟場確保のために鉄砲打ちを禁止する「留場」の規制が始まるのは慶安三年（一六五〇）のことである（佐藤良子「近世における留場の展開」）。

明暦二年（一六五六）の邑久郡の放鷹では邑久郡・赤坂郡の廻村が行われ、八月の児島郡の放鷹でも同郡の村々を巡回している。このときには、日頃の仕置がよくて洪水の時にも百姓たちに慕われた池田出羽の家臣を賞したり、溜池灌漑に尽くした郡奉行の石川善右衛門に小袖を与えたりしている。また、下山坂村の二郎右衛門を呼び出して、家内睦まじく耕作に励んだことを賞して、銀子一枚を与えた。承応三年の洪水以降、農村復興を図るなかで、光政は自ら領内を巡回して模範となる百姓の褒賞を行う。放鷹は、そうした活動の一環でもあった。

### 狩猟と人馬改

「大鹿狩」ののち寛文九年（一六六九）四月五日、光政は参勤のため岡山を発足、二二日に江戸に参着。翌寛文一〇年（一六七〇）は四月二三日に江戸発、五月七日に岡山に帰国した。光政が在江戸中であった寛文九年中の事柄として注目したいのは、同年秋に家中人馬改が行われ、「人馬寄帳《よせ》」が作成されたことである。このうち旗本分についてみると、平常時と緊急時とにわけて必要な人馬数を書き上げ、兵士については有人《ありびと》と不足とが改められている。両時とも不足率は六割前後である。軍事力の「疲弊」が痛感されたに違いない。

これより先に光政が人馬改を行ったのは、慶安四年（一六五一）と万治二年（一六五九）である。慶安四年は、正月二〇日に参勤を前に三人老中を呼び出して、留守中の「当年之備《そなえ》」を見せ、その後老中・組頭・物頭を呼んで「倹約ヲ守、軍用ヲ専と仕候様ニ」と申し付けた。このあたりのことは、光政が学問とともに軍法を重視するようになる契機として、先にもふれている（第三章八二頁）。これをうけて光政は、二月一日に「急速」時の「人つもり」を命じた。緊急時に動員することのできる人数を確認したのだ。しかし組頭から提出された「人積《つもり》之書付」は「存外過分」（思いのほか多かった）であったため、減少させるように具体的な指示を行っている。そのうえで改めて、家中・領内の人馬改を命じたのである。

万治二年は、一月一四日、二三日、三月二日と立て続けに三回津島山で「山鷹」（鷹狩）を行った（表12）。そして、三月四日には「惣様振舞《そうざまふるまい》」（狩の得物を家臣に下賜すること）を行うともに、老中・番頭・組頭・物頭に対して、「此度之かりよきけいこにて候」「銘々ノ心得ニ可有事ニ候」と申し渡している。ついで人馬改を行ったようだが、同年三月の日付がある先手《さきて》分と思われる人数書付では、不足率が四二・三％になっている。参勤出船に先立つ三月八日には、老中・番頭・物頭・組頭を残らず呼び集め、「留主《るす》中備《そなえ》書付」を見せるとともに、「軍法ノ掟一々直ニよミ聞せ、口上ニてわけヲ申聞候」ように命じた。あわせて、「人数不足ノ者」は「知行所ノ者わけ《（分）》つけ《（付）》可申候」と指示している。狩猟と軍備の整備とを連動して行うという光政流のやり方がこの頃に始まったのだろう。

寛文九年（一六六九）の人馬改に話を戻す。「人馬寄帳」が作成された直後の寛文一〇年（一六七〇）二月晦日、綱政は、光政と交替のため参府するのを前に、牟佐山《むさやま》で狩を行った。責子大将は伊木勘解《かげ》由《ゆ》・池田隼人・土倉四郎兵衛・日置左門・池田主税助《ちからのすけ》。総勢は不明だが、大将の顔ぶれからみて、前年同様の規模で、その内容を綱政指揮の下になぞる、という性格のものではなかったろうか。綱政が自主的に行ったというよりは、光政の指示に基づくものであったろう。人馬改によって明らかになった軍備の「疲弊」に光政は危機感を強めたに違いない。綱政による狩猟は、そうしたなかで家中と領内の引き締めを図ったものだと、やはり言うことができるだろう。と同時にそれは、光政の隠退と綱政による相続を見据えた事業でもあったに違いない。

# 第六章　晩年の光政

## 1　致仕・隠居

### 日記と自歴覚

池田光政は自筆の「日記」を残した稀有な大名として知られる。現在二一冊が残されており、本書もそのお世話になってここまでの叙述を進めてきた。

「日記」の記事が始まるのは寛永一四年（一六三七）一〇月八日である。ちょうど島原天草一揆が起きた時期であるが、最初の頃は記事も多くない。詳しくなるのは寛永一九年（一六四二）の最初の「改革」の時期からで、二度目の承応「改革」の時期が最も分量が多い。津田重二郎は寛文九年（一六六九）に承応三年（一六五四）の洪水以来の記録の編纂を光政から命じられており、これが「備陽国史日録」「備陽国史類編」としてまとめられるのだが、光政が第二の「改革」以降を自分らしい治世として自覚していたことは「日記」からも読み取れる。

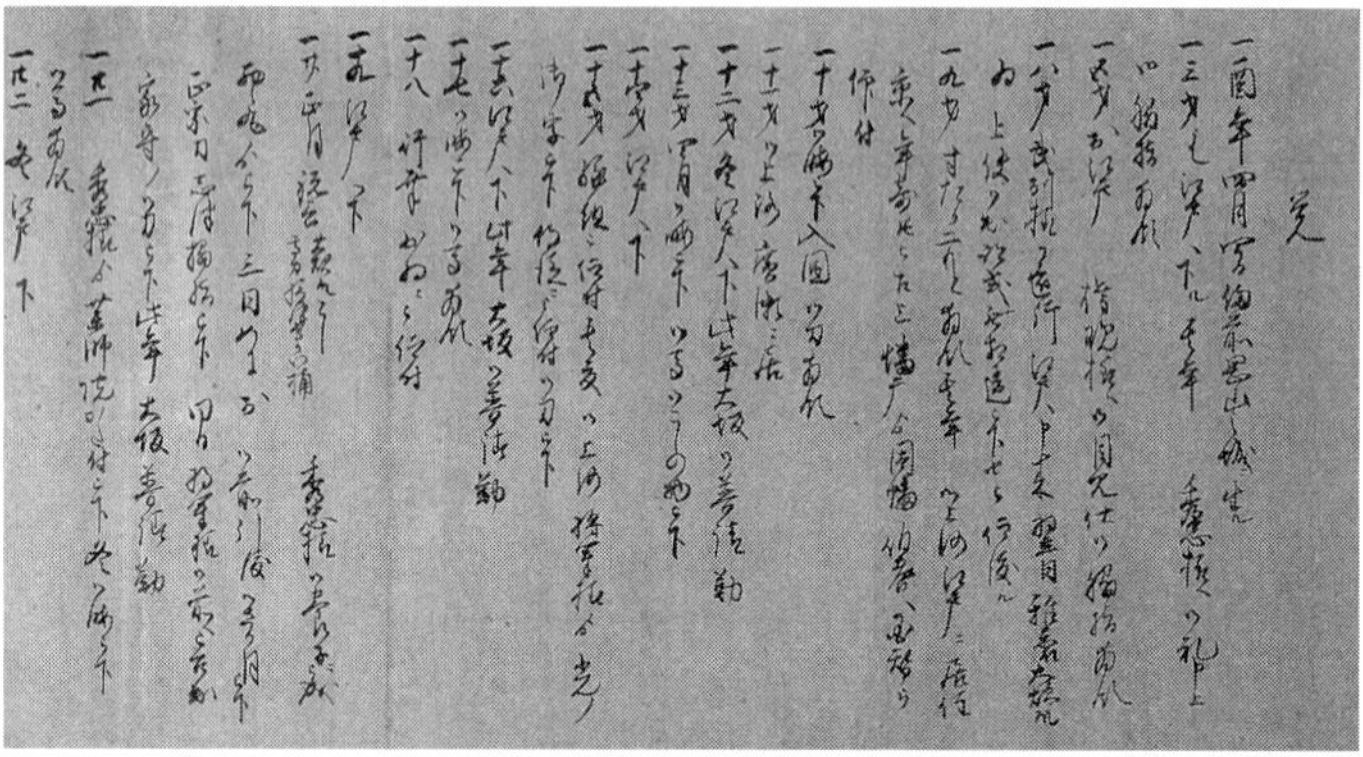

自歴覚（部分）（(財)林原美術館提供）

他方、寛文七年（一六六七）の病気以降、「日記」の記事は極端に簡略になる。そして、寛文九年（一六六九）二月二日の半田山大鹿狩の記事を最後に、「日記」は終わる。やはり大鹿狩は画期的な事業であったのだろう。

「自歴覚《じれきおぼえ》」と呼ばれる光政自筆の履歴書がある。寛文一二年（一六七二）に家督を綱政に譲った直後に書かれたものと思われ、慶長一四年（一六〇九）の誕生から寛文一二年の隠居および同年の母福照院逝去のことまでが記されている。この「自歴覚」の興味深い点は次の二つである。

一つは、履歴の前半は誕生から四五歳の承応二年（一六五三）までを年ごとに記述し、後半はその後に行った主な施策を箇条書きに列挙していることである。前半は幕府・将軍との関係が中心で、御目見・参勤・御手伝・拝領などを記すが、自国の仕置のことはほとんど書かれていない。他方後半は、幕府関係は最初に「是より隠居迄、一年替りニ江戸へ参勤」と記すのみで、あとはすべて自国の仕置のことである。つまり承応三年（一六五四）を画期に「公儀」

と藩との位置関係が逆転しているのであり、承応「改革」後は自国の仕置専一の姿勢が鮮明に示されている。この前提には、慶安四年（一六五一）の将軍家光の死があったと思われる。家光との間には親密で人格的な主従意識が存在していたのに対して、家綱との間にはそうした関係が稀薄であった。それが光政に藩から「公儀」を批評するという視点をもたらしたに違いない。酒井雅楽への「直言」はまさにその現れであった。

もう一つは、後半に列挙された施策のうち承応期のものは「横役」の廃止と洪水時の飢人救済のことのみで、万治期の「祖廟」取立をはさんで、「学校取立」以降寛文「改革」期の事項が中心になっていることである。寛文「改革」はある意味で未完成であった。光政はその継承を綱政に強く期待したに違いない。「自歴覚」はそのためのいわば引き継ぎ事項を列挙したものでもあった。

## 致仕・相続・分知

寛文一二年（一六七二）光政は前年から江戸にあった。三月一一日綱政が岡山を出船、二九日に江戸に着いた。四月一五日、光政に対して早く帰国し病気養生に専念すべきとして暇《いとま》が遣わされた。六月一一日光政・綱政が登城。かねてからの願いの通り、光政の致仕、綱政の家督相続が申し渡された。あわせて、次男政言《まさつぐ》（信濃守）・三男輝録《てるとし》（丹波守）へ朱印高以外の新田高を分知することも認められた。この結果、岡山藩三一万五二〇〇石は綱政が引き継ぎ、政言は二万五〇〇〇石（いわゆる鴨方《かもがた》藩）、輝録は一万五〇〇〇石（いわゆる生坂《いくさか》藩）を分知された。光政は六四歳、綱政は三五歳、政言二八歳、輝録二四歳であった。

ただし光政は当初は分家や分知を考えていなかったと思われる。信濃（政言）は初め家臣の番和泉のもとに養子に遣わされ、後に一族の池田信濃の家を継いで五〇〇〇石番頭とされたし、八之丞（輝録）は初め若原監物の養子、後には熊沢蕃山の家督を継いで三〇〇〇石番頭とされた。当初は二人とも綱政の家臣となる予定であったのである。蕃山は、分知によって主人が複数になり池田家臣団の忠節の対象が分散する、領地も減少するなどの理由を挙げて分知に反対しており、光政もそうした考えであったと思われる。

　他方嫡男の綱政には早くから治者としての訓練をさせようとしている。明暦三年（一六五七）一〇月、綱政は初めて岡山に入国する。二〇歳になっていた。光政は、この入国を「いよ《伊予》諸事此度一大事之儀ニ候」と「一ツ書」を与えて説諭した。「いよ」は綱政のこと。家中への示しは最初が肝心というわけだ。特に「少将さまも加様ニ候などゝて、悪事ヲ必仕まじき事」と、光政の権威を笠に着た態度を戒めている。次いで万治二年（一六五九）の参勤にあたっては、留守中の国本仕置を綱政に任せようとした。綱政は二二歳であり、光政が岡山藩主となった年齢に近付いていた。しかし綱政は、いまだ「不案内」であるという理由でこれを断った。光政は仕方なく家老に仕置を任せるが、「けいこ」のため綱政もその様子を見聞して「心ニて評判」するように命じた。あわせて「物成ニて三ツ五分ニシテ高四万石分渡し」、そのうちで家政をやり繰りするよう命じている。また、これにあわせて、学術に怠りのないよう幕府老中久世大和を通じて綱政に説諭してもらっている。この「けいこ」は翌年も高を五万石に増やして続けられた。

　その後も綱政に対しては治者としての心構えをたびたび説き、「気随《きずい》」な性格を批判するとともに加世八兵衛から『小学』の講義を受けるように指示したりしている。また、弟の信濃などの「作法」が少しでも悪い時には、きっと叱るよう綱政に命じているが、他方信濃に対しては仕置筋のことはまったく指示せず、家内での行儀や礼法を糺《ただ》すことだけを注意している。

## 分知と危機意識

このように綱政と他の二人の兄弟に対する光政の態度はまったく異なっていた。それは分家や分知を考えていなかったためだと思われるのだが、それが寛文「改革」以降変化した。

寛文九年（一六六九）五月一〇日付けで泉八右衛門・津田重二郎にあてた光政の書状がある（『池田光政公伝』）。光政が江戸に参着した日（四月二二日）に、伊予（綱政）と奈阿子から信濃（政言）を「上様ニ御奉公ニ出しくれ候」との希望が出された。この件については以前から天樹院にも言われていた。天樹院は寛文六年（一六六六）二月に亡くなっている。その頃は光政も「がてん」（合点）がいかなかったが、今度は福様（福照院）も備後（恒元）も賛成しているという。こうした例は他家にも多いので、老中の久世大和に内談したところ、「一段可然」（きわめてよかろう）とのことであった。そこで今回は「我等も同心に成候」ということで、近日中に酒井雅楽に内談してみることにしたというのである。ついては備後の時と同じように、まず新田高のうちから分知し、その上で「二万石ノ御朱印拝領仕候様」にしたい。ただし、備後に遣わした新田高は二万五〇〇〇石であったので、二万石がよいか二万五〇〇〇石がよいか、それも含めて「了介」（蕃山）の意見を尋ねてくれるようにと結んでいる。

光政が分知を決断したのは、この時だと思われる。「我等病気、年も寄候」と述べているように、健康不安もあっただろうが、やはり半田山大鹿狩の直後という時期であることが注目される。分知を決断する背景には、光政の危機意識があったに違いない。それが藩や家の存続を危惧させるほどの深みをもって意識されたためではなかったろうか。

光政の「自歴覚」で分知のことは、「信濃（政言）ニ被仰付新田ハ我等（光政）奉願、主税（輝録）ニ被仰付高之内ハ伊予守（綱政）より之願」と記されている。

**その後の綱政・政言・輝録**

岡山藩三一万五二〇〇石を継いだ綱政は、正徳四年（一七一四）一二月まで三二年間にわたり藩主を務めた。文人大名として知られ、将軍や幕閣とも親密で協調的な関係を維持した。能や和歌などの芸能を愛し、学問嫌いであったため、『土芥寇讎記《どかいこうしゅうき》』も「不学文盲短才」と酷評している。しかし、光政の死後には独自の藩政を展開し、幸島《こうじま》新田・沖新田の開発、百間《ひゃっけん》川・倉安《くらやす》川の開削、後園《こうえん》（後楽園）の造営、藩札の発行などを行った。父光政とは全く違うタイプの藩主であったが、綱政時代は池田家が最も華やかな時代であったと言える。閑谷学校で現在国宝や重要文化財に指定されている講堂・聖廟などが建造されたのも、綱政時代である。光政と違い綱政は仏教を尊崇し、元禄一一年（一六九八）池田家菩提寺として曹源寺を建立している。寺の裏に造営された正覚谷《しょうかくだに》墓地には、綱政以降歴代藩主の墓所がある。この造営を担当したのも津田重二郎であった。

他方、政言と輝録について『土芥寇讎記』は、「文武両道」を嗜み、「孝敬」を専らとし、父光政の遺風を継ぐ者と評価している。綱政とは対照的である。

政言に与えられた領地は新田高で、初めは領内各地に散在していたが、貞享元年（一六八四）備中国内にまとめられ、同年九月二万五〇〇〇石の朱印状が下付され、鴨方藩として正式に成立した。鴨方（現浅口市）に陣屋が設けられ、人的・財政的に本藩に依存する面も持ちながら、自立的な藩政が行われた（別府信吾『備中岡山藩』の世界』）。元禄一三年（一七〇〇）八月政言が亡くなると、子の政倚《まさより》が家督を相続する。

正覚谷墓地（岡山市教育委員会提供）

輝録の所領一万五〇〇〇石も宝永年間に備中国内に集められ、朱印状申請のための準備が行われた。しかし、備中国内の新田高に余裕がなく、結局朱印状の下付は実現しなかった。そのため、いわゆる生坂藩は内分分家のままであった。輝録は元禄一五年（一七〇二）から正徳三年（一七一三）まで奏者番《そうじゃばん》を務めている。奏者番は優秀な譜代大名が任じられる役職であった。輝録は正徳三年七月に亡くなり、子の政晴が分家を相続した。

分家から本藩の藩主となったのは、鴨方藩から入った章政《あきまさ》（政詮）が唯一の例である。慶応四年（一八六八）の戊辰戦争の真最中のことであり、激動期に分家の存在が生きたといえるだろう。

## 2　隠居後の日々

寛文一二年（一六七二）致仕したのち、七月一〇日に光政は麻布屋敷に移り、江戸上屋敷には綱政が入った。隠居後の光政は、綱政の参勤と交互するように、岡山と江戸の間を往復する。仕置家老には光政時代を引き継ぐように日置若狭（忠治）と池田大学（長久）が付いており、光政が綱政の仕置から目を離すことはなかったろう。

### 綱政との不協和音

寛文九年（一六六九）から一二年（一六七二）までは平シ物成は四ツ（四〇％）代で、高収奪が維持されていた（一〇〇頁、表6）。しかし、光政が致仕した直後の延宝元年（一六七三）および二年（一六七四）に岡山藩は再び大洪水にみまわれる。延宝元年の場合は、流家・潰家約三〇〇〇軒、男女死人八八人、牛馬流死一三五疋、永荒《えいあれ》・当荒《とうあれ》七万六四二石余、延宝二年の場合、流家・潰家約三七〇軒、永荒・当荒三万三三〇〇石余といった被害であった。平シ物成は三ツ五歩（三五％）前後に低迷した（同前）。このため延宝二・三年は深刻な飢饉になり、三年の正月から五月にかけては約四八〇〇人の飢人の死亡が記録されている。

延宝三年（一六七五）正月、津田重二郎は当年の手習所の入用米を粥にして手習所で施行《せぎょう》してはどうかと提案した。当時、手習所は全領で一四カ所に統合されていた。その入用米は師匠分を除いて一カ所に三、四〇石はあり、これを合わせて一人一日一合のつもりで施行すれば、国中で六〇〇〇人を六〇日間養うことができる。また、手習所の畳をあげて、むしろ・こもなどを敷き、押し合わせて入れたならば、四、五〇〇人は収容できるとも述べている。この献策は綱政によって採用され、正月から四月にかけて各地の手習所で施行が実施された。その総計は米にして四二七石余、施行を受けた飢人は延べ六〇万四三八六人にのぼった（守屋茂『岡山県社会事業史』上）。手習所は施行場と化した。

これより先の延宝二年（一六七四）二月一三日、綱政は禁裏造営御手伝を幕府から命じられた。造営のための役人は同年六月頃から京都に送られ、工事は翌延宝三年四月までかかっている。困窮する藩財政に追い打ちをかけるものであった。

こうした状況のなかで、綱政は学校・郡々手習所を廃止する意向を固め、延宝三年（一六七五）六月一五日にそれを光政に打診した。綱政によれば、家中困窮のため生徒がほとんど集まらなくなっている、財政難の折から学校の支出が多すぎる、「公儀」への奉公が第一であってそれにあまり関わらないことは繰り延べるべきである、だから学校は当面止めて財政状態が改善されたらまた始めることにしたい、手習所は時節柄すべて止めることにしたい、というのである（「学校の事申上ルひかへ」）。

これに対して光政は七月一九日に次のように返答した。学校は二〇〇〇石を五〇〇石に減らしても存続すべきである、それも不要というのなら自分の隠居料のうちから五〇〇石を出しても存続してほしい、手習所と井田は廃止してもやむをえない、閑谷学校はわずかなことであるから今までどおり申し付けること。光政からみれば、学校の廃止を言うのは学問など何の役にも立たず費《つい》えのみであると考えるからであり、それは「しるしを急ぎ申候心」から出るものであると非難し、「きらいの眼から

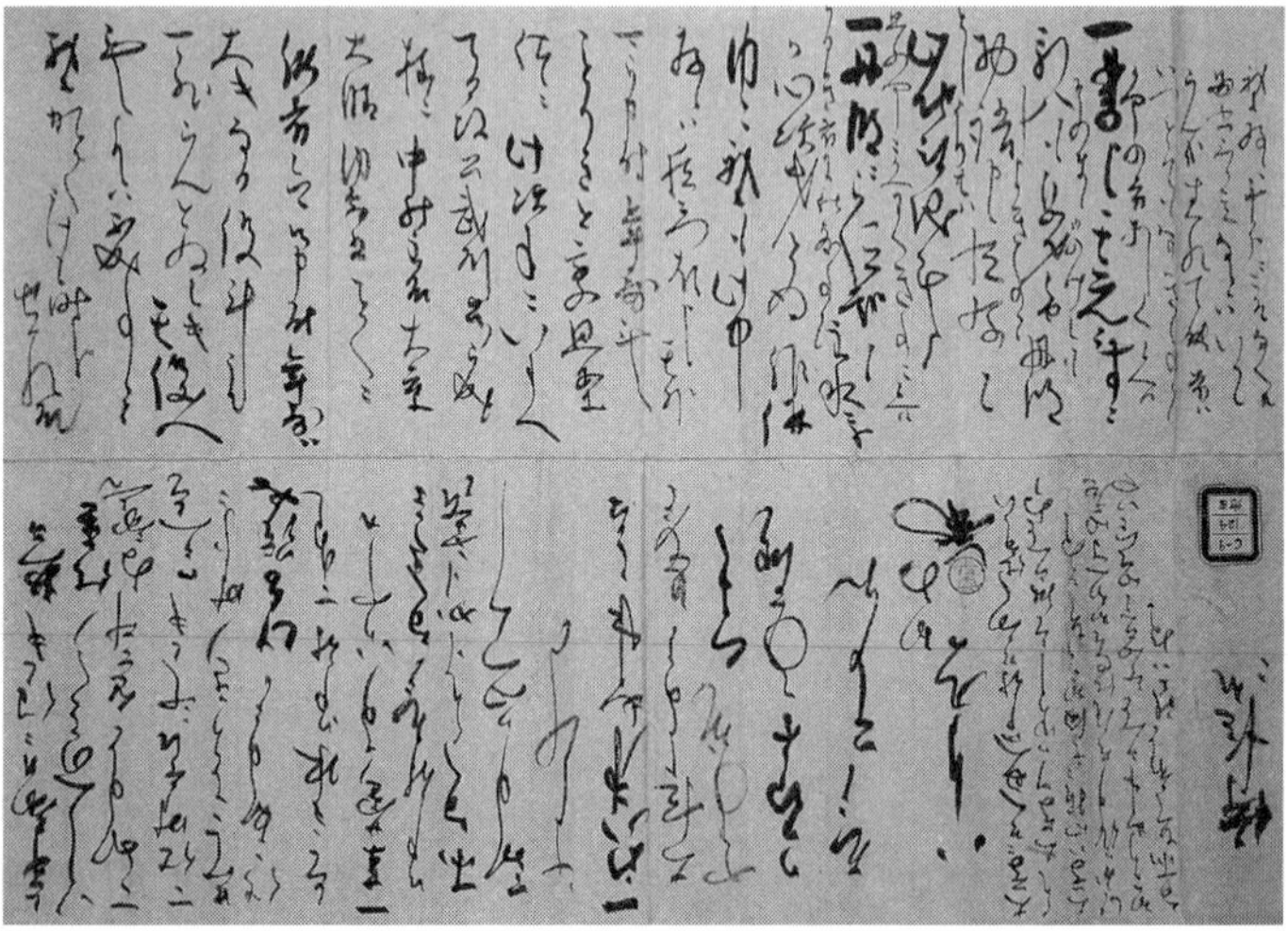

池田綱政宛池田光政書状
（池田家文庫・岡山大学附属図書館提供）

は何もかも学文故と見へ可申候」と嘆いている（「学校之御相談申上御返答」）。ここで「学文」「きらい」と名指しされているのは、「うた殿」（酒井忠清）である。

また綱政は極端な「廃仏興儒」政策にも批判的で、延宝二年（一六七四）一二月には宗旨請は「勝手次第」との触を出し、キリシタン神職請は事実上放棄された（最終的に神職請が廃止されるのは貞享四年〔一六八七〕のことである）。儒教よりは仏教を尊崇した。

光政は、家光の死後は幕閣への遠慮がなくなり、むしろ「公儀」の理念を先取りし「公儀」を支えているという自負が強かった。それに対して綱政は幕閣の評判を気にし、「公儀」に従順で「公儀」の下にあるという意識が強かった。具体的政策をめぐる両者の不協和音も、そこに根本的な発信源があるように思われる。

光政が致仕をしたのには、綱政への「家」の移譲をスムースにしようという意図があったことは間違いない。家康と秀忠との、大御所と将軍の関係を思い描いたのかもしれない。こうした例は、前田利常から光高への相続など、他家にも少なくない。しかし二人の関係は、家康と秀忠ほどにはうまくいかなかった。綱政の仕置に光政が不満を募らせることも少なくなかった。

## 蕃山との訣別

光政と蕃山の関係も、蕃山が京都へ移住した頃から疎遠になり始めていた。寛文七年（一六六七）に蕃山と公家衆のつながりが幕閣によって問題にされたときにも、光政は蕃山を備前に引き取ることに積極的ではなかった。その後蕃山は京都を追われて吉野山に移住、さらに山城鹿背山《かせやま》（現京都府木津川市）に転居した。寛文九年（一六六九）には松平信之の助けで明石城下に移り住む。前年の寛文八年（一六六八）、蕃山の長男蕃山《しげやま》三太郎（継明）が岡山藩に召し出され、池田主税助《ちからのすけ》（輝録）組に付けられた。寛文九年七月二五日に行われた岡山での新学校開校式には明石に移住していた蕃山が招かれており、蕃山もしばらくは備前に滞在した。一〇月二七日蕃山三太郎が新学校内に屋敷を与えられて移り住む。翌寛文一〇年（一六七〇）六月蕃山が明石に帰ると、七月二三日に三太郎も明石に移り、学校内の屋敷は学校奉行の泉八右衛門に下された。

光政と蕃山の間が最終的に決裂するのは、光政の致仕前後のことと思われる。蕃山は思いのままに行動しているようにうかがわれ、どちらかというと、光政の内に積もり積もった蕃山に対する不満や不信が臨界に達したのではないだろうか。

延宝二年（一六七四）になると蕃山は丹波守（輝録）や弟子の国枝平助に岡山藩政を批判する書状を

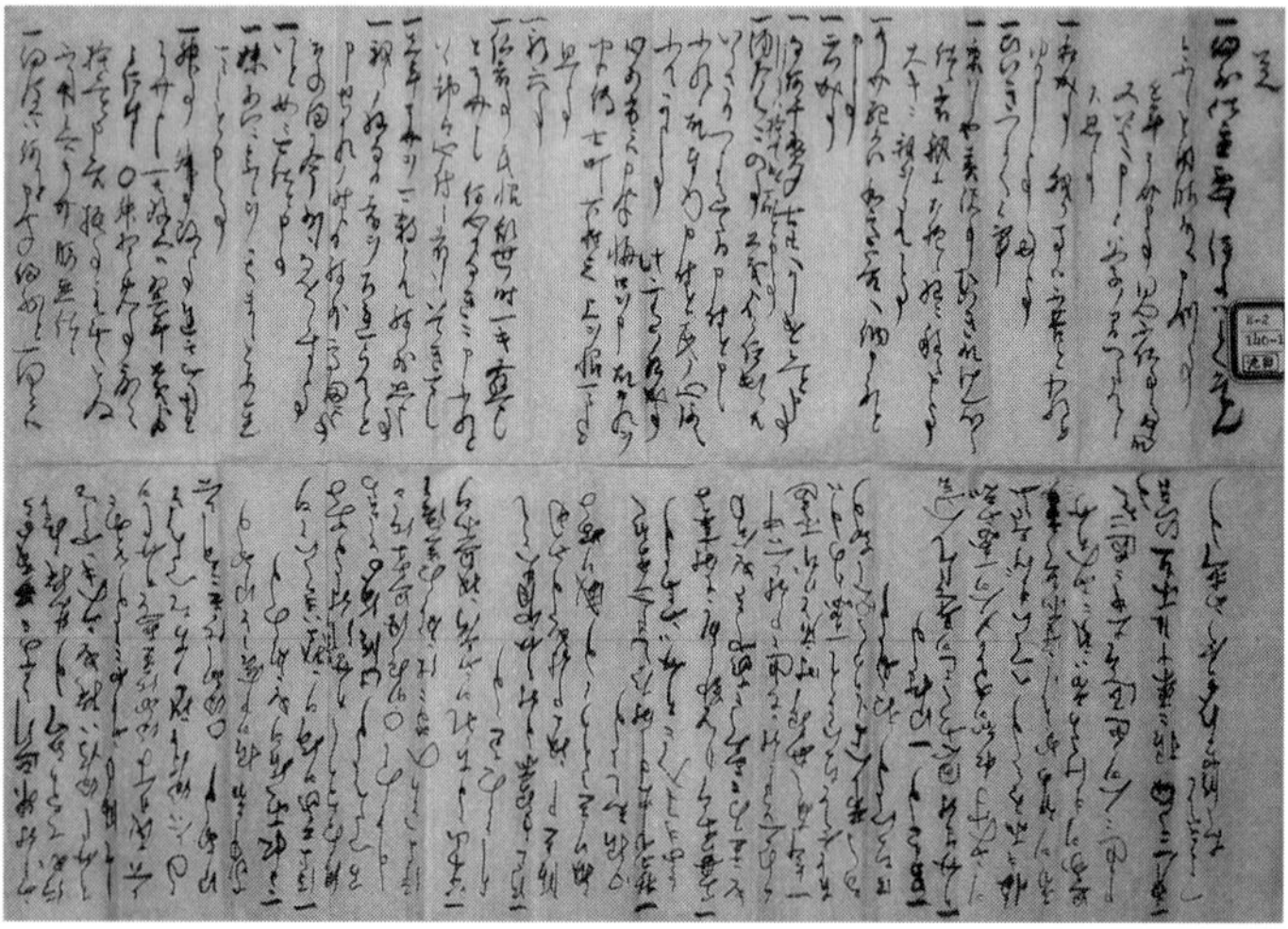

**池田光政自筆覚書**
（池田家文庫・岡山大学附属図書館提供）

送っている（『蕃山全集』第六冊）。蕃山によれば、備前国はかつては「天下の手本となりたる国」であったが、今では「民の仕置あしき」代表として世間で噂されており嘆かわしい限りである。このままでは「一揆」も起こりかねないと心配される。とりわけ宗教政策については、領分の民は代官が強制するのでやむをえず「神儒のふり仕候」だけであり、「此方よりしゐ《（強）》候事はいらぬ事に候」。現在では「御仁政やみて葬祭計《ばかり》のこり候ては、ゆくゆくたへ申はづにて候」と手厳しい。「葬祭」の形だけが残って、「仁政」の実は失われているという蕃山の批判は、実態としてかなり的を射ている。

　これに対して光政の蕃山批判は、学問に関することから人格にまでおよぶ。学問的には次の二つ。一つは、蕃山が「時処位《じしょい》の三つを知って時変に応じて法を立てるべきだ」と説くのは「私の知」だという批判。光政によれば、「聖人ノ学問ハ古今不易ノ至善」なるものであるから時処位を問わず「時変ニモ相応ジ候」ものだというのである。もう一つは、蕃山が「道学さえ興起すれば本望なのだから、男色・同姓の縁・親の喪などの軽きことは俗の好みのままにするのがよい」と説くのは悪を勧めることだという批判。「聖人ノ道」には首尾と不首尾、義と不義としかなく、事の大小によって道理が二つあるということはありえない、というのである。いずれの場合も、蕃山の現実主義（「時処位」論）に対して光政の原則主義が顕著である。藩内でも光政の学問は「初めは王学（陽明学）、後朱学（朱子学）」と言われている（『有斐録』）。朱子学に接近するようになるのは三宅可三を招いた万治元年（一六五八）頃からである。こうした光政側の変化が両者訣別の遠因になっているだろう。

他方蕃山の人格については、「生付《うまれつき》満（慢）心ふかく己を是として人ノ言ヲ不入聞」こと、「ひいき（贔屓）つよきこと」を繰り返し非難する。他人に厳しく自分には甘いことも光政には許せない。とりわけ、綱政に取り入り、光政の仕置を批判して「父子ノ間へだて候」よう企てている。綱政が光政の政策を修正しようとする動きの背景に、蕃山の影を感じたのだろうか。これこそ蕃山の増長・高慢の最たるものだと口を極めて非難する。

こうして蕃山との関係も延宝三年（一六七五）頃を境に断絶する。

### 隠居後の狩猟

光政は、隠居した翌年の延宝二年（一六七四）から毎年のように大規模な狩猟を行う（一七三頁、表12）。繁忙な政務から解放されて、「好み」としていた狩猟に打ち込むことが出来るようになった結果かもしれない。しかし、その規模は隠居の「好み」というには大規模に過ぎる。しかも、新しく藩主となった綱政や分家となった信濃（政言）が同行していることも注目される。隠居直後の時期の狩猟には、藩主の交替による家中や領内の動揺を抑え、新しい政権の権力基盤を固めたいという意図があったかもしれない。

延宝三年（一六七五）に学校などの廃止を提案したとき綱政は、「軍用之御奉公」のための「用銀」が足りないことを理由に挙げ、しかも現状では家中の武具は大破している物が「過半」で、作り直さなければ「棒よりおとり（劣）ニ御座候」と訴えている。これに対して光政も正面からは反対できず、「用銀事、先年具《つぶさ》ニ改候出陣之時入用、其時分ノ有銀にて過分ニあまり申候はづにて候キ、只今ハ不存候、但遣《つかい》様により大キニちがい可申候、能々吟味尤ニ候」と述べている。厳しい藩政事情だからこそ、軍備に意を用い、家中・領内に「武威」を示すべきだというのは、両者に共通する考えであった。

延宝六年（一六七八）から八年（一六八〇）にかけての鹿久居《かくい》島・和意谷山の鹿狩では、和意谷墓所や閑谷学校に参詣していることが注目される。光政は、家臣に対して学問と武芸をともに嗜むことを勧めたし、「国ノ大事」は「軍陣」と「祭」だとも言っていた。狩猟に合わせて和意谷や閑谷に廻るのは、そうした考えに基づくとも言えるし、以前から狩猟にあわせて村々を巡回していたのと同じ行動パターンと見ることもできる。

延宝元年（一六七三）から三年（一六七五）にかけて落ち込んでいた物成は、延宝四年（一六七六）から六年（一六七八）にかけていまだ三ツ（三〇％）代ではあるがやや持ち直す（一〇〇頁、表6）。しかし七年（一六七九）夏には二度にわたり洪水にみまわれ、延宝八年・九年（天和元年、一六八〇・八一）と飢饉が続く。物成も低迷して、一向に回復しない（同前）。飢饉対策に追われるかたわら、延宝八年にも狩猟が繰り返された。

## 3　光政と家族

**父母と兄弟**　父利隆は、光政が八歳の時に亡くなった。光政は利隆の「無念」を引き継いだ。播磨に近い和意谷に池田家の墓所を築いたのは、そうした気持ちからだったろうか。

母の福照院は長く江戸にあったが、寛文一二年（一六七二）一〇月二六日亡くなった。七九歳であった。遺骸は二八日に江戸を発して岡山に送られた。すでに隠居していた光政は遅れて江戸を出て、一一月二五日備前に帰り、そのまま和意谷に向かった。翌二六日和意谷で葬儀が行われ、利隆と並んで「二之御山」に葬られた。

利隆と福照院の子どもは五人あった。最初の子は女子であったが、慶長一一年（一六〇六）二月二三日に早世した。名は伝わっていない。二番目が光政。三番目は長姫。土佐藩の山内忠豊の室となり、延宝三年（一六七五）八月二日に亡くなった。四番目が政貞。家臣の芳賀内蔵允《くらのじょう》に預けられ養育されたが、寛永一〇年（一六三三）七月二五日に亡くなった。のちに光政によって和意谷「五之御山」に葬られた。五番目は慶長一六年（一六一一）生まれの恒元。光政はこの弟のことを常に気に掛けていた。正保四年（一六四七）備前児島郡新田高のうち二万五〇〇〇石を分知、慶安二年（一六四九）一〇月五日には播磨国宍粟《しそう》郡三万石を賜り独立した（山崎藩）。池田一族の惣領としての光政の役割はこれでほぼ終わった。恒元は寛文一一年（一六七一）九月四日山崎で亡くなる。六一歳であった。一〇月四日柩は和意谷「四之御山」に葬られた。山崎藩は嫡男の政元（のち政周《まさちか》）が継いだが延宝五年（一六七七）正月八日に亡くなり、綱政の子の数馬（のち恒行）が養子になったが、翌延宝六年（一六七八）一二月二七日に亡くなったため、絶家となった。光政晩年の「無念」の一つであった。

## 妻と侍妾

光政の正室は勝子。本多忠刻《ただとき》の女《むすめ》で、母は将軍秀忠の女の千姫（天樹院）。秀忠の養女となって光政に嫁いだ。光政が、将軍家光とのつながりや「公儀」の一員としての自覚を深めるうえで、大きな役割を果たした。長く江戸にあり、延宝六年（一六七八）一〇月七日六一歳で没している。法号は円盛院。一一月二日和意谷「三之御山」に葬られた。

光政の侍妾のうち子を成したものは三人。うち一人は子が夭折したため名前も伝わっていない。残りのうち一人は侍妾和田氏。名は国。和田伝右衛門某の女。元和三年（一六一七）三月一三日鳥取に生まれた。母は浮田周防某の女。岡山で侍妾となり、後に「西丸部屋」と呼ばれた。いわば光政の「岡山妻」であった。光政の死後も岡山にあったが、元禄六年（一六九三）九月江戸に下向、同七年（一六九四）閏五月九日丹波守輝録の愛宕下邸に没した。七七歳。法号は利清院。もう一人は侍妾水野氏。名は兼。讃岐丸亀の人、水野助之進の女。光政の男子を産んだ後、京都妙法寺宮御家司栗田祐仙に嫁した。一説に金松融屋ともいう。先に侍妾となっていた国との「争い」を未然に防ぐためであったろう。承応元年（一六五二）一二月二五日に没している。

光政の女性関係についてこれ以上のことは分からない。以下は推測である。侍妾和田氏が出産する以前に正室の勝子は一男四女を産んでいた。しかし嫡男綱政を得た後は、女子の出産が続いていた。男子が一人だけではやはり「家」の存続はおぼつかない。以前に関係のあった侍妾の子も女子で、しかも夭折した。国との関係はもう一人男子を得たいという願いからであったろう。しかし、その子も女子であった。そこでもう一人兼と関係を持ち、男子を得た。次いで国との間にも男子を得る。これで男子は三人となり、直系男子による相続がほぼ確保された。しかも奥向きは、江戸は正室の勝子、岡山は侍妾和田氏国をそれぞれ「主」として「争い」を避けた。「家」の存続や「家」内部の秩序維持に配慮した、いかにも光政らしい対応であったと言えるのではないだろうか。

光政は少なくとも四人の女性との間に一三人の子をなした。うち二人は生まれてすぐ亡くなり、名前も付けられていない。ほかに七子《ななのこ》は六歳、小満《こまん》は一〇歳で亡くなった。成人した子どもは九人である。正室の子は五人とも成人したが、侍妾の子は八人中四人しか成人しなかった。やはり「いのち」の扱いに差があるのだろうか。亡くなった子は、すべて女子である。

### 正室勝子の子

勝子の子は五人（表13）。最初に婚姻が決まったのは次女の輝子である。「新太郎娘多候故」ということで、家光と天樹院が相談して摂家の一条家に嫁すことになった。話は「新太郎ニ不知せず（ママ）」に進められたが、「上意」であるので、光政はそれを承知せざるをえなかった。輝子は家光の養女とされ、一条家との婚儀については「新太郎万事かまい無之様ニと」家光から仰せ付けられた。婚礼は慶安二年（一六四九）一一月二八日、一条伊実《これざね》（のち教良《のりなが》・教輔《のりすけ》）一七歳、輝子一四歳であった。伊実は当時権大納言正二位右大将であった。婚礼後から光政は一条家への経済的援助を行っている。一条家には経済問題以外にも、父昭良と子教輔との不仲などさまざまな問題があった。そのつど光政は輝子の相談に乗っており、教輔に説教したりしている。万治二年（一六五九）教輔は病気を理由に家督を輝子との子である内房《うちふさ》（のち冬経・兼輝）に譲った。冬経は天和二年（一六八二）に関白に就任、これにともない輝子は従三位に叙せられ、政所《まんどころ》と称することになった。その後一条家は兼香《かねか》が継ぐが、兼香の正室には輝子が弟綱政の四男軌隆《のりたか》の女智子を自分の猶子として嫁がせている。こうして池田家と一条家との関係は幕末まで継続した。輝子は享保二年（一七一七）四月一五日に八二歳で亡くなった（久保貴子「江戸時代における公武婚姻」）。輝子に婚家での心の持ち様を説く光政の手紙二通が残っている（『池田光政公伝』）。「学文に志し、愛敬の心を養うように」説く文面に、光政らしい娘を思う気持ちが現れている。

長女の奈阿子は承応三年（一六五四）四月一一日に陸奥白川藩一二万石本多下野守忠平と婚約、同年七月三日に婚礼が行われた。奈阿子の婚姻についても家光と天樹院とが相談して「越前殿（松平忠昌か）か越後殿（松平光長か）子息かと」考えていた

| 没年・行年 |
|---|
| 元禄10年12月11日<br>64歳（慈雲院） |
| 享保２年４月15日<br>82歳（靖厳院） |
| 正徳４年10月29日<br>77歳（曹源寺） |
| 寛永16年３月７日<br>岡山に夭す |
| 万治２年９月15日<br>20歳（清鏡院） |
| 宝永３年５月28日<br>63歳（長寿院） |
| 延宝７年12月25日<br>35歳 |
| 元禄13年８月19日<br>56歳（天珪院） |
| 承応元年９月24日<br>岡山に夭す |
| 正徳３年11月26日<br>65歳（霊樹院） |
| ７日のうちに夭す |
| 貞享３年４月７日<br>33歳 |
| 寛文２年５月27日<br>岡山に夭す |

**表13　光政の子女**

| | 母 | | 生年月日 | 家督・婚儀・分知 |
|---|---|---|---|---|
| 1 奈阿子 | 本多勝子 | 本多下野守忠平室 | 寛永11年2月<br>江戸に生まれる | 承応3年4月12日婚約<br>同年7月3日婚儀 |
| 2 輝子 | 本多勝子 | 一条右大臣教輔政所 | 寛永13年<br>江戸に生まれる | 正保4年9月28日婚約<br>慶安2年11月28日婚儀 |
| 3 綱政 | 本多勝子 | 室千子<br>丹羽左京大夫ノ女 | 寛永15年1月5日<br>江戸に生まれる | 寛文12年6月11日<br>家督相続 |
| 4 女 | 侍妾 | | 不詳 | |
| 5 富幾子 | 本多勝子 | 榊原刑部大輔政房室 | 寛永17年1月26日<br>江戸に生まれる | 明暦2年4月13日婚約<br>同3年4月3日婚儀 |
| 6 左阿子 | 本多勝子 | 中川佐渡守久恒室 | 正保元年<br>江戸に生まれる | 万治元年2月28日婚約<br>同3年4月3日婚儀 |
| 7 六子 | 侍妾和田氏 | はじめ池田主計室<br>ついで瀧川儀大夫室 | 正保2年<br>岡山に生まれる | 万治元年12月28日嫁す<br>寛文2年2月18日再嫁 |
| 8 政言 | 侍妾水野氏 | 室は番内膳ノ女 | 正保2年7月10日<br>岡山に生まれる | 寛文12年6月11日<br>2万5000石分知 |
| 9 七子 | 侍妾和田氏 | | 正保4年<br>岡山に生まれる | |
| 10 輝録 | 侍妾和田氏 | 室は若原監物ノ女 | 慶安2年11月11日<br>岡山に生まれる | 寛文12年6月11日<br>1万5000石分知 |
| 11 女 | 侍妾和田氏 | | 不詳 | |
| 12 房子 | 侍妾和田氏 | 毛利綱元室 | 承応2年<br>岡山に生まれる | 寛文5年12月1日婚約<br>同8年4月11日婚儀 |
| 13 小満 | 侍妾和田氏 | | 明暦3年<br>岡山に生まれる | |

（註）「御系図一」（池田家文庫）などより作成。

ようであるが、光政は「かたく大身成《たいしんなる》衆へ遣申度不存候」と断り、替わりに、本多能登は「御心安」、子息も「しづかに見え申候」ということで、忠平との婚姻を望んだ。忠平は妻勝子の従弟にあたる。気心も知れた「家」であった。

三女の富幾子《ふきこ》は、榊原式部大輔忠次から息子の刑部大輔政房の室に欲しいと望まれた。忠次は母福照院の甥にあたり、当時は姫路藩一五万石を領していた。やはり気心の知れた「家」であった。この婚姻は天樹院も賛成した。婚礼は明暦三年（一六五七）四月三日に行われた。しかし富幾子は万治二年（一六五九）九月一五日に江戸で亡くなった。二〇歳であった。遺骸は深川霊巌寺に取り置かれ、池田家により丁重に葬られた。光政は寺に銀一〇〇枚を遣わしている。

嫡男綱政の婚姻についても天樹院からいろいろと話があった。しかし光政は「とかく大身成衆とハかたく私いやニ存候」と乗り気ではなかった。しかし「少身之内《しょうしん》ニハ一円無之」ということであった。やはり「大身」との婚姻を嫌い、「少身」の家で相手を探したが見つからなかった。そこで板倉周防守重宗の女《むすめ》を光政は望んだ。所司代も勤めた重宗は以前から光政の「心学」の理解者であった。しかし、この女は婚礼前に亡くなってしまった。そこで陸奥二本松藩丹羽左京大夫光重の女を迎えることとなった。入輿は万治三年（一六六〇）四月一四日であった。

四女の左阿子は、豊後岡藩七万石中川山城守久清からの望みで、子の佐渡守久恒の室となった。久清の祖父秀成の姉が池田輝政の先妻で、利隆の母にあたる（大儀院）。光政は、その御影を輝政・利隆のものと並べて毎年元旦に拝した。池田家にとって縁の深い「家」であった。婚礼は万治三年四月三日に行われた。久恒の家督相続にあたっては、治者の心得などを説いたりしている。

## 側室の子

光政の次男政言《まさつぐ》は侍妾水野氏兼の子。正保二年（一六四五）七月一〇日に生まれる。初め番和泉に預けられたが、後に一族の池田信濃政信の家を継いだ。万治二年（一六五九）に番和泉の女を妻に迎えている。寛文一二年（一六七二）に二万五〇〇〇石を分知され、元禄一三年（一七〇〇）八月一九日江戸で五六歳で亡くなった。

もう一人の侍妾である和田氏国の子は一男二女が成人した。光政の三男にあたる輝録（初め政倫）

は慶安二年（一六四九）一一月一一日生まれ。はじめ若原監物の養子とされたが、後に熊沢蕃山に預けられた。寛文一〇年（一六七〇）五月七日監物の女を妻に迎え、同一二年（一六七二）一万五〇〇〇石を分知された。正徳三年（一七一三）一一月二六日六五歳で江戸で亡くなった。

国の最初の子である六子《ろくのこ》は岡山で生まれた。生年は正保二年と思われる。万治元年（一六五八）に家老の池田出羽の子の主計《かずえ》に嫁した。しかし、主計は病弱なうえに光政に不作法を咎められたのを苦に逐電してしまった。そのため六子は万治三年（一六六〇）に御城に引き取られ、寛文二年（一六六二）に家臣の瀧川儀大夫に再嫁する。

房子は承応二年（一六五三）岡山に生まれ、寛文八年（一六六八）萩藩の分家である長府藩毛利綱元に嫁した。貞享三年（一六八六）三三歳で亡くなったが、房子の子の吉元が家督を相続し、綱政の女を室に迎えている。

以上のような子どもたちの婚姻関係をみていると、光政が子どもに対して家父長としての配慮を怠らなかったことがうかがえる（深谷克己『近世人の研究』）。婿となった者にも、人としての心構えを説くなど岳父として実を持って応対した。それは光政における「惣領」から「家長」への変化と言ってもよい。岡山藩やそれを継ぐ池田の「家」というものが、光政にとっての価値の中心になったということだ。「大身」の「家」との関係を嫌い、気心の知れた「家」との関係を重視したのも、そうした考えによるのだろう。

## 光政の死

天和二年（一六八二）三月三日、光政は綱政・信濃とともに和気郡天神山で鹿狩をした。これが光政最後の狩になった。三月二九日綱政は参勤のため江戸に出発する。その後光

和意谷・三之御山（備前市教育委員会提供）

政の体調が悪化した。京都から医者の岡玄昌が招かれて施薬した。

五月朔日寝間に家老・番頭を呼んで遺言した。「家」が立つのも立たないのも家老の心得次第である。家老たちは、家の法に背き、奢り、我がままを立て、威を争い、不作法・私を構える、などのことがないように、常々反省し、「家」の立つように努めること。用人たちは、威を争わず相和して、奉公に命を懸けること。丹波（輝録）が伊予（綱政）にとって良い弟であるように、善悪を考えて互いに意見すること。光政は、以上を火燵《こたつ》に寄って言い聞かせた。容貌も言葉も常のようにしっかりしていたと『池田家履歴略記』は記している。藩主時代から繰り返し繰り返し説諭してきたことである。

五月五日より大坂の医者北山寿庵が招かれ、一七日からは京都の医者有馬凉及が呼ばれた。しかし薬石効なく、五月二二日卯の刻（午前六時頃）岡山城西丸で亡くなった。七四歳であった。六月一三日柩は和意谷「三之御山」に葬られた。翌日神主《しんしゅ》（霊牌）が西丸に納められたが、翌天和三年（一六八三）五月綱政の帰国を待って、城中祖廟に遷移された。

# おわりに

## 「戦間派」としての光政

光政は、慶長一四年（一六〇九）の生まれ。関ヶ原の戦いと大坂の陣と間に生まれた、いわゆる「戦間派」である。そして、島原天草一揆に主体的に関わった。三代将軍徳川家光は、慶長九年（一六〇四）生まれ。同世代と言ってよい。好学大名として知られる和歌山藩主の徳川頼宣は慶長七年（一六〇二）生まれ、会津若松藩の保科正之は慶長一六年（一六一一）生まれで、やはり「戦間派」である。儒学者で藩政にも関わった土佐高知藩の野中兼山は元和元年（一六一五）の生まれでやや若く、熊沢蕃山は一〇歳下の元和五年（一六一九）生まれである。

彼らは、それぞれに個性的だが、政治に対する姿勢にはどこか共通したところがある。関ヶ原以前の天正・文禄年間生まれで大坂の陣に関わった「戦前派」とは肌合いが異なる。「戦前派」には武将同志で覇を競った戦国の遺風がどこか感じられる。他方「戦間派」は、大坂の陣は知っているが、島原天草一揆のインパクトが大きい。大坂の陣は武家内部の最後の権力闘争であり、島原天草一揆は農民やキリシタンとの戦いである。「戦間派」には、農民やキリシタンを意識した新しい「治」への思いが強い。幕閣で言えば、老中・京都所司代を務めた板倉重矩《しげのり》が元和三年（一六一七）生まれ。父重昌に従って島原に参陣、光政と同じ「仁政」理念に基づく藩政を行った好学大名として知られる。光政の理解者でもあった。幕閣でも、光政が直言した大老酒井忠清は寛永元年（一六二四）生まれで、光政より一五歳若い。光政とよく較べられる水戸藩の徳川光圀は、寛永五年（一六二八）生まれである。「戦間派」の次の世代、「戦後派」と言うべきだろうか。

### 光政と学問

光政は一四歳で儒学に志したと言われている（『有斐録』）。一般に一五歳を「志学」というのにちなんだ逸話だろうか。自筆書き込みのある『十三経註疏《じゅうさんけいちゅうそ》』は、唐桑《とうぐわ》・銀金物《かなもの》の筐《はこ》二つに入れて、参勤道中にも持ち運んだ。ただし、若いうちは儒学だけでなく、和歌・文学、軍記、仏典などを幅広く摂取している。陰陽五行説に基づく注釈を自ら書き込んだ『日本書紀』神代巻もあり、『新古今和歌集』などの歌書や『浄土三部経』などの仏経典の筆写なども行っている（『池田光政公伝』）。若尾政希が言うように「太平記読み」から学ぶこともあっただろう（『「太平記読み」の時代』）。しかし、「治」の現場で模索するなかで、儒学を思想的な拠り所として選択する。やはり熊沢蕃山の「心学」との出会いが決定的だった。

蕃山の「心学」は、治者としての主体形成と治の実践を結びつけるものであった。光政は、そこに「新しい」学問をみた。光政は、倫理的に自己を律することを自他ともに求めた。しかし、いわゆる朴念仁ではなかった。儒学だけでなく和歌や能をも嗜み、横笛や笙を奏することを好んだが、それにのめり込むようなことはなく、武家としての教養の範囲内のことであった。本書で引用した和歌も誉められたものではない。教養として嗜むという程度のものである。妻妾や子どもに対して細やかな情愛を注ぎ、嫁した娘たちに和歌や「致良知」の修養法などを書き送ったりしている。娘への配慮は、基本的に「家長」として立場からのものであった。だから、情愛も配慮も度を過ごすことはなく、「家」の存続という目的に沿ったものであった。言うまでもなく、この「家」は岡山藩と一体の池田「家中」でもあった。

若い頃は、仏教による祖先の供養も欠かさなかった。儒教式の先祖祭祀は承応四年（一六五五）から始められるが、その後も国清寺への参詣なども続けている。仏教から最終的に離れるのは、和意谷墓所の造営を機とする。京都妙心寺の護国院から祖父輝政や父利隆などの遺骨を回収し、儒教式に葬った。ちょうど寺社整理やキリシタン神職請を始める頃である。民間でも儒教式の葬儀や祭祀を行うように指導したが、民衆の信仰世界との落差は大きかった。

### 光政の人となり

「明君」神話の例にもれず、光政にも孝行や正直・倹約などの逸話が少なくない。父の利隆を早く亡くしたため、母の福照院には孝養を尽くした。無聊を慰めるために母の前で挟み箱を持って練り歩く奴《やっこ》のまねをして見せたり、「当座のおどけ」を言ったりしたという（『有斐録』）。「謹厳居士」と思われている光政らしからぬ逸話である。福照院は礼儀正しい人で、ある時歌舞伎を見て、「是婦人の見るものにあらず。客の馳走にも無用なり」と言った。これに感じた光政は、以後は「軽き人形つかい」を召すことにしたという（同前）。これと関係すると思われる記事が『日記』の寛文二年（一六六二）正月五日条にある。「福様・御新造・な阿・さ阿、朝ハ奥振舞、晩おもてあやつり有、狂言仕はづニて候つる、しかられ候て不参候事、あやつり俄ニ申付ル」。狂言歌舞伎を出すつもりが福照院に叱られたために操《あやつ》り人形に替えたという。これも「孝」の行いだが、遊芸にも節度ある楽しみを宗《むね》とする光政の姿勢が貫かれている。

率先垂範「倹約」に努めた。いつも同じ小倉織の袴を着ていたという（同前）。煙草を好んだが、遺愛の煙管《きせる》なども特別に凝ったものではない。他に残された遺品などを見ても、取り立てて華美とは見えず、実用を重んじたと思われる。光政時代に江戸では、質素なる風儀を「備前風」と呼んだという（同前）。

中原御涼所跡「甘棠碑」
（岡山県郷土文化財団提供）

池田忠雄の時代には、城下の花畠に得月台《とくげつだい》という御茶屋があった。そこには、奇石を配した庭があったが、光政はそれをみな地中に埋めてしまったという（同前）。代わって花畠に、妻勝子の養父である将軍秀忠を祀る台徳院廟を建てた。

よく領内を巡廻し、民情把握と政策の徹底に努めたが、もともと耕作の様子や農村の景観に触れることを好んだようだ。城内に茶園を設けることを勧められると、「無益の事」とたしなめた。それよりも「心の侭《まま》に行度《ゆきたき》所へ行、休度《やすみたき》ところにて、田畑の心地能生立《よくおいたち》たるを見る事、此上の楽なし」と述べたという（『有斐録』）。御野郡中原村の河原に好みの御涼所《おすずみしょ》があった。夏の日の暑さを避けてそこに遊び、名主の家に幕を懸け、芝の上に毛氈を敷いて弁当を開いてくつろいだという（同前）。水辺に清遊するというのは、中国古来の文人の好むところであった。孫の継政は光政の遺徳を偲んで御涼所跡に「一遊一豫民父母《いちゆういちよたみのふぼ》　勿剪勿敗餘甘棠《きるなかれおるなかれのこりあるかんとう》」（どんな遊びも楽しみも民の父母の気持ちになって行った、甘棠の故事にならってゆかりの樹を切らず折らず大切に伝えよ）の碑を建てた。「甘棠《かんとう》」は、中国周の賢人召伯が領内を巡廻して甘棠の樹の下で訴訟を聴き公正な裁きをしたために、領民がその樹を愛護したという『詩経』の故事にちなんでいる（岡山県郷土文化財団『岡山の自然と文化』）。

### 光政における「公儀」と「家」と藩

父利隆の急死により、光政は九歳で家督を相続した。しかし、その直後に因幡・伯耆へ転封となる。鳥取での光政は、利隆の「悲運」を引き継いだ格好であった。基本的に「雌伏」「修行」の時代と言ってよい。藩政を担ったのは、利隆以来の重臣であった日置豊前（忠俊）・土倉市正（勝看《かつみ》）である。この時期に光政にとって重要であったのは、本多勝子（円盛院）との婚儀である。この縁組が仰せ付けられたのは、一五歳で光政が元服した元和九年（一六二三）のことであり、このとき家光より偏諱を賜って「光政」と改めた。実際の祝言は寛永五年（一六二八）二〇歳のとき。勝子は秀忠の養女となって嫁した。この前後から天樹院（千姫）や家光との太いつながりが生まれ、両人に対する敬慕の念が光政の「公儀」意識を支えた。

光政を一言で表現するとすれば、「治者」という語が最もふさわしい。その治者としての実践が本格化するのは、岡山移封後のことである。ときに光政二四歳。鳥取と岡山との領地替えは忠雄の死を契機とするものであったが、他方では大御所秀忠の死による家光の「御代《みよ》始め」にもあたっており、その一環とも評価できる。父利隆ゆかりの岡山に帰ることで、新たな境地に立ったことは間違いないし、家光に対して忠節を尽くすという意識もさらに強まっただろう。

光政が岡山に移封された当時、鳥取に光仲、播磨山崎に輝澄、赤穂に輝興、備中松山に長幸と近隣に池田一族大名がいて、光政は彼らが抱える問題に池田一族の「惣領」的な立場から関与した。ただし、この「遁れざる」関係は鳥取の光仲をのぞき、他の三藩が改易や断絶となることで、正保年間に解消される。それにともなって光政の「家」意識は、「一族の惣領」としてのそれから「藩」=「家中」の「家長」としてのそれへと転回する。それを促したのは、「一族」を超える「公儀」の一員としての自覚であり、「公儀」の一端を担う「治者」としての実践であった。

家光の死によって光政と将軍との人格的結合関係は稀薄になる。光政には家綱が「御威光かるく御座候」と感じられた。その直後に光政は第二の「改革」を始める。晩年の「自歴覚」では、それまでは毎年将軍や「公儀」向きの出来事を記していたのに、それ以降は藩内の治績を箇条書きに記すようになる。この時期に「公儀」との位置関係が逆転する。「公儀」のもとに藩が動くのではなく、藩が治まること自体が「公儀」のためになる。治者としての自立と言ってよい。幕閣や光仲を含めた他の大名に対しても、同じ「治」の担い手として向き合うようになる。

## 「治者」としての光政

光政にとっての「治」は、理念・政策・行政を一体とするものであり、それを貫くのは「正路」なるヒトの連鎖であった。それは「家中」と民間を貫く。「治」のシステムもヒト次第。そして、「正路」なる人格を保証するものが「学問」であった。光政にとっての「治」の同志は、「学問」の同志でもあるべきであった。

「治」は、社会関係を「上」から統《す》べるものと考える。だから「上」に立つ者の責任がより大きく問われる。「上」に立つ者は、ときには「赤子を育む」ように「恵み」を施さなければならない。しかし、それも過ぎると「奢り」や「怠り」を生む。「威厳」も欠かせない。そこには「下」の者の主体性への配慮は乏しい。これは光政だけでなく、熊沢蕃山や山鹿素行など当時の「実学」（政治支配の学）を説いた者に共通している（倉地克直『近世の民衆と支配思想』）。

「下」からの「治」への回路が保障されていない場合、ときに「治」が「上」からの無制限の恣意と認識される。光政は「治」への回路として、「入札」や「目安」を重視した。しかし、「一揆」「徒党」はその回路および「治」そのものの否定であり、決して容認されるものではなかった。

「治」への回路は、「合意の調達」システムの一部である。そのシステムが機能するためには、理念が明確でなければならない。「治」の理念である。それを一言で言えば、「百姓成立《なりたち》」と「家中成立」の両立である。「安民治国奉公」論として家臣たちに繰り返し説かれた。これを明らかにし、「うちはまって」実践するためには、「学問」が不可欠である。理念は「学問」に支えられることで、普遍性を獲得する。

しかし、人びとの現実は、「治」の課題に収まらない広範な領域を持っている。光政の普遍主義が民衆の信仰や民俗に図らずも踏み込んだとき、光政の蹉跌が始まった。「治」の潤滑な作動には、政治の領分の自覚や、さまざまな領分の重なりと役割の自制についての自覚が必要だ。「治者」意識に凝り固まった光政は、その点に思いが至らない。最終的に現実は、理念や原理ではなく、さまざまな力のせめぎ合いのなかで動いていく。

「治者」たる武士の核心（「国の大事」）は、「軍用」と「祭」（先祖祭祀）である。その核心を養成する施設が学校である。「軍用」は武士に固有の職分だが、「祭」は人として普遍的なものだと光政は考えた。普遍主義者の光政は、それを民衆にまで及ぼそうとした。しかし、「祭」こそが伝統的な民俗であり、神仏習合の「わけもなき」世界こそが民衆の自立の拠り所であった。

## 現代と光政

徳川社会の「治」は、単なる政治や支配の領域にとどまるものではない。「治」の領域は、「修身」「斉家」「治国」「平天下」にわたって一つながりのものとして存在していた。そして、それを貫くものが人のあり方、人としての心構えであるというのが、光政の立場であった。現代の「治」の問題も、政治や行政にとどまらない人と人との多様な関係におよんでいる。一人ひとりはその関係のどこかに位置付いていて、そのあり方を考え行動する。そのそれぞれの共通性と固有性を考えてみるときに、「池田光政とその時代」はなにか手がかりを与えてはくれないだろうか。

政治は倫理と権力の出会う場であり、道義と強制の上に立っている（E・H・カー『危機の二十年』）。正義と秩序の追求は、ともすればやっかいな専制に帰着しがちだ。光政の政治も例外ではなかった。光政の普遍主義は基本的に反面教師的なものである。徳川社会という時代的制約を除いたとしても、一つは、それが価値多様性を認めないという意味で、もう一つは、あらゆる人間の関係においては完全に対等ということはありえないという意味で。むしろ、普遍主義には固有な権力関係が内包されると考えておいた方が建設的だ。そして、この二つのことの自覚は重要だ。ただ、光政が常に「自己反省的」であったことは、かれの普遍主義の救いである。

「治者」としての社会的役割を自覚し、それに打ち込むことは、光政にとっての「自己実現」であった。それに徹することができたという意味で、光政の人生は「幸福」であった。ただ、自他に厳しく自ら信ずる道を突き進む光政は、ときに「孤独」であった。もちろん、自分の言動に信念があれば、孤立しても「幸福」であったかもしれないが、一抹の「寂しさ」は感じただろう。

執念で取り組んだ最後の「改革」は未完成で、隠居後にその多くは跡を継いだ綱政によって元に戻された。一時は同志であった蕃山とも訣別した。晩年もさまざまな軋轢のなかにあり、「無念」なことも少なくなかった。その時その時には充実感や達成感もあっただろうが、晩年に振り返ったときにはどうだっただろうか。「不幸」と言わないまでも、満ち足りた「幸福」感に浸り切っていたとは思えない。「遺言」も藩主時代そのままに家中を叱咤するものであった。雀百まで踊り忘れず。

父を早く亡くしたのは無念であったが、母や妻・侍妾との関係は大きなトラブルもなく、綱政とはギクシャクしたものの、他の子どもとの関係はおおむね良好であった。「家族」関係では、ほぼ「満足」できる人生であった。

こうした感想は現代の感覚で計ってはならないものであり、歴史学にとっては「タブー」なのだろう。でも、現代を生きる個人の「孤独」感や「不幸」感を無意味だというわけにはいかない。「孤独」

感や「不幸」感は、時代や社会、集団や組織との関わり、人とのつながりのなかで感じるものだ。「幸福」について語る歴史学も必要だ。光政は生まれながらにして「治者」たることを運命付けられていた。しかし、その境涯を嘆くことはなかったろう。むしろその役割を自覚して引き受け、ひたすらその実践に励んだ。その人生をどう評価するかは、みる人によって異なるだろう。いずれにしても、光政の存在様式や行動様式は、現代人が「生きがい」や「幸福感」について考える、興味深いモデルを提供しているに違いない。

# 参考文献

## 文献


朝尾直弘『鎖国』日本の歴史17、小学館、一九七五年

＊近年の新しい「鎖国」研究の出発を告げる作品。秀忠・家光時代の政治史研究についても重要な指摘が多い。

朝尾直弘「将軍政治の権力構造」『岩波講座日本歴史10』岩波書店、一九七五年

＊家光・家綱期を中心に「公儀」権力の展開を論じたもの。この論文を含む朝尾『将軍権力の創出』（岩波書店、一九九四年）も参照されるべきである。

浅利尚民「池田家歴代肖像画と池田継政」『林原美術館紀要・年報』四号、二〇〇九年

浅利尚民「池田光政の元旦試筆」『閑谷学校研究』一四号、二〇一〇年

浅利尚民「池田光政筆「池田忠雄追悼歌」」『岡山地方史研究』一二三号、二〇一一年

＊林原美術館学芸員の浅利によって同館所蔵の関係資料が順次紹介されている。今後の同館の活動によって、池田家や岡山藩についての研究が一層進展することが期待される。

荒野泰典『近世日本と東アジア』東京大学出版会、一九八八年

在原昭子「江戸幕府証人制度の基礎的考察」『学習院大学史料館紀要』二号、一九八四年

E・H・カー『危機の二十年』原彬久訳、岩波書店、二〇一一年

磯田道史「承応～寛文期岡山藩領における村方騒動」『地方史研究』二六六号、一九九七年

磯田道史『近世大名家臣団の社会構造』東京大学出版会、二〇〇三年
＊全国諸大名の家臣団を横断的に分析し、家臣団の内部構成や階層差、その生活実態を分析した研究。随所で岡山藩の事例を取り上げている。
伊藤康晴「大名池田家の出自に関する覚書」鳥取市歴史博物館開館一周年記念夏季特別展『大名池田家のひろがり』鳥取市歴史博物館、二〇〇一年
氏家幹人『武士道とエロス』講談社、一九九五年
内池英樹「「諫箱」に見える承応～寛文期の岡山藩」『瀬戸内海地域史研究』九輯、二〇〇二年
＊光政の「御諫箱之書付」を統計的に分析した論文。先の磯田の『地方史研究』所収論文とあわせて参照されるべきである。
岡山県郷土文化財団『岡山の自然と文化』三〇、二〇一一年
河出龍海「鳥取藩における宗主権の確立」『史林』六一巻四号、一九七八年
＊池田光仲の藩主権力確立過程を、家老層との対抗や家臣団統制を中心に論じたもの。ほかに河出「鳥取藩における荒尾手政治の研究」『鳥取大学教養部紀要』四号（一九七〇年）もある。当該期の鳥取藩の動向は、岡山藩政の理解にも欠くことができない。
川村博忠『国絵図』吉川弘文館、一九九〇年
菊池勇夫『近世の飢饉』吉川弘文館、一九九七年
北原章男「家光と光政・蕃山」『日本歴史』三〇六号、一九七三年
久保貴子「江戸時代における公武婚姻」『岡山地方史研究』六八号、一九九二年
倉地克直「岡山藩における宗門改について」藤井駿先生喜寿記念会編『岡山の歴史と文化』福武書店、一九八三年
倉地克直『近世の民衆と支配思想』柏書房、一九九六年

参考文献

倉地克直『近世日本人は朝鮮をどうみていたか』角川書店、二〇〇一年
倉地克直「「岡山古図」をよむ」『岡山大学文学部紀要』四八号、二〇〇七年
倉地克直「池田光政と狩猟」『林原美術館紀要・年報』五号、二〇一〇年
倉地克直「池田光政の「妙心寺ノ事因州へ申遣書付」について」『岡山地方史研究』一二一号、二〇一〇年
後藤陽一「熊沢蕃山の生涯と思想形成」『日本思想大系30　熊沢蕃山』岩波書店、一九七一年
＊蕃山の生涯とその思想の特徴について丁寧に分析した論文。岡山藩時代の蕃山についても触れている。なお蕃山の伝記・書簡については『増訂・蕃山全集』第五冊・第六冊（名著出版、一九七九年）による。
財団法人特別史跡旧閑谷学校顕彰保存会編『閑谷学校ゆかりの人々』山陽新聞社、二〇〇三年
＊閑谷学校については、特別史跡閑谷学校顕彰保存会編『増訂・閑谷学校史』（福武書店、一九八七年）が参照されるべきである。
佐藤良子「近世における留場の展開」『岡山地方史研究』七二号、一九九三年
柴田一「「花畠教場」と熊沢蕃山」谷口澄夫先生古稀記念事業会編『歴史と風土』福武書店、一九八三年
柴田一『岡山藩郡代津田永忠』上・下、山陽新聞社、一九九〇年
＊津田永忠の生涯と事績を詳細に研究した書物。かれの活動が、岡山藩政史にとどまらない意義を持つものであることが明らかにされている。
杉本史子『領域支配の展開と近世』山川出版社、一九九九年
田中誠二「岡山藩徴租法の研究」『史林』五九巻一号、一九七六年
田中誠二「寛文期の岡山藩政」『日本史研究』二〇二号、一九七九年
田中誠二「寛永期の岡山藩政」森杉夫先生退官記念論文集『政治経済の史的研究』巌南堂書店、一九八三年
田中誠二「藩政確立期の諸問題」『岡山県史・近世Ⅰ』岡山県、一九八四年

＊田中の一連の前期岡山藩政史研究は、確かな史料分析に基づくもので、谷口澄夫に代表される従来の研究を一新した。本書でもその成果に依拠するところが少なくない。田中は「藩からみた近世初期の幕藩関係」『日本史研究』三五六号（一九九二年）でも池田家に言及している。

谷口澄夫『池田光政』吉川弘文館、一九六一年

＊これまでの代表的な光政の伝記。藩政史研究の成果を踏まえつつ、「大名個人の在り方と役割」を重視する立場から書かれている。光政を「啓蒙的な専制君主」と規定する。

谷口澄夫『岡山藩政史の研究』塙書房、一九六四年

＊戦後の藩政史研究を代表する研究の一つで、岡山藩の成立から終焉までを描いている。本論のうち第一篇「岡山藩政の確立」が光政時代にあたっている。

田端泰子『乳母の力』吉川弘文館、二〇〇五年

圭室文雄「備前国金山寺の上訴について」下出積與編『日本史における民衆と宗教』山川出版社、一九七六年

次田元文「池田利隆の家臣団編成について」『岡山地方史研究』一〇五号、二〇〇五年

鳥取県史編纂委員会『鳥取県史』3、鳥取県、一九七九年

仲尾宏『朝鮮通信使』岩波書店、二〇〇七年

永山卯三郎『池田光政公伝』（復刻版）世界聖典刊行協会、一九八〇年（初版は一九三二年）

＊光政二五〇年祭の記念事業の一つとして、池田家によって刊行が企画されたもの。「文武の全才、忠孝の権化、皇運扶翼の行者」として顕彰することを目的として書かれている。

尾藤正英『日本封建思想史研究』青木書店、一九六一年

＊個人の内面的主体性を重視する立場から丸山眞男を批判した論著。体制批判者として中江藤樹と熊沢蕃山を取り上げている。

深谷克己「明君創造と藩屏国家」一・二、『早稲田大学大学院文学研究科紀要』四〇輯・四一輯、一九九五・九六年
＊光政の言動が「領民や家臣群との緊張に満ちた葛藤を克服しようとする苦心の中から生み出され」たことを跡付けている。
深谷克己『近世人の研究』名著刊行会、二〇〇三年
＊身分・階層を超えた近世人共通の人格を、五人の個人の日記から読み解いた作品。そのうちの一人として光政も取り上げられている。
福井淳人「鳥取藩家臣団形成期の諸問題」『鳥取県立博物館研究報告』二〇号、一九八三年
福田千鶴『酒井忠清』吉川弘文館、二〇〇〇年
藤井讓治『徳川家光』吉川弘文館、一九九七年
＊藤井『江戸幕府老中制形成過程の研究』（校倉書房、一九九〇年）もあわせて参照されるべきである。この時期の幕閣の動きとしては、大野瑞男『松平信綱』（吉川弘文館、二〇一〇年）も教えられるところが多い。
藤井学『法華文化の展開』法蔵館、二〇〇二年
＊不受不施思想の歴史的意義や備前地域における日蓮宗の展開を考えるうえで欠くことのできない研究。近世政治思想についての重要な指摘もある。
別府信吾『「備中岡山藩」の世界』吉備人出版、二〇〇八年
＊岡山池田家の分家・支藩について多面的に分析した作品。寛文期の宗教政策についても興味深い事実が明らかにされている。次の論文もあわせて参照されたい。
別府信吾「岡山藩の神社政策と吉田家」『岡山地方史研究』一二一号、二〇一〇年
妻鹿淳子「民衆と宗教」『岡山県史・近世Ⅰ』岡山県、一九八四年

妻鹿淳子『近世の家族と女性』清文堂、二〇〇八年
＊岡山藩の善事褒賞制度について、光政時代から明治期まで検討した研究。岡山藩の事例が持つ全国的な意味についても明らかにされている。
森俊弘「岡山城とその城下町の形成過程」『岡山地方史研究』一一八号、二〇〇九年
守屋茂『岡山県社会事業史』上、大雅堂、一九四五年
善積恵美子「江戸幕府の監察制度」『日本歴史』二二四号、一九六六九年
若尾政希『「太平記読み」の時代』平凡社、一九九九年
＊近世の政治思想は「太平記読み」から生まれたことを論じた斬新な論著。光政への「太平記読み」の影響や横井養元の追求など岡山藩に関わる論点も多い。

## 史料

『池田家履歴略記』上・下、日本文教出版、一九六三年
牛窓町史編纂委員会編『牛窓町史・資料編Ⅱ』牛窓町、一九九七年
江戸史料叢書『土芥寇讎記』人物往来社、一九六七年
岡山県史編纂委員会編『岡山県史・岡山藩文書』岡山県、一九八二年
『寛永諸家系図伝』第二、続群書類従刊行会、一九八〇年
倉地克直編『岡山藩家中諸士家譜五音寄』1・2・3、岡山大学文学部、一九九三年
国史大系『徳川実記』第二篇・第三篇・第四篇・第五篇、吉川弘文館、一九六四・六五年
『撮要録』上・下、日本文教出版、一九六五年
藩法研究会編『藩法集1・岡山藩』上・下、創文社、一九五九年

備作史料研究会史料集『御納戸大帳』備作史料研究会、一九八四年
藤井駿・水野恭一郎・谷口澄夫編『池田光政日記』国書刊行会、一九八三年
正宗敦夫編／谷口澄夫・宮崎道生監修『増訂・蕃山全集』全七巻、名著出版、一九七九年
「仰止録」「率章録」『吉備群書集成』第四輯（復刻版）、歴史図書社、一九七〇年
「有斐録」『吉備群書集成』第一〇輯（復刻版）、歴史図書社、一九七〇年

# あとがき

評伝というものは人の人生を評論するものだろう。評論するためには人生がある程度は分かっていないとできない。だから若いうちには難しい。人生も秋を迎えて、あきらめがついてこないと語りようもない。しかしその年頃になると、どうしても自分の人生と比べてしまう。知らず知らずに自己弁護が忍び込んで、評価は甘くなりがちだ。

『池田光政日記』を最初に読んだのは、もう四〇年近くも前である。江戸時代の「支配思想と民衆」の問題を考えていた。その後はからずも岡山大学に勤務することになった。池田家文庫との関わりは仕事の一部となった。それからでも三〇年以上が経つ。ただしその間は、池田家文庫の保存や公開に関わる仕事が多く、資料の読み込みはどうしても断片的になりがちであった。「評伝選」のテーマを与えられて、改めて光政と向き合うことになった。ありがたいことであった。縁とは異なものである。

三〇年、四〇年経ってみて、光政の像が変わらない部分もあるが、変わった部分もある。一言で言うのは難しいが、ひとつだけ挙げるとすれば、「責任と反省」ということがある。光政は治者であることを運命付けられていた。彼は、その与えられた立場を自覚的に引き受け、その役割を全うしようとした。そのとき彼には、彼が実際に刻んだ軌跡以外にほとんど選択の幅はなかっただろう。しかし、彼はそのことに居直ることなく、自分の行為に責任と反省を欠くことがなかった。長い人生のなかで、その反省に揺れもあったが、基本的な人生観は変わらなかった。そこに、ある種の「救い」を感じるようになった。

池田家文庫の研究状況で言えば、文書の作成や管理についての研究が進み、資料相互の関係や資料の性格についての認識が深まったことが大きい。また、絵図類の調査と研究が進み、それが藩政史研究に生かされるようになった。そのもとには資料の保存と公開をめぐる地道な努力がある。そのおかげで光政像が豊かになった部分も少なくないはずだ。そうした作業に関わられたすべての方々に、この場を借りて改めて敬意を表したい。

「池田光政とその時代」という講義を二〇〇九年度から一一年度にかけて岡山大学・大谷大学・九州大学で行った。本書の大筋は、その講義によっている。お付き合いいただいたうえに、貴重なご意見をくださった受講生諸君に感謝したい。また、いつもお世話になっている岡山大学附属図書館の職員のみなさん、図版写真でお世話になった関係機関の方々にも感謝の意を表したい。

岡山藩や池田家文庫との付き合いからみれば、この本はひとつの通過点に過ぎないと思っている。それでもこれからの道のりで迷わないように、適切なご誘導をいただければ幸いである。今年は光政の没後三三〇年にあたる。

二〇一二年二月一五日

倉地克直

# 池田光政略年譜

| 和暦 | 西暦 | 齢 | 関係事項 | 一般事項 |
|---|---|---|---|---|
| 天正一〇 | 一五八二 | | この頃、宇喜多直家岡山に居城する。 | 6月本能寺の変・山崎の戦い。 |
| 一二 | 一五八四 | | 4・9池田勝入・之助、長久手の戦いに死す。4・28輝政家督を相続する。9・7輝政の子として利隆生まれる。 | 4月小牧・長久手の戦い。 |
| 一八 | 一五九〇 | | 9月輝政、東三河に一五万二〇〇〇石を与えられ、吉田に居城する。 | 7月小田原城の北条氏降伏、8月徳川家康、関八州を与えられ、江戸城に入る。 |
| 文禄元 | 一五九二 | | | 4月豊臣秀吉、朝鮮へ出兵。 |
| 三 | 一五九四 | | 8・15輝政、家康女富子（良正院）を後妻に迎える。 | |
| 慶長元 | 一五九六 | | | 閏7月慶長大地震。 |
| 二 | 一五九七 | | この年、岡山城天守閣成る。 | 7月秀吉、朝鮮へ再び出兵。 |
| 三 | 一五九八 | | | 8月秀吉死す。 |
| 五 | 一六〇〇 | | 9月小早川秀秋、備前・美作両国を与えられ、岡山城に入る。11月輝政、播磨一国（五二万石）を与え | 9月関ヶ原の戦い。 |

| | | | | |
|---|---|---|---|---|
| 八 | 一六〇三 | | られ、姫路に入封。池田長吉、鳥取に六万石拝領。2・6池田忠継、備前一国二八万石余を与えられる。兄利隆が代わって監国。 | 2月家康、征夷大将軍となり、江戸に幕府を開く。7月千姫（天樹院）、豊臣秀頼に嫁す。 |
| 一〇 | 一六〇五 | | 5・3利隆、榊原康政の女鶴子（福照院）と婚姻。 | 3月朝鮮使節江戸に派遣される。4月家康将軍を辞し、秀忠が継ぐ。 |
| 一三 | 一六〇八 | | 10・26養徳院（池田恒利妻）死す。 | |
| 一四 | 一六〇九 | 1 | 4・4光政、岡山城に生まれる。母鶴子（福照院）備中に化粧料一〇〇〇石を与えられる。 | 2月島津氏琉球討入り。3月朝鮮、対馬宗氏と己酉約条。 |
| 一五 | 一六一〇 | 2 | 2・23池田忠雄、淡路（約六万石）を拝領する。 | |
| 一六 | 一六一一 | 3 | この年、光政江戸へ下り将軍秀忠に初めて拝謁する。弟恒元（備後守）生まれる。 | 3月後水尾天皇即位。家康、秀頼を二条城に引見する。4月西国大名三カ条の誓紙を提出。 |
| 一七 | 一六一二 | 4 | | 3月キリシタンを禁じ、有馬晴信切腹、岡本大八火刑に処す。 |
| 一八 | 一六一三 | 5 | 1・25輝政、姫路城で死す。利隆、播磨一三郡四二万石を継ぎ、姫路に移る。残る三郡一〇万石は忠継に与えられる。6・22光政、家康に初めて謁する。 | 6月紫衣勅許の制を定める。 |
| 一九 | 一六一四 | 6 | 10月利隆、大坂冬の陣に参戦する。 | 10月大坂冬の陣。 |

| | | | | |
|---|---|---|---|---|
| 元和 元 | 一六一五 | 7 | 2月輝政継室富子（良正院）死す。同月忠継死す。忠雄が跡を継いで岡山へ入り、良正院の化粧料とあわせて三一万五二〇〇石を領す。播磨三郡は忠雄の弟三人に分賜される。4月利隆、大坂夏の陣に参戦する。家老伊木長門の嫡男ら幕府証人となる。母福照院・弟恒元、質として江戸へ下る。 | 4月大坂夏の陣、豊臣氏滅ぶ。7月武家諸法度、禁中幷公家諸法度を定める。 |
| 二 | 一六一六 | 8 | 6・13利隆、京都で死す。妙心寺護国院に葬る。6・14光政に遺領（四二万石）を相違なく下すとの命が伝えられる。 | 4月家康死す。久能山に葬られる。 |
| 三 | 一六一七 | 9 | 3・6光政、因幡・伯耆両国（三二万石）に国替えを命じられ、8・14家臣鳥取城に入る。鳥取藩主池田長幸（長吉子）は備中松山（六万五〇〇〇石）に移される。 | 3月家康を日光山に改葬する。8月朝鮮使節伏見で秀忠に謁する。 |
| 四 | 一六一八 | 10 | 2月光政入国のため江戸を発し、3・14鳥取に入る。 | |
| 五 | 一六一九 | 11 | 1月鳥取城下町の拡張に着手、9・6上洛中に秀忠に城下絵図を示す。 | 6月福島正則改易。 |
| 六 | 一六二〇 | 12 | 12月参府。この年、大坂城石垣普請を命じられる。 | 6月秀忠女和子入内。 |
| 七 | 一六二一 | 13 | 4月江戸を発し、5・4鳥取に帰城する。 | |
| 八 | 一六二二 | 14 | 4月参府。 | 8月キリシタン五五人を長崎で処刑。 |

| | | | | |
|---|---|---|---|---|
| 九 | 一六二三 | 15 | 4月秀忠・家光に先立って上洛。7月元服。従四位下侍従に任じられる。8・3偏諱を賜って光政と改める。やがて帰国。この年、本多忠刻女勝子（円盛院）との縁組を仰せ付けられる。 | 7月家光将軍となる。11月イギリス平戸商館閉鎖。 |
| 寛永元 | 一六二四 | 16 | 参府。この年、大坂城石垣普請の役を勤める。11・8岡山藩、牛窓で朝鮮通信使を接待する。 | 12月朝鮮使節家光に謁する。 |
| 二 | 一六二五 | 17 | 帰国。 | |
| 三 | 一六二六 | 18 | 8月将軍上洛に随行し、左近衛権少将に任じられる。9月後水尾天皇二条城行幸のとき和歌一首を献ずる。同月帰国。 | 5月本多忠刻死す。千姫、天樹院と称し、江戸城内に移住。 |
| 四 | 一六二七 | 19 | 4月参府。赤穂藩池田政綱死す。遺領は池田輝興が継ぎ、佐用郡は池田輝澄に与えられる。 | |
| 五 | 一六二八 | 20 | 1・28勝子（円盛院）と婚儀。この年、大坂城石垣普請の役を勤める。鹿野城の火災で諸記録が焼失する。 | |
| 六 | 一六二九 | 21 | 冬帰国。 | 7月紫衣事件。11月後水尾天皇譲位、明正天皇即位。 |
| 七 | 一六三〇 | 22 | 12月参府。 | 4月不受不施派の日奥等処罰。 |
| 八 | 一六三一 | 23 | 江戸で疱瘡を病む。 | 6月奉書船の制、糸割符の制。 |
| 九 | 一六三二 | 24 | 1・24秀忠死す。福照院・円盛院に遺物を賜う。 | 5月加藤忠広改易。9月旗本諸 |

| | | | | |
|---|---|---|---|---|
| | | | 3・29帰国。4・3岡山藩主池田忠雄死す。5月幕命により急ぎ参府。6・18備前へ国替を命じられ、忠雄子勝五郎（光仲）は鳥取に移される。7・16家老伊木長門ら岡山城請取。7・25摂津神原で忠雄追悼歌を詠む。8・12岡山城に入る。8・18全家臣が鳥取より岡山に移る。 | 士法度を定める。12月幕府大目付を置く。 |
| 一〇 | 一六三三 | 25 | 1月参府。7・25弟政貞死す。 | 1月諸国に巡見使が派遣される。3月若年寄設置。 |
| 一一 | 一六三四 | 26 | 2月長女奈阿子（本多忠平室）生まれる。6月将軍上洛に随行、ついで帰国。この年、熊沢蕃山岡山藩に出仕。 | 8月譜代大名の妻子を江戸に置かせる。この年、長崎出島を築く。 |
| 一二 | 一六三五 | 27 | 1・16岡山発、参府。 | 3月柳川一件、朝鮮外交の制を改める。6月武家諸法度改定。参勤交代の制を確定する。11月寺社奉行を置く。 |
| 一三 | 一六三六 | 28 | 5・22次女輝子（一条教輔室）生まれる。7月帰国。11・6朝鮮通信使を牛窓本蓮寺で接待する。 | 4月日光東照宮大造替成る。6月寛永通宝を鋳る。 |
| 一四 | 一六三七 | 29 | 3月参府。11・16船奉行中村主馬、関船一〇艘を大坂に廻送、九州大名・幕府上使の輸送にあたる。11・23岡山より丹羽次郎右衛門らを島原に遣わす。 | 10月島原天草一揆起こる。 |

| | | | | |
|---|---|---|---|---|
| | | | 12月寛永通宝の新鋳を命じられる。 | |
| 一五 | 一六三八 | 30 | 1・5長男綱政、江戸で生まれる。2・19帰国。4・17松平信綱・戸田氏鉄を牛窓で饗応。12・25キリシタンの母を火罪に処す。同日新田見立を指示。12・29鳥取藩主池田勝五郎元服、光仲と改名。この年、国清寺に直筆『法華経』八巻一部を奉納。熊沢蕃山致仕し、近江国桐原村に移る。 | 9月キリシタン訴人の法令。11月初めて土井利勝・酒井忠勝を大老とする。 |
| 一六 | 一六三九 | 31 | 3月参府。5月下総国和泉に鷹場を賜り、鷹を遣う。この年、花畠に台徳院廟造営。領内に牛疫病広がる。 | 7月ポルトガル船来航禁止。8月江戸城本丸火災。 |
| 一七 | 一六四〇 | 32 | 1・26四女富幾子（榊原政房室）生まれる。6・6帰国。7・13幕府上使加々爪民部らと牛窓で対面。8月下津井・牛窓に遠見番所を置く。この年、宍粟騒動。藩主輝澄は改易、鳥取藩に預けられる。 | 6月長崎来航のポルトガル船を焼き、六一人を斬る。 |
| 一八 | 一六四一 | 33 | 2月児島粒浦新田開発につき備中松山藩と交渉。3月参府。9・6備中松山藩主池田長常死す。末期養子認められず断絶。9・12池田家系図を幕府に献ずる。この年、鳥取藩主光仲、初めて帰国。 | 2月幕府、寛永諸家系図伝の作成を命じる。4月オランダ商館を長崎出島に移す。 |
| 一九 | 一六四二 | 34 | 6・25帰国。6・28仕置の「仕かへ」を宣言し、第一の改革はじまる。7・1三人の仕置家老に誓紙を提出させる。9・9百姓仕置のため「被仰出法式」 | 前年より飢饉続く（寛永の飢饉）。 |

| | | | | |
|---|---|---|---|---|
| | | | 四四カ条を定める。12・29江戸着。この年、池田長常弟長信旗本に取り立てられ、備中井原に知行を与えられる。 | |
| 二〇 | 一六四三 | 35 | 1・4江戸城石垣普請に着手。5・30朝鮮通信使を牛窓に饗応する。 | 3月田畑永代売買禁止令。 |
| 正保元 | 一六四四 | 36 | 6・20帰国。7・9池田出羽を惣奉行として、岡山東照宮造営を命じる。8・21先祖書上の提出を命じる。この年、五女左阿子（中川久恒室）生まれる。 | 12月諸国に郷帳および国絵図・城絵図の作製を命じる。 |
| 二 | 一六四五 | 37 | 2・16岡山東照宮正遷宮。3・2江戸着。3・15赤穂藩主池田輝興、狂気乱心。知行召し上げとなり、身柄は光政に預けられる。7・10次男政言、岡山に生まれる。この年、備前・備中国絵図・郷帳を幕府に提出。熊沢蕃山再び出仕。六女六子（瀧川儀大夫室）生まれる。 | 7月かぶき者の取り締まりを強化。 |
| 三 | 一六四六 | 38 | 4・27日光社参。5・14帰国。7・7不行儀不届の家臣一三人を改易。8・7備中鴨方の村方騒動を裁許、百姓二八人成敗。8・10六口島はじめ三島の帰属をめぐり塩飽と出入。小堀政一、備前領と認める。8月幕府より郷帳に加筆の指示。改めて調進する。9・17岡山東照宮祭礼はじまる。以後毎年実施。10 | 3月日光例幣使はじまる。伊勢例幣使再興。 |

| | | | | |
|---|---|---|---|---|
| 四 | 一六四七 | 39 | 月鹿久居島で鹿狩。2・14熊沢蕃山を近習に取り立て新知三〇〇石を給する。2・15横井養元に三人老中の目付を命じる。3・25江戸着。5・17池田輝興死す。9・28備前国の内新田二万五〇〇〇石を弟恒元へ分与する。 | 8月通商要求のポルトガル船を帰帆させる。この年、島津氏、清の来襲に備え、琉球八重山に兵を送る。 |
| 慶安元 | 一六四八 | 40 | 3・19将軍日光社参中江戸に留まり、家綱を守護するよう命じられる。5・26日光参詣。6・10帰国。8・5竹木の扱いに不正の役人を処罰。8・11国中の過役を免除する。秋、中江藤樹弟子加世八兵衛を召し抱える。この年、台崇寺に直筆『浄土三部経』四巻一部を奉納。 | 4月東照宮三三回忌法要。家光日光社参。8月中江藤樹死す。 |
| 二 | 一六四九 | 41 | 3・1参勤に先だち家老らに「安民治国奉公」および軍備につき説諭。3・29江戸着、蕃山を供う。春、藤樹弟子中村又之丞を召し抱える。10・5恒元、播磨宍粟三万石を与えられ、山崎藩を継ぐ。11・11三男政倫（輝録）生まれる。11・28次女輝子、一条家に嫁す。 | 2月検地条例を定める。3月大名・旗本に倹約を命じる。 |
| 三 | 一六五〇 | 42 | 5・30熊沢蕃山を番頭に取り立て三〇〇〇石を給する。夏、藤樹弟子中川権左衛門を召し抱える。8・30郡奉行三人解任、以後郡奉行の交替あいつぐ。 | 10月幕府、鄭成功の援兵要請を断る。 |

| | | | | |
|---|---|---|---|---|
| | | | 8・13帰国。12月中楽役者の俸米を放つ。この年、蕃山実弟泉八右衛門を召し抱える。 | |
| 四 | 一六五一 | 43 | 1・16蕃山の学問につき池田出羽と論議。1・20家中に軍法と学問に心懸けるよう説諭。2・21藤樹次男中江虎之介を召し抱える。2月人馬改を命じる。3・18江戸着。5・10光仲とともに老中に誓紙を提出。 | 4・20家光死す。7月由井正雪の陰謀あらわれ正雪自殺する（慶安事件）。8・14家綱将軍宣下。 |
| 承応元 | 一六五二 | 44 | 5・6「心学」流行につき酒井忠勝より注意。5・24帰国。6・9池田出羽・伊木長門の仕置職を解き、池田佐渡・日置若狭を任じる。9・18恒元・綱政に老中から光政謀叛の風説について諭告。12・25横井養元に隠居を申し渡す。 | 6月若衆歌舞伎禁止。9月陰謀の罪により戸次庄左衛門ら処刑（承応事件）。 |
| 二 | 一六五三 | 45 | 3・21江戸着。5・4池田佐渡、狂気のため仕置職解任、水野伊織に江戸詰家老を命じる。5・22備前洪水。8・9岩生郡の村方騒動を裁許、同郡の大庄屋全員を罷免。12・23綱政元服、従四位下侍従に叙任、将軍の偏諱を賜わる。この年、九女房子（毛利綱元室）生まれる。 | 3月野郎歌舞伎許可される。閏6月酒井忠清老中となる。 |
| 三 | 一六五四 | 46 | 1・1「御影」焼香・『孝経』読誦。以後定例化。1月以降飢人増加、救恤を指示。7・19備前大洪水。 | 2月切支丹禁制の高札を建てる。4月五万石以上の大名に禁裏造 |

8・5帰国。8・8災害復興を指示、第二の改革はじまる。8・10郡方加奉行一〇人任命。8・11諫箱を設置。蔵入給地を問わず「平シ免」とする。8・23横井養元を叱る。8・26検見役人を九〇人とする。10・18代官を五四人に増員。10・24国中横役を免じる。11・3天樹院より救恤のため四万両を借用。11・8大庄屋の廃止、庄屋の交替を指示。11・13中大島村甚介ら褒賞、孝行奇特者の褒賞はじまる。この年、郡医者一〇人・町医者一〇人を置く。

営費用を課す。

| | | | | |
|---|---|---|---|---|
| 明暦元 | 一六五五 | 47 | 1・2仕置につき家中士を教諭。1・16蕃山に飢人救恤と目安に基づく穿鑿を命じる。1・21郡中法令留一四カ条を定める。1・27中江派の浪人に飢人救恤を命じる。**同日**備中郡奉行上田所左衛門の閉門を命じる。2・15 岡山城書院で儒礼によって祖考を祭る。2・18、3・28半田山鹿狩。4・1留守中は仕置について蕃山と相談するよう家老に指示。4・12参勤のため岡山発。4・15京都にて板倉重宗と対面、「仁政」の決意を述べる。8・25朝鮮通信使を接待する。**8月**蕃山と中江派の不和が光政に伝えられる。12・8中川ら中江派三人、二〇〇石馬廻に取 | 2月かぶき者を取り締まる。10月朝鮮通信使来る。11・20宇喜多秀家、八丈島の配所に死す。 |

| | | | | |
|---|---|---|---|---|
| 二 | 一六五六 | 48 | り立てられる。閏4月加世・中村、津高郡紙工村に在郷、のちに中川も合流。閏4・23蕃山の隠退の意向を光政が押し留める。5・25帰国。7・28百姓の分家を禁止する。8・13浅口郡占見村に村代官置かれる。8・22児島郡に放鷹、郡奉行石川善右衛門らを褒賞。11・15先山武右衛門を士鉄砲頭とし、蕃山組に付ける。12・26三男八之丞（輝録）を蕃山の養子に遣わす。 | 5月酒井忠勝、大老を辞す。12月板倉重宗死す。 |
| 三 | 一六五七 | 49 | 1・11和気郡に村代官置かれる。1・12蕃山隠居を願い許される。八之丞が相続。蕃山村に移る。川村平太兵衛に村代官支配を命じる。1月江戸藩邸焼失、家中・領民からの献納申し出を辞退。5・15邑久郡に村代官置かれる。同日畝麦の制はじまる。9・25江戸着。10・25綱政初めて岡山へ入国、心構えを説諭する。 | 1月江戸明暦の大火。その後、江戸武家屋敷の割替すすむ。 |
| 万治元 | 一六五八 | 50 | 5・10綱政江戸着。9・19帰国。11・24男色を理由に家臣四人を処分。 | 秋、諸国風水害。12月酒造制限令。 |
| 二 | 一六五九 | 51 | 1・14津島山に鷹狩。2・1城内石山に祖廟を設ける。3・7御野郡に村代官を置く。3・8家中に軍法ノ掟を申し聞かせる。3・27江戸着。5・27綱政 | 6月隠元黄檗山万福寺創建。この年、明の儒者朱舜水来日。 |

| | | | | |
|---|---|---|---|---|
| 三 | 一六六〇 | 52 | 帰国。9・15四女富幾子（榊原政房室）死す。12・2男色を理由に津田半十郎に切腹を命じる。12月加世・中村に祖廟役儀を仰せ付ける。3・23綱政江戸着。4・14綱政、丹羽左京大夫女（真証院）と婚儀。6・6帰国。8・9上道郡奉行波多野夫左衛門改易。この年、金岡新田成る。この年から翌年、蕃山豊後岡藩におもむき藩政改革を指導する。 | 7月伊達騒動起こる。この秋、諸国風水害。 |
| 寛文元 | 一六六一 | 53 | 1・13松崎前新田成る。1・20江戸藩邸焼失、領民の献納を受ける。4・18日比に鯛網見学。家臣に鯛千枚を遣わす。閏8・26江戸着。11・18綱政帰国。この年、蕃山京都上御霊に移住。 | 1月京都大火、禁裏炎上。閏8月不受不施僧の追放を命じる。 |
| 二 | 一六六二 | 54 | 4月綱政江戸着。7・18帰国。11・12和気郡友延・難田新田（のちの井田村）成る。 | 2月若年寄を再置する。3月松平信綱死す。5月畿内大地震。7月酒井忠勝死す。 |
| 三 | 一六六三 | 55 | 1・13川村ら三人に代官頭を命じ、全領村代官制となる。3・27江戸着。 | 5月家綱、武家諸法度を改定。 |
| 四 | 一六六四 | 56 | 閏5・10帰国。9・20善事一五カ条を士民に上書させる。 | 11月宗門改の毎年実施と専門役人の設置を命じる。この年、寛文印知。 |

| | | | | |
|---|---|---|---|---|
| 五 | 一六六五 | 57 | 1月宗門改奉行を置く。2・25津田永忠に祖考改葬地の見立を命じる。4・3江戸着。10・7綱政帰国。 | 7月諸宗寺院法度、諸社禰宜法度。この年、不受不施僧を処罰。 |
| 六 | 一六六六 | 58 | 5・10帰国。5・18淫祠淘汰を命じる。第三の改革はじまる。7月寺院淘汰はじまる。神儒尊崇の庄屋らを褒賞。8・3キリシタン神職請制を採る。8・16大寄合はじまる。8・23九カ条の「廃仏興儒」の申渡。9・7三二カ条の法令を出す。郡々講釈師の派遣はじまる。9・24綱政江戸着。10月津田永忠の案内で木谷村・脇谷村の山を見分する。11・28仮学校開校式。12月輝政・利隆の遺骨を京都妙心寺護国院より引き取る。 | 2・6天樹院死す。3月酒井忠清大老となる。10月幕府、山鹿素行を赤穂に幽閉。この年、徳川光圀、領内寺院九九七寺を廃し、三四四寺の僧を帰農させる。 |
| 七 | 一六六七 | 59 | 2・23輝政・利隆の遺骨を和意谷敦土山に改葬する。閏2月宗教政策を批判した光清寺恵海を籠舎に処す。3・3光清寺跡に町手習所の設置を決める。3・19大坂町奉行彦坂重治と対談、宗教政策に賛意を得る。4・2江戸着。4・16酒井忠清に宗教政策を説明。4月国中の升を改め京升を作る。5・5腹痛のため定例登城に不参。5・10綱政江戸発足。6・2金山寺が上野寛永寺に上訴。7月四方髪（総髪）を願い出る。8・9江戸城堀普請を命じられる。8月病気 | 閏2月諸国に巡見使を派遣。 |

| | | | | |
|---|---|---|---|---|
| | | | のため伊豆へ湯治。8月巡見使に藩政批判の目安が出される。11・13綱政江戸着。12・3郡々手習所の取り立てを命じる。 | |
| 八 | 一六六八 | 60 | 2・4下谷下屋敷焼失、堀普請延期となる。この春、酒井忠清へ直言の「仰書」を書く。5・7帰国。5・14四季祭、西丸に居所を移す。 | 2月江戸大火。 |
| 九 | 一六六九 | 61 | 2・2半田山大鹿狩。春、蕃山明石に移住。4・22江戸着。7・25新学校開校式。9・4綱政帰国。秋、人馬改を命じる。この年、評定所成る。 | 7月アイヌ・シャクシャイン蜂起する。この年、西国飢饉。 |
| 一〇 | 一六七〇 | 62 | 2・30綱政牟佐山で鹿狩。3・27綱政江戸着。5・7帰国。6月蕃山明石に帰る。7・23蕃山三太郎も明石に移る。12・11津田永忠に井田の地割を命じる。 | 5月凶作につき酒造禁止令。 |
| 一一 | 一六七一 | 63 | 4・1江戸着。6・7綱政帰国。9・4弟恒元死す。10・16社倉法を制定する。 | |
| 一二 | 一六七二 | 64 | 3・29綱政江戸着。6・11致仕し、綱政が家督を相続する。政言・輝録に新田高を分知する。7・10麻布屋敷へ移り、綱政が本邸に入る。10・26母福照院死す。11・25帰国。11・26和意谷に福照院を葬う。この年、閑谷学校飲室・学房成る。 | 12月保科正之死す。この年、徳川光圀、江戸に彰考館を開く。 |
| 延宝元 | 一六七三 | 65 | 3・19江戸着。6・24綱政帰国。10・10帰国。12・ | 5月京都大火、禁裏炎上。この |

| | | | | |
|---|---|---|---|---|
| | | | 28輝録、従五位下・丹波守に叙せられる。この年、閑谷学校講堂成る。 | 年、分地制限令。 |
| 二 | 一六七四 | 66 | 2・13禁裏造営御手伝を命じられる。4・1閑谷学問所「定」、学問所料・和意谷墓所料を定める。4・23綱政江戸着。10・24綱政帰国。11・28江戸着。12月郡々手習所を一郡一所に統合。宗旨請は勝手次第の触。この年、前年と二年続きの洪水のため飢饉広がる。閑谷学校聖堂成る。 | 11月諸国風水害、江戸・大坂で非人改。 |
| 三 | 一六七五 | 67 | 1月手習所にて飢人施行。6・15綱政、学校・手習所の廃止を光政に打診。8・2妹長姫（山内忠豊室）死す。9月郡々手習所を全廃する。10・4帰国。この年、不受不施派の河原毛村庄屋ら処罰。この頃、光政と蕃山の関係が断絶する。 | 10月禁裏造営成る。この年、前年に続き諸国飢饉。 |
| 四 | 一六七六 | 68 | 1・21綱政・政言とともに半田山に鹿狩。10・23小仕置が置かれる。11・27綱政江戸着。 | |
| 五 | 一六七七 | 69 | 3・7半田山鹿狩。3・29江戸着。7・9綱政帰国。11・28帰国。閏12・10半田山鹿狩。この年、家中簡略が断行される。 | 3月畿内幕府領の総検地が命じられる。 |
| 六 | 一六七八 | 70 | 3・10和意谷墓参、翌日、閑谷学校参向、鹿久居島に鹿狩。6・7綱政江戸着。10・7夫人円盛院江戸 | |

| | | | | |
|---|---|---|---|---|
| | | | で死す。11・2和意谷に葬られる。12・27池田恒行死す。宍粟山崎藩廃絶。 | |
| 七 | 一六七九 | 71 | 2・10鹿久居島に狩。2・28江戸着。5・7藩札発行される。5・19綱政帰国。8月倉田新田成り、倉安川開かれる。10・19倉安川を初めて通船する。 | |
| 八 | 一六八〇 | 72 | 1・27綱政・政言とともに牟佐山に鹿狩、この年の狩猟計七回。10・19綱政江戸着。12・22江戸着。 | 5月将軍家綱死す。7月綱吉将軍宣下。12月酒井忠清罷免。 |
| 天和元 | 一六八一 | 73 | 6・16綱政帰国。9月巡見使来る。10・5帰国。 | 1月巡見使を派遣する。5月酒井忠清死す。 |
| 二 | 一六八二 | 74 | 3・3綱政・政言と天神山に鹿狩。4・11綱政江戸着。こののち、光政病状が悪化。5・1家老・重臣に遺言する。5・22卯の刻西丸で光政死す。7・21朝鮮通信使を牛窓御茶屋で饗応する。この年、郡会所成り、津田永忠ら郡代に任じる。 | 9月山崎闇斎死す。12月吉川惟足幕府神道方となる。 |
| 三 | 一六八三 | | 5月綱政帰国。5・21光政の神主を廟に移す。9月光政の遺品が藩学校・閑谷学校に納められる。 | 4月日光大地震。7月綱吉、武家諸法度改定。 |

# 人名索引

## あ 行

か　行

### さ　行



### た　行

# 事項索引

## さ　行

## た　行



## な　行

は　行



ま　行



や　行

《著者紹介》
倉地克直（くらち・かつなお）
1949年　愛知県生まれ。
1972年　京都大学文学部卒業。
1977年　京都大学大学院文学研究科博士課程単位修得退学。
現　在　岡山大学文学部教授。
著　書　『近世の民衆と支配思想』柏書房，1996年。
『性と身体の近世史』東京大学出版会，1998年。
『近世日本人は朝鮮をどうみていたか』角川書店，2001年。
『漂流記録と漂流体験』思文閣出版，2005年。
『江戸文化をよむ』吉川弘文館，2006年。
『徳川社会のゆらぎ』（日本の歴史11）小学館，2008年。

ミネルヴァ日本評伝選
池《いけ》田《だ》光《みつ》政《まさ》
――学問者として仁政行もなく候へば――

2012年５月10日　初版第１刷発行　〈検印省略〉

定価はカバーに
表示しています

著　者　倉　地　克　直
発行者　杉　田　啓　三
印刷者　江　戸　宏　介

発行所　株式会社　ミネルヴァ書房
607-8494　京都市山科区日ノ岡堤谷町１
電話（075）581-5191（代表）
振替口座　01020-0-8076番


共同印刷工業・新生製本

ISBN978-4-623-06313-0
Printed in Japan

# 刊行のことば

歴史を動かすものは人間であり、興趣に富んだ人間の動きを通じて、世の移り変わりを考えるのは、歴史に接する醍醐味である。

しかし過去の歴史学を顧みるとき、人間不在という批判さえ見られたように、歴史における人間のすがたが、必ずしも十分に描かれてきたとはいえない。二十一世紀を迎えた今、歴史の中の人物像を蘇生させようとの要請はいよいよ強く、またそのための条件もしだいに熟してきている。

この「ミネルヴァ日本評伝選」は、正確な史実に基づいて書かれるのはいうまでもないが、単に経歴の羅列にとどまらず、歴史を動かしてきたすぐれた個性をいきいきとよみがえらせたいと考える。そのためには、対象とした人物とじっくりと対話し、ときにはきびしく対決していくことも必要になるだろう。

今日の歴史学が直面している困難の一つに、研究の過度の細分化、瑣末化が挙げられる。それは緻密さを求めるが故に陥った弊害といえるが、その結果として、歴史の大きな見通しが失われ、歴史学を通しての社会への働きかけの途が閉ざされ、人々の歴史への関心を弱める危険性がある。今こそ歴史が何のためにあるのかという、基本的な課題に応える必要があろう。評伝という興味ある方法を通じて、解決の手がかりを見出せないだろうかというのも、この企画の一つのねらいである。

狭義の歴史学の研究者だけでなく、多くの分野ですぐれた業績をあげている著者たちを迎えて、従来見られなかった規模の大きな人物史の叢書として、「ミネルヴァ日本評伝選」の刊行を開始したい。

平成十五年（二〇〇三）九月

ミネルヴァ書房

# ミネルヴァ日本評伝選

**企画推薦**
梅原　猛
ドナルド・キーン
佐伯彰一
角田文衞

**監修委員**
上横手雅敬
芳賀　徹

**編集委員**
石川九楊　伊藤之雄　猪木武徳　今谷　明
今橋映子　熊倉功夫　佐伯順子　坂本多加雄　武田佐知子
竹西寛子　西口順子　兵藤裕己　御厨　貴

## 上代

*俾弥呼　古田武彦
日本武尊　西宮秀紀
仁徳天皇　若井敏明
雄略天皇　吉村武彦
*蘇我氏四代　遠山美都男
推古天皇　義江明子
聖徳太子　仁藤敦史
斉明天皇　武田佐知子
小野妹子・毛人　大橋信弥
*額田王　梶川信行
弘文天皇　遠山美都男
天武天皇　新川登亀男
持統天皇　丸山裕美子
阿倍比羅夫　熊田亮介
柿本人麻呂　古橋信孝
*元明天皇・元正天皇　渡部育子
聖武天皇　本郷真紹
光明皇后　寺崎保広
孝謙天皇　勝浦令子
藤原不比等　荒木敏夫
吉備真備　今津勝紀
*藤原仲麻呂　木本好信
道　鏡　吉川真司
大伴家持　和田　萃
行　基　吉田靖雄

## 平安

*桓武天皇　井上満郎
嵯峨天皇　西別府元日
宇多天皇　古藤真平
醍醐天皇　石上英一
村上天皇　京樂真帆子
花山天皇　上島　享
*三条天皇　倉本一宏
藤原薬子　中野渡俊治
小野小町　錦　仁
藤原良房・基経　瀧浪貞子
菅原道真　竹居明男
*紀貫之　神田龍身
源高明　所　功
*安倍晴明　斎藤英喜
藤原実資　橋本義則
*藤原道長　朧谷　寿
藤原伊周・隆家　倉本一宏
藤原定子　山本淳子
清少納言　後藤祥子
紫式部　竹西寛子
和泉式部　ツベタナ・クリステワ
大江匡房　小峯和明
阿弖流為　樋口知志
坂上田村麻呂　熊谷公男
*源満仲・頼光　元木泰雄
平将門　西山良平
藤原純友　寺内　浩
空　海　頼富本宏
最　澄　吉田一彦
*空　也　石井義長
奝　然　上川通夫
*源　信　小原　仁
後白河天皇　美川　圭
式子内親王　奥野陽子
建礼門院　生形貴重
藤原秀衡　入間田宣夫
平時子・時忠　元木泰雄
平維盛　根井　浄
守覚法親王　阿部泰郎
藤原隆信・信実　山本陽子

## 鎌倉

源頼朝　川合　康
*源義経　近藤好和
源実朝　神田龍身
後鳥羽天皇　五味文彦
九条兼実　村井康彦
九条道家　上横手雅敬
北条時政　野口　実
熊谷直実　佐伯真一
*北条政子　関　幸彦
北条義時　岡田清一
曾我十郎・五郎　杉橋隆夫
北条時宗　近藤成一
安達泰盛　山陰加春夫
平頼綱　細川重男
竹崎季長　堀本一繁
西　行　光田和伸
藤原定家　赤瀬信吾
*京極為兼　今谷　明
*兼　好　島内裕子
重　源　横内裕人
*運　慶　根立研介
快　慶　井上一稔

法然　今堀太逸
慈円　大隅和雄
明恵　西山　厚
親鸞　末木文美士
恵信尼・覚信尼　西口順子
覚如　今井雅晴
道元　船岡　誠
叡尊　細川涼一
*忍性　松尾剛次
*日蓮　佐藤弘夫
一遍　蒲池勢至
夢窓疎石　田中博美
*宗峰妙超　竹貫元勝

## 南北朝・室町

後醍醐天皇　上横手雅敬
護良親王　新井孝重
赤松氏五代　渡邊大門
*北畠親房　岡野友彦
楠正成　兵藤裕己
*新田義貞　山本隆志
光厳天皇　深津睦夫
足利尊氏　市沢　哲
佐々木道誉　下坂　守
円観・文観　田中貴子
足利義詮　早島大祐
足利義満　川嶋將生
足利義持　吉田賢司
足利義教　横井　清
大内義弘　平瀬直樹
伏見宮貞成親王　松薗　斉
山名宗全　山本隆志
日野富子　脇田晴子
世阿弥　西野春雄
雪舟等楊　河合正朝
宗祇　鶴崎裕雄
*満済　森　茂暁
一休宗純　原田正俊
蓮如　岡村喜史

## 戦国・織豊

北条早雲　家永遵嗣
毛利元就　岸田裕之
毛利輝元　光成準治
*今川義元　小和田哲男
*武田信玄　笹本正治
*武田勝頼　笹本正治
*真田氏三代　笹本正治
三好長慶　天野忠幸
*宇喜多直家・秀家　渡邊大門
*上杉謙信　矢田俊文
島津義久・義弘　福島金治
吉田兼倶　西山　克
山科言継　松薗　斉
*雪村周継　赤澤英二
織田信長　三鬼清一郎
豊臣秀吉　藤井讓治
*北政所おね　田端泰子
*淀殿　福田千鶴
前田利家　東四柳史明
*黒田如水　小和田哲男
蒲生氏郷　藤田達生
*細川ガラシャ　田端泰子
伊達政宗　伊藤喜良
*支倉常長　田中英道
ルイス・フロイス　エンゲルベルト・ヨリッセン
*長谷川等伯　宮島新一
顕如　神田千里

## 江戸

徳川家康　笠谷和比古
徳川家光　野村　玄
徳川吉宗　横田冬彦
*後水尾天皇　久保貴子
光格天皇　藤田　覚
崇伝　杣田善雄
春日局　福田千鶴
*池田光政　倉地克直
シャクシャイン　岩崎奈緒子
*田沼意次　藤田　覚
*二宮尊徳　小林惟司
末次平蔵　岡美穂子
*高田屋嘉兵衛　生田美智子
林羅山　鈴木健一
吉野太夫　渡辺憲司
中江藤樹　辻本雅史
山崎闇斎　澤井啓一
山鹿素行　前田　勉
*北村季吟　島内景二
貝原益軒　辻本雅史
松尾芭蕉　楠元六男
*ケンペル　B・M・ボダルト＝ベイリー
荻生徂徠　柴田　純
*雨森芳洲　上田正昭
石田梅岩　高野秀晴
前野良沢　松田　清
平賀源内　石上　敏
本居宣長　田尻祐一郎
杉田玄白　吉田　忠
上田秋成　佐藤深雪
木村蒹葭堂　有坂道子
*大田南畝　沓掛良彦
菅江真澄　赤坂憲雄
*鶴屋南北　諏訪春雄
良寛　阿部龍一
*山東京伝　佐藤至子
*滝沢馬琴　高田　衛
平田篤胤　山下久夫
シーボルト　宮坂正英
本阿弥光悦　岡　佳子
小堀遠州　中村利則
狩野探幽・山雪　山下善也
尾形光琳・乾山　河野元昭
*二代目市川團十郎　田口章子
与謝蕪村　佐々木丞平
伊藤若冲　狩野博幸
鈴木春信　小林　忠
円山応挙　佐々木正子
*佐竹曙山　成瀬不二雄
葛飾北斎　岸　文和
酒井抱一　玉蟲敏子
孝明天皇　青山忠正
*和宮　辻ミチ子
徳川慶喜　大庭邦彦
島津斉彬　原口　泉

*古賀謹一郎　小野寺龍太
*栗本鋤雲　小野寺龍太
塚本明毅　塚本　学
*月　性　海原　徹
*吉田松陰　海原　徹
*高杉晋作　海原　徹
ペリー　遠藤泰生
オールコック　佐野真由子
アーネスト・サトウ　奈良岡聰智
緒方洪庵　米田該典
冷泉為恭　中部義隆

## 近代

*明治天皇　伊藤之雄
*大正天皇　F・R・ディキンソン
*昭憲皇太后・貞明皇后　小田部雄次
大久保利通　三谷太一郎
山県有朋　鳥海　靖
木戸孝允　落合弘樹
井上　馨　伊藤之雄
*松方正義　室山義正
北垣国道　小林丈広
板垣退助　小川原正道
長与専斎　笠原英彦
大隈重信　五百旗頭薫
伊藤博文　坂本一登
井上　毅　大石　眞
井上　勝　老川慶喜
*桂　太郎　小林道彦
渡辺洪基　瀧井一博
*乃木希典　佐々木英昭
林　董　君塚直隆
*児玉源太郎　小林道彦
*高宗・閔妃　木村　幹
山本権兵衛　室山義正
高橋是清　鈴木俊夫
小村寿太郎　簑原俊洋
*犬養　毅　小林惟司
加藤高明　櫻井良樹
加藤友三郎・寛治　麻田貞雄
牧野伸顕　小宮一夫
田中義一　黒沢文貴
内田康哉　高橋勝浩
石井菊次郎　廣部　泉
平沼騏一郎　堀田慎一郎
宇垣一成　北岡伸一
宮崎滔天　榎本泰子
*浜口雄幸　川田　稔
幣原喜重郎　西田敏宏
関　一　玉井金五
水野広徳　片山慶隆
広田弘毅　井上寿一
安重根　上垣外憲一
*グルー　廣部　泉
*永田鉄山　森　靖夫
東條英機　牛村　圭
今村　均　前田雅之
蔣介石　劉　岸偉
石原莞爾　山室信一
木戸幸一　波多野澄雄
*岩崎弥太郎　武田晴人
伊藤忠兵衛　末永國紀
五代友厚　田付茉莉子
大倉喜八郎　村上勝彦
*安田善次郎　由井常彦
渋沢栄一　武田晴人
山辺丈夫　宮本又郎
武藤山治　阿部武司・桑原哲也
西原亀三　森川正則
小林一三　橋爪紳也
大倉恒吉　石川健次郎
大原孫三郎　猪木武徳
*河竹黙阿弥　今尾哲也
イザベラ・バード　加納孝代
*林　忠正　木々康子
森　鷗外　小堀桂一郎
二葉亭四迷　ヨコタ村上孝之
夏目漱石　佐々木英昭
巌谷小波　千葉信胤
樋口一葉　佐伯順子
島崎藤村　十川信介
泉　鏡花　東郷克美
有島武郎　亀井俊介
永井荷風　川本三郎
北原白秋　平石典子
菊池　寛　山本芳明
宮澤賢治　千葉一幹
正岡子規　夏石番矢
高浜虚子　坪内稔典
与謝野晶子　佐伯順子
*種田山頭火　村上　護
*斎藤茂吉　品田悦一
*高村光太郎　湯原かの子
萩原朔太郎　エリス俊子
*原阿佐緒　秋山佐和子
*狩野芳崖・高橋由一　古田　亮
竹内栖鳳　北澤憲昭
黒田清輝　高階秀爾
中村不折　石川九楊
横山大観　高階秀爾
*橋本関雪　西原大輔
小出楢重　芳賀　徹
土田麦僊　天野一夫
岸田劉生　北澤憲昭
松旭斎天勝　川添　裕
中山みき　鎌田東二
佐田介石　谷川　穣
ニコライ　中村健之介
出口なお・王仁三郎　川村邦光
島地黙雷　阪本是丸
*新島　襄　太田雄三
木下広次　冨岡　勝
嘉納治五郎　クリストファー・スピルマン
津田梅子　田中智子
*澤柳政太郎　新田義之
河口慧海　高山龍三
山室軍平　室田保夫
大谷光瑞　白須淨眞
*久米邦武　髙田誠二
フェノロサ　伊藤　豊
三宅雪嶺　長妻三佐雄
*岡倉天心　木下長宏
志賀重昂　中野目徹
徳富蘇峰　杉原志啓

竹越與三郎　西田　毅
内藤湖南・桑原隲蔵　礪波　護
岩村　透　今橋映子
西田幾多郎　大橋良介
金沢庄三郎　石川遼子
上田　敏　及川　茂
柳田国男　鶴見太郎
厨川白村　張　競
大川周明　山内昌之
西田直二郎　林　淳
折口信夫　斎藤英喜
九鬼周造　粕谷一希
辰野　隆　金沢公子
シュタイン　瀧井一博
*西　周　清水多吉
*福澤諭吉　平山　洋
福地桜痴　山田俊治
田口卯吉　鈴木栄樹
*陸　羯南　松田宏一郎
黒岩涙香　奥　武則
宮武外骨　山口昌男
*吉野作造　田澤晴子
野間清治　佐藤卓己
山川　均　米原　謙
岩波茂雄　十重田裕一
*北　一輝　岡本幸治
中野正剛　吉田則昭
満川亀太郎　福家崇洋
杉　亨二　速水　融
*北里柴三郎　福田眞人
田辺朔郎　秋元せき
*南方熊楠　飯倉照平
寺田寅彦　金森　修
石原　純　金子　務
J・コンドル　鈴木博之
辰野金吾　河上真理・清水重敦
*七代目小川治兵衛　尼崎博正
ブルーノ・タウト　北村昌史

## 現代

昭和天皇　御厨　貴
高松宮宣仁親王　後藤致人
*李方子　小田部雄次
吉田　茂　中西　寛
マッカーサー　柴山　太
石橋湛山　増田　弘
重光　葵　武田知己
市川房枝　村井良太
*池田勇人　藤井信幸
高野　実　篠田　徹
和田博雄　庄司俊作
朴正熙　木村　幹
竹下　登　真渕　勝
*松永安左エ門　橘川武郎
鮎川義介　井口治夫
出光佐三　橘川武郎
松下幸之助　米倉誠一郎
渋沢敬三　井上　潤
*本田宗一郎　伊丹敬之
井深　大　武田　徹
佐治敬三　小玉　武
幸田家の人々　金井景子
*正宗白鳥　大嶋　仁
大佛次郎　福島行一
*川端康成　大久保喬樹
*薩摩治郎八　小林　茂
松本清張　杉原志啓
安部公房　成田龍一
*三島由紀夫　島内景二
R・H・ブライス　菅原克也
金素雲　林　容澤
柳　宗悦　熊倉功夫
バーナード・リーチ　鈴木禎宏
イサム・ノグチ　酒井忠康
川端龍子　岡部昌幸
藤田嗣治　林　洋子
*井上有一　海上雅臣
*手塚治虫　竹内オサム
山田耕筰　後藤暢子
古賀政男　藍川由美
*吉田　正　金子　勇
武満　徹　船山　隆
*力道山　岡村正史
*西田天香　宮田昌明
安倍能成　中根隆行
サンソム夫妻　平川祐弘・牧野陽子
和辻哲郎　小坂国継
矢代幸雄　稲賀繁美
石田幹之助　岡本さえ
*平泉　澄　若井敏明
安岡正篤　片山杜秀
島田謹二　小林信行
前嶋信次　杉田英明
保田與重郎　谷崎昭男
福田恆存　川久保剛
井筒俊彦　安藤礼二
佐々木惣一　松尾尊兊
*瀧川幸辰　伊藤孝夫
矢内原忠雄　等松春夫
福本和夫　伊藤　晃
*フランク・ロイド・ライト　大久保美春
大宅壮一　有馬　学
今西錦司　山極寿一

*は既刊
二〇一二年五月現在